2007 国家体育总局社会科学、软科学课题
《体育公共服务的内涵、目标及运行机制研究》
（项目编号：1113SS07070）研究成果

体育公共服务

——内涵、目标及运行机制

樊炳有　高　军　著

人 民 体 育 出 版 社

作者简介

樊炳有（1966— ），教授，现任温州大学体育学院副院长、硕士生导师。研究方向：社会体育、体育课程与教学论。

近年来，先后主持国家体育总局社会科学、软科学课题《浙江民营企业农民工体育活动研究》（2005 年，项目编号：795SS05058）、《体育公共服务的内涵、目标及运行机制研究》（2007 年，项目编号：1113SS07070），教育部“十五”规划子课题《普通高校体育与社区体育互动模式的理论与实践研究》(DLA030206-LC07)，浙江省社科联课题《浙江小城镇体育发展的理论与实证研究》（2004 年，项目编号：04B97）；作为主研参与国家社科基金项目《社区体育在构建和谐社会中作用的研究》（2006 年，项目编号：06BTY021）等；出版专著《社区体育论》（北京体育大学出版社，2003）、编著《体育与健康》（哈尔滨工业大学出版社，2000）等 4 部；公开发表学术论文 40 余篇。参加第七届全国体育科学大会、第九届全国运动会体育科学大会、第一届中国学校体育科学大会等并作专题发言。

作者简介

高军（1962— ），教授，嘉兴学院体育与军训部副主任。研究方向：体育社会学、体育保健与康复。

近年来，先后主持国家体育总局体育哲学社会科学研究项目《我国省城城乡群众体育协调发展研究（2010年，项目编号：0485SS10039）、浙江省教育科学规划办项目《高校体育健康能力培养模式研究》（浙教科规办［2002］3—045）、浙江省教育厅项目《嘉兴市社区体育发展模式研究》（20020504）等项目的研究工作参与国家社会科学基金项目《我国东部省份体育产业区域发展模式及策略选择研究》（2002年，项目编号：02BTY007）、教育部“十五”规划重点项目《华东地区高校体育资源结构及优化配置方式的策略选择》（2002年，项目编号：DLA010372）、国家体育总局社会科学、软科学项目《浙江民营企业农民工体育活动研究》（2005年，项目编号：795SS05058）、《体育公共服务的内涵、目标及运行机制研究》（2007年，项目编号：1113SS07070）、浙江省社科联项目《浙江小城镇体育发展的理论与实证研究》（2004年，项目编号：04B97）等项目的研究工作；编著教材《基础体育学》（东北林业大学出版社，1996）等4部；公开发表体育学术论文30余篇。

自 序

国际社会发展实践表明，当一个国家的人均GDP从1000美元向3000美元过渡的时期，公共需求会快速增长。我国目前人均GDP已进入超出了3000美元的时期，了解这一时期体育公共需求的内容和基本特征，是提供体育公共服务的重要前提。我国经济的快速发展、生产力和财政能力的提高，为人民群众提供更高水平的体育公共服务带来了可能。为城乡居民提供更平等、更健全的体育公共服务，是当前历史时期中国体育发展面临的重要任务，这对于构建和谐社会和实现科学发展具有重大意义。

在这样的社会背景下，围绕着体育公共服务这一理论命题，2007年我们承担了国家体育总局哲学、社会科学课题《体育公共服务内涵、目标及运行机制研究》，若干位对中国体育公共服务发展的理论和现实命题充满志趣的人，以体育公共服务内涵、发展目标和运行机制为研究视角，展开了对体育公共服务理论与实证研究。

第一，我们关注基本公共服务这一理论命题，它是体育公共服务发展与实践的社会环境和前提。

基本公共服务是指建立在一定社会共识基础上，根据一国经济社会发展阶段和总体水平，为维持本国经济社会的稳定、基本的社会正义和凝聚力，保护个人最基本的生存权利和发展权利，为实现人的全面发展所需要的基本社会条件。基本公共服务是公民享有的基本权利，有利于扩展人的能力，有着对公平的维护功能，在经济增长与人类发展良性循环中具有积极的促进作用，是经济增长和人类发展良性循环的桥梁。基本公共服务包括三个基本点，一是保障人类的基本生存权（或生存的基本需要），为了实现这个目标，需要政府及社会为每个人都提供基本就业保障、基本养老保障、基本生活保障等；二是满足基本尊严（或体面）和基本能力需要，需要政府及社会为每个人提供基本的教育和文化服务；三是满足基本健康的需要，需要政府及社会为每个人提供健康保障。基本公共服务关注的终极目标——人的发展。

我国从改革开放以来，一直将公共部门的改革作为推进经济体制改革的重要组成。先后制定了一系列有关教育、科技、文化、体育、卫生等公共事业领域管理体制改革的政策，推行了一套由政府主导、市场参与和扩大融资渠道的公共服务和基础建设管理体制。这些改革的推出，在实践中确实取得了一定的成绩，但是也暴露了更多的问题。主要体现在：政府公共服务部门管理体制陈旧，管理手段单一，不能满足推进公共服务多元化供给的机构管理要求；公共服务部门组成以政府机构为主体，形式单一，对于公共领域的社会多元化参与控制严格，或者进入门槛较高；公共事业部门在推行市场化过程中推行公共产品和服务（如教育、医疗等）收费制，阻碍了低收入人群获得必要的服务；地区经济差异性和收入差异性不断扩大，行政“条块”垄断和地方财力的不同使得各地在公共服务供给水平参差不齐，管制法律法规体系的建设也相对缓慢等。

我国体育公共服务供给在社会大环境下，仍然呈现出一种低效状态，供给主体构成不能适应经济社会的快速发展，促使体育公共服务供给主体单一、产品供给不足，不能满足大众对体育公共服务的需求。体育公共服务既缺乏理论研究，更缺乏实践探索。

第二，我们围绕课题设计的核心问题，对体育公共服务历史背景、发展目标、运行机制等基本理论问题进行分析。

按照我国目前的社会发展实际，应使用广义的体育公共服务概念。即体育公共服务就是提供体育公共产品和服务行为的总称；包括加强体育公共设施建设、发展体育公共事业、发布体育公共信息等，为丰富社会公众生活和参与社会体育活动提供社会保障和创造条件。体育公共产品和服务是整个社会共同消费的，由政府和市场协调发展来提供。

体育公共服务总体目标是：以满足社会成员的基本体育需要为目的，着眼于提高居民身体素质和生活质量，既给居民提供基本的体育文化享受，也提供并保障社会生存与发展所必需的体育环境与条件的体育公共产品和服务。

体育公共服务近期发展目标侧重于区域体育公共服务建设与发展，与经济发展特区建设模式类似，部分地区优先发展；主要表现为区域内、区域间的体育公共服务水平的差距明显缩小。

体育公共服务中期发展目标侧重于城乡体育公共服务差距缩小，主要表现为不仅在区域内，而且在各区域城乡之间的体育公共服务水平接近。

体育公共服务远期发展目标是实现全民体育公共服务均等化，主要表现为区域之间、城乡之间、居民个人之间的体育公共服务基本形成均等状态。

体育公共服务机制原理、供给制度安排、实践探索的路径构成体育公共服务运行机制。体育公共服务的机制原理是指体育公共服务系统的结构、功能及动力关系。以政府为主，其他供给主体共同参与，是今后新型体育公共服务供给制度安排。构建体育公共服务的多元参与机制，建立体育公共服务体系多元化的治理结构，是体育公共服务运行的根本保障。

第三，注重实证调查研究，坚持体育公共服务理论研究源于实践又指导实践的原则，为课题的理论阐述奠定实践基础。

课题研究阶段，我们对浙江、宁夏、河南、江苏四个省和自治区的部分地区体育公共服务体系进行抽样调查，搜集相关资料，全面了解体育公共服务运行方式、问题、近年来发展的过程等。对上述地区居民对体育公共服务满意度进行问卷和访谈调查，了解居民现实的服务获得情况以及未来的需求状况等，并对现行的体制进行评价。

实证调查分析发现，城市居民对体育公共服务居民总体上是满意的，居民健身设施逐步得到改善，对体育活动服务、体育指导服务、体育信息服务满意度较低。说明居民体育公共服务需求方式增加、需求更加广泛，为体育公共服务理论内涵、运行机制提出了更高的要求和期待。

从中国目前体育公共服务发展现实来看，体育公共服务不是一蹴而就的事情。体育公共服务既是经济增长的产物，也是社会生活反思与文明变迁的产物，是衡量社会发展水平、层次与阶段的基本标准。体育公共服务模式与社会经济、历史传统有关，政府在体育公共服务供给中起主导、引导和协调、监督作用，需要市场和社会力量的共同参与。

值得思考的是，我国体育公共服务定位是国家层面的，还是地方层面的？体育公共服务能否引入市场机制、社会化机制，还需要进一步实践和理论研究。

加强体育公共服务建设，是深入贯彻落实科学发展观、从中国特色社会主义事业总体布局和全面建设小康社会全局出发提出的重要任务，是繁荣发展社会主义先进文化、构建和谐社会的必然要求。

可以肯定地说，中国面临和经历的巨大转变和发展，使体育公共服务研究在理论意义和现实意义上具有丰富和广阔的空间。这些鲜活生动的社会事实和命题，将不断吸引着我们前行，也需要更多的学术同行参与并发挥才智，为中国体育公共服务研究的深入和实践的繁荣贡献自己的一份力量。

体育公共服务的研究，需要在更多层面探讨的基础上，进一步明晰和完善。体育公共服务研究的当务之急，在于理论创新，这就是本书的主旨所在。

本书共分五章和附录两大部分，其中，附录为课题组在项目研究过程中，陆续公开发表的部分研究成果。

目录

第一章　课题研究的依据与思路

一、选题的依据

（一）研究目的

重视公共服务的变革与效率是当今世界范围内的一个普遍性现象，并与市场经济下政府责任的有效履行、公民权利的保障、社会公平的维护以及持续发展的实现等许多社会经济现实问题的解决联系起来，进而成为衡量一个国家或地区发展水平和政府效能的最大尺度。在我国，随着改革开放深入和发展阶段的跨越，公共服务的均等与普及、水平与效率日益受到广泛的关注。

党的十六大以来，加强公共服务，作为政府职能转变的方向和重要内容，已经成为各级党委、政府的普遍共识。党的十六届三中全会通过的《关于完善社会主义市场经济体制若干问题的决定》指出，要深化行政管理体制改革，合理划分与明确中央和地方对经济调节、市场监管、社会管理、公共服务方面的管理责权。党的十六届六中全会通过的《关于构建社会主义和谐社会若干重大问题的决定》强调：要建设服务型政府，强化社会管理和公共服务职能，以发展社会事业和解决民生问题为重点，优化公共资源配置逐步形成惠及全民的基本公共服务体系；要创新公共服务体制，改进公共服务方式，加强公共设施建设。党的十七大进一步指出：要健全政府职责体系，完善公共服务体系；必须在经济发展的基础上，更加注重社会建设，着力保障和改善民生，推进社会体制改革，扩大公共服务，完善社会管理，推动建设和谐社会。与此同时，国家和各地已经颁布实施的“十一五”规划，也都把加强和改善公共服务作为重要内容纳入规划，提出了明确的目标和政策措施安排。

有关公共服务研究，国外学者有影响力的著述如：埃莉诺·奥斯特罗姆的《公共事物的治理之道》（Ostrom，2000），巴罗的《大城市政府》（Barlow，

1991)，巴尼特的《破裂的大城市》（Bennett，1993)，洛巴拉特的《大城市管制：美加大城市政府透视》等。总结国外学者的研究，大多集中在如下几个方面：城市公共服务模式、城市公共服务机制、政府角色、城市区域治理等几个方面。其研究的行进线索是：公共选择理论——服务经济理论——公共行政学——新公共管理。由“新公共管理运动”带来的政府改革是促进公共服务研究的现实背景，“新公共管理”的核心是民营化。

我国关于公共服务的研究热潮始于2003年“非典”之后，相关研究包括：《公共服务型政府》（李军著，2005)，系统地研究了中国特色的公共服务模式与战略，提出了“推进中国政府职能转变、建立公共服务政府、建立公共治理体制”等观点；《非政府公共部门与公共服务》（丁元竹主编，2005)，提出了“建立以社区等非政府公共部门为基础的能够弥补现有社会保障体制不足，由国家、市场和非政府公共部门共同提供社会福利和社会服务的社会保障机制”等观点。这个领域还有《服务型政府》（张勤主编，2005)，《城市公共服务体制：理论探索与实践》（冯云廷著，2004)，《中国农村公共服务》（徐小青主编，2002）等。

我国体育公共服务的研究十分有限，概念的提法也不一致。主要归纳为以下几个方面：

第一，相关概念的研究。主要提出了“公共体育服务的概念”，公共服务概念形成于政府职能变革运动的实践与理论探索，它属于公共行政学范畴，公共体育需要是人们社会生活中的基本体育需求，公共体育服务是指公共组织为满足公共体育需要而提供的公共物品或混合物品。公共组织是公共体育服务的供给主体；全体公民是公共体育服务的客体；公共体育服务供给模式多元①。

第二，体育公共管理研究。通过对部分省典型地区基层群众体育公共管理现状的调查，分析当前基层群众体育公共管理体制及运行机制的特点和存在问题，为建设新时期全民健身服务体系提供参考依据②。

第三，体育公共产品研究。以物品的分类为基础，将体育服务产品分成共同资源和俱乐部产品两大类，分析共同资源的公共性和俱乐部产品的私人性③。

---

①肖林鹏. 公共体育服务概念及其理论分析［J］. 天津体育学院学报，2007（2）.

②楚继军，龙国强. 广东省基层群众体育公共管理现状调查［J］. 中国体育科技，2006（5）.

③杨雪. 体育服务产品的公共性与私人性［J］. 沈阳体育学院学报，2006（4）.

体育公共物品除了由政府供给，还应该由体育非营利组织供给，使得克服公共物品提供方面存在的不足，具有不可替代的积极意义①。

第四，体育公共服务产业研究。政府对公共服务垄断配置的高成本，促使体育公共服务体系自身寻求改革途径；我国体育公共服务供给过程中，提供主体和生产主体可以适当分离，体育服务产品供给有多元生产趋势②。

纵观各位学者的研究，体育公共服务问题只在体育公共产品这一具体物品“公”与“私”的分析和供给问题，体育公共服务产业主体与客体多元发展趋势分析等。只处于观点的探讨阶段，还不能真正地建立我国体育公共服务理论体系去指导实践。因此，需要进一步的理论研究。体育公共服务属于公共事业性服务范畴，在公共服务均等化政策背景下，探讨体育公共服务内涵、目标及其运行机制，是值得研究的命题。

这就是我们选择此课题的目的。

（二）研究意义

在实践中，近年来各级政府不断加大公共财政投入，从解决群众最关心的问题入手。但就目前现实来看，我国公共服务领域存在三大矛盾。第一，公共服务产品总量不足，日益扩大的公共服务需求与严重不足的公共服务供给形成矛盾；第二，公共服务的投入严重不足，国家对各类事业机构的投入与公共服务产品的产出严重不对称；第三，公共服务产品分配严重不均衡。面对严重的现实问题，党的十六届六中全会通过的《中共中央关于构建社会主义和谐社会若干重大问题的决定》提出“完善公共财政制度，逐步实现基本公共服务均等化”，明确了各级财政支持构建社会主义和谐社会的方向和任务。尽管基本公共服务均等化已经成为当前的热点问题，但我国理论界并未就此达成统一的认识，也未对基本公共服务均等化给出一个准确的定义。从理论角度分析，即便在西方经济学论著中也未发现有关公共服务均等化的系统论述。

由于公共服务与公共行政、公共管理紧密相联，因此它不是单纯财政的问

---

①杜志娟，苗大培. 体育公共物品的供给方式——公共服务与非营利组织理论的视角分析 [J]. 成都体育学院学报，2007（1）.

②刘艳丽，姚从容. 从经济学视角试论我国体育公共服务产业生产主体的多元化 [J]. 西安体育学院学报，2004（5）.

题。某种意义上说，公共服务是经济问题，也是社会问题，同时又是政治问题。基本公共服务的属性在于它的公共性、普惠性和社会公平。我国基本公共服务应包括四个方面基本内容：基本民生性服务（提供就业服务和基本社会保障等）、公共事业性服务（提供义务教育、公共卫生和基本医疗、公共文化等）、公益基础性服务（提供公益性基础设施和生态环境保护等）、公共安全性服务（生产安全、消费安全、社会安全等）。这些公共产品和公共服务的提供，是政府调控社会群体之间收入差距、促进社会公平正义、保障社会安定有序的有效制度性手段和机制。体育公共服务属于公共事业性服务范畴，在公共服务均等化政策背景下，探讨体育公共服务的内涵、目标及运行机制，其理论意义显得尤为深刻，主要在以下几个方面：

第一，构建体育公共服务理论体系是落实科学发展观，满足人民生活水平提高的需要。科学发展观的提出标志着发展理念的深刻变化，要求我们正确理解和全面衡量发展，坚持以人为本，把促进人的全面发展作为根本目标；同时，不仅注重发展成果的创造，而且要注重发展成果的公平分享。目前影响社会不和谐的因素有很多，一个重要方面是公共服务尤其是基本公共服务配置不均衡，城乡差距、区域差距比较大。建设和谐社会需要从改变这种状况入手，使广大群众感受到变化，切实从发展中得到更多的实惠。

随着我国发展阶段实现历史性跨越，人民生活总体达到小康。身体要健康，对体育公共服务产生了更多的需求，并且呈现出多样化、差异化特征，要求也越来越高。如何从我国的基本国情和现阶段发展实际出发，统筹考虑满足基本体育公共服务的需要和兼顾多样化需求，需要对现行组织管理方式进行必要调整和改革。依据全面建设小康社会背景，确立体育公共服务内涵，建立体育公共服务的发展目标，构建体育公共服务运行机制，使之成为完整的理论体系，是科学发展观在体育公共服务领域的具体实践。

第二，从体育公共服务贵在改善民生的角度来看，需要理论研究。现阶段，民生问题已经不再是简单的衣食之忧，而是包括教育、就业、收入分配、社会保障、医疗卫生乃至公平正义等高层次的民生问题。政府将从更多关注经济指标的增长和本地区引资的多与少，转向到关注发展公共产品和提供公共服务上来。体育公共服务是解决上述问题必不可少的因素，是体现以人为本和弥补市场公共品供给失灵的重要制度安排。

第三，强化政府体育职能转变，更好履行政府体育公共服务职能的需要。现在各级政府已经普遍认识到体育公共服务的重要性和责任。依法履行好体育公共服务职能，不仅需要强化责任意识，更重要的是提高履行体育职责的能力，使能力与责任相符。这就需要把握住关键领域和环节，从解决最为紧迫、突出的矛盾入手，使体育公共服务的指向更加明确、管理更加仔细，效果更加好。

第四，从体育公共服务面临的问题来看，需要理论说明。体育公共服务是社会体育发展的新的体育形态，它在成长中不可避免地遇到各种各样的问题。需要不断总结经验，给以理论说明，使之逐步完善。

第五，从体育公共服务发展的态势和走向来看，需要理论指导。全面建设小康社会，体育公共服务如何发展？这是体育界普遍关心的问题，对此作一些粗浅的前瞻性预测和研究是很有必要的。

第六，从全面建设小康社会进程来看，是缩小城乡差距的重要举措。体育公共服务体系的建立，是条件均等观念的具体体现，有助于维护社会政治稳定，是实现区域和谐发展的重要实践。对贯彻落实十六大提出的全面建设小康社会的宏伟目标具有十分重要的实践意义。

第七，从发展群众体育的视角看，体育公共服务广泛开展，提升了区域群众体育的发展水平，逐步形成良性的互动，有效地促进城乡体育事业的发展。

（三）课题研究的理论依据

任何改革实践都需要科学的理论支撑。我国体育公共服务的实践与发展需要借鉴西方先进的理论与成功的经验，主要是新公共管理理论和新公共服务理论。新公共管理理论致力于优化政府经济职能，主张公共服务市场化运作，引入市场竞争机制，大大提高了公共服务的效率。新公共服务理论站在对新公共管理理论批判的立场上，坚持以公民为中心，更加重视人的发展和民主参与。这些理论和实践都为我国体育公共服务的改革提供了重要的启示与借鉴。同时，中国共产党的服务思想，主要包括毛泽东“为人民服务”的思想、邓小平“领导就是服务”的思想、“三个代表”重要思想以及新一代中央领导集体提出的科学发展观和构建和谐社会的思想，为我国体育公共服务的发展与完善提供了内源性的动力。

1. 新公共管理理论：体育公共服务发展的理论前提

任何重大的政府改革运动不仅需要强烈的现实诉求，而且还需要正确的理论作为支撑。近30年来，西方各国为适应时代的迅速变化，迎合国内公共服务需求的增加，相继掀起了政府改革的浪潮，促使传统的公共行政向“新公共管理模式”转变。休斯认为，新公共管理受到20世纪70年代以来经济学理论新发展的深刻影响。特别是经济学中的公共选择理论、委托代理理论和交易成本理论融合到新公共管理中，取代了官僚中高层人员信奉的传统公共行政观念①。综观近年来国内外的研究成果以及新公共管理的实践，新公共管理理论主要有公共选择理论、委托代理理论以及治理理论等三大理论前提。

(1) 公共选择理论

公共选择理论的创始人、奠基人及主要代表人物，当代美国著名经济学家，1986年诺贝尔经济学奖获得者詹姆斯·麦吉尔·布坎南。他运用经济学方法分析政治决策过程，并对政府的本质，尤其是“政府失败”现象进行了深入的探讨。

公共选择理论采用许多不同的研究工具进行研究，包括了研究对效用最大化的局限、博弈论、决策论。公共选择理论的分析方式很大一部分是根基于实证分析的方法上（这是什么）；但却是将此作为研究规范（这应该是什么）的工具，以探索问题的所在点，并研究如何在宪政体制内改善这些问题。公共选择理论提出的主要公式之一是理性选择理论，假设人们的行为都是出自从有限的可用手段里挑选达成目标的途径。另一个研究目标不同、但却有相同研究公式的学科则是实证政治理论。而社会选择理论也是一个相关联的研究领域②。

公共选择理论探讨公共部门的实际运作机制。公共选择理论主张重新界定政府、市场、社会三者之间在提供公共产品与公共服务中的作用，主张缩小政府在提供公共产品与公共服务中的作用，扩大市场与社会的作用；主张建立可靠的宪政制度，保护个人自由、保护市场、遏制政府的扩展；主张更多地采用私营企业承包公共服务的政策，引进市场机制，改善政府公共服务。

公共选择理论对新公共管理的关键影响在于它提出了政府失灵的理论及补救策略。公共选择理论认为，在政府失灵的过程中，政治家、公务员与其他人没有两样，而政治本质上与市场一样，也是在一系列制度安排下的游戏，许多目标迥异的游戏者在其中互动，以至于产生出一系列可能是既无内在的一致性

①欧文. E.休斯. 公共管理导论［M］. 彭和平，等. 译. 北京：中国人民大学出版社，2001.

②詹姆斯·布坎南. 自由、市场和国家［M］. 吴良健，等. 译. 北京：北京经济学院出版社，1988.

也缺乏效率的结果[①]。正因为政府失灵的存在，市场缺陷就难以成为政府干预的充分条件，相反，市场的竞争机制倒为克服政府失灵提供了可能。在公共选择理论的指导与影响下，新公共管理强调运用市场机制来克服公共部门的弊端，对政府机构进行市场导向的改革，以市场竞争力量来实现有效的公共管理。因此，公共部门的市场化应该包括两个互相联系的方面：一方面要把所有可能由私人部门完成的活动和决策都应交给私人部门完成。另一方面在公有部门内部引入市场竞争机制，重建竞争体系和激励机制，打破政府对公共物品和服务的垄断。

（2）委托代理理论

委托代理理论是建立在非对称信息博弈论的基础上的。非对称信息指的是某些参与人拥有但另一些参与人不拥有的信息。信息的非对称性可从以下两个角度进行划分：一是非对称发生的时间，二是非对称信息的内容。从非对称发生的时间看，非对称性可能发生在当事人签约之前，也可能发生在签约之后，分别称为事前非对称和事后非对称。研究事前非对称信息博弈的模型称为逆向选择模型，研究事后非对称信息的模型称为道德风险模型。从非对称信息的内容看，非对称信息可能是指某些参与人的行为，研究此类问题的，我们称为隐藏行为模型；也可能是指某些参与人隐藏的知识，研究此类问题的模型我们称之为隐藏知识模型。

委托代理理论是制度经济学契约理论的主要内容之一，主要研究的委托代理关系是指一个或多个行为主体根据一种明示或隐含的契约，指定、雇用另一些行为主体为其服务，同时授予后者一定的决策权利，并根据后者提供的服务数量和质量对其支付相应的报酬。授权者就是委托人，被授权者就是代理人。

委托代理理论的主要观点认为：委托代理关系是随着生产力大发展和规模化大生产的出现而产生的。其原因一方面是生产力发展使得分工进一步细化，权利的所有者由于知识、能力和精力的原因不能行使所有的权利了；另一方面专业化分工产生了一大批具有专业知识的代理人，他们有精力、有能力代理行使好被委托的权利。但在委托代理的关系当中，由于委托人与代理人的效用函数不一样，委托人追求的是自己的财富更大，而代理人追求自己的工资津贴收入、奢侈消费和闲暇时间最大化，这必然导致两者的利益冲突。在没有有效的

①詹姆斯·布坎南. 财产与自由［M］. 韩旭，译. 北京：中国社会科学出版社，2002.

制度安排下代理人的行为很可能最终损害委托人的利益。而世界——不管是经济领域还是社会领域——都普遍存在委托代理关系。

委托代理理论对新公共服务的影响主要在于它对公共领域委托代理问题的分析及其消解对策。首先，缩减政府规模，将公共服务签约外包。委托代理理论认为，私营部门的委托代理问题比公共部门的轻，因此可以通过供给与生产相分离、签约外包等方式将公共服务委托代理问题转向私营部门，从而化解公共部门的委托代理问题。其次，强化公共部门之间的竞争。委托代理理论认为，竞争能减少委托人面临的代理成本，而提高代理人从事投机行为的成本。最后，制定激励契约。委托代理理论认为，固定报酬制度可以有效激励个人，实现个体利益与共同利益的兼容。

(3) 治理理论

"治理"，英文为"Governance"，原意是控制、引导和操纵。在1989年世界银行关于非洲的报告中，"治理"一词首次出现；世界银行1992年度报告的标题就是"治理与发展"；经济合作与发展组织在1996年发布一份名为"促进参与发展和善治的项目评估"；联合国有关机构还成立了一个"全球治理委员会"，并出版了一份名为《全球治理》的杂志。短短十几年，治理迅速发展成为一套内容丰富、适用广泛的理论。在社会科学的许多领域，如政治、行政、管理等方面得到广泛运用，并日益受到广泛的重视。

治理理论虽然得到广泛的运用，但对"治理"一词的确切定义在理论界仍存在着较大的争议。作为治理理论的主要创始人，罗西瑙将治理界定为一系列活动领域里的管理机制，它们虽未得到正式授权，却能有效发挥作用。与统治不同，治理指的是一种由共同的目标支持的活动，这些管理活动的主体未必是政府，也无须依靠国家的强制力量来实现。政府可以动用新的工具和技术来控制和指引，而政府的能力和责任均在于此。联合国全球治理委员会在《我们的全球合作伙伴》中，将治理概括为"治理是各种公共的或私人的个人和机构管理其共同事务的诸多方式的总和"。

治理作为一种新兴的理论之所以具有如此旺盛的生命力，其关键的一点在于，它是国家与市民社会突破零和博弈，实现双赢的一条新道路，即它在公共利益的实现方式上，由一元、强制、垄断走向了多元、民主、合作。具体说来，首先，治理理论认为政府不是国家唯一的权力中心，各种民间组织如非政府组织、协会、志愿性组织等同样是合法权力的来源；其次，治理强调国家与公民社会之间的合作，如谈判对话、模糊公私部门之间的界限，并重视公私之间的依赖关系；再次，治理注重在各种组织和个人参与的基础上，最终通过形成一个合作的网络，来分担各种公共事务和责任①。

通过对治理理论内容的分析，显而易见，治理是在对传统统治的批判与继承上发展起来的。治理与统治相比，其主要特征在于：第一，管理主体的多元化和控制范围的不确定性。政府、公共权力组织和民间组织都可能成为权力的中心。同时，作用范围也随主体的不同而不断发生变化，小到一个具体组织，大到一个国家，甚至是整个世界，都可以是治理理论应用的范围。第二，管理方式由以强制性为主转变为以平等、对话、合作为主的多元化手段。特别是注重在市场原则基础上的分权合作。第三，权力运作向度由单一的官僚制所设计的自上而下转向自组织网络式的多元互动的模式。在治理过程中，它所依靠的是合作网络的一种权威，而不单是政府和公共组织的权威。第四，治理追求的目标由传统的“善政”向一种“良好的治理”即“善治”转变，并由单纯的追求效率转向为实现公共利益最大化，使国家与市民社会形成一种更为有效和良性的互动关系。

但治理理论有其固有缺陷及移植的历史局限。第一，政府与市民组织之间权责不明，界限模糊。治理通过政府与市民组织或个人进行谈判协商，达到合作与共识，但正如地方治理研究专家格里·斯托克指出，治理在为社会和经济问题寻求解答过程中存在界线和责任方面的模糊之点。当政府与市民之间由于利益的差别而造成治理失败时，他们之间的矛盾将如何解决，由谁协调？公共政策的出台是否真的能够实现公共利益最大化的治理目标？现代的政府虽然由巨型政府向有限政府和责任政府转变，但是政府仍然是各种社会组织中拥有社会资源最多、权威性最高的组织，由于界限不明、权力的依赖，以及自组织网络的存在，当出现公共危机之时，政府是勇敢承担责任，还是会欺骗公众，推卸责任？这一系列的重要问题，治理理论都没有给出明确的答案。第二，民间组织的失灵。治理理论注重民间组织的作用，认为市民社会能够沟通政府与公民之间的关系，分担政府的职能，使政府从那些管不好也管不了的领域中退出，有利于促进政府角色的转变等等。但从现实中大量的事例可以发现，民间组织远没有治理理论所认为的那样完美。它们同样有失灵或失败。每个组织都有其自身的利益，由于利益的驱动，它们可能背离社会公共利益的宗旨，不择

①詹姆斯.N.罗西瑙. 没有政府统治的治理［M］. 张胜军，等. 译. 南昌：江西人民出版社，2001.

手段而追求功利，从而给公民、社会和政府带来一系列的危害。特别是当治理理论使国家某些权力收缩，不再是社会控制的唯一中心的时候，如何克服民间组织的失灵，则是治理理论进一步发展的重要障碍。第三，全球治理理论有可能成为霸权主义和强权政治的又一手段。合作治理理论是治理理论的一个分支，它是建立在政府的作用和国家的主权无足轻重、民族国家界限模糊不清的前提之上。全球化从某种意义上说是一种西方化的过程，全球治理自然就是发展中国家被动接受发达国家治理模式的一种过程。而由于历史和现实的差别，落后国家与发达国家在政治、经济、文化各方面都存在较大差异，甚至某些领域不相容。全球治理理论就为大国找到了打开这些国家门户的钥匙，为其推行霸权主义找到了借口。所以，在借鉴治理理论时，如果不保持高度的警惕性，将严重威胁国家安全，损害国家利益。

治理理论移植中国的历史局限主要表现在：理论必须与现实相结合才能产生作用，而治理理论要想在中国实现其善治的目标，除去其本身理论的不足，同时还要受到我国现有国情的影响。第一，我国的政府角色错位和观念滞后。我国政府虽然经过多次改革，但仍然没有完全实现从“划桨”到“掌舵”的职能转变，全能政府色彩依然很浓，服务意识淡薄。“官本位”思想比较严重，将政府视为社会管理的唯一中心，习惯于自上而下的集权方式，较少采取合作、互动的方式。在公共政策的制定上缺少透明性和回应性，责任不明，法律和其他监督体制很难对其产生有效的制约，特别是自由裁量权的过大甚至乱用，等等。这些都与治理理论中对政府的要求相差甚远。第二，中国民间组织对政府的依赖性较强，政治参与意识和能力较弱。公民社会理论是建立在社会契约论基础之上的，是一种关于社会和国家相对立的理论。中国自古就没有公民社会自治的传统，新中国建立后，计划经济和集权政治也没有为民间组织的发展提供合适的环境。直到改革开放后，20 世纪 80 年代才开始出现，90 年代慢慢兴起。如同中国的民族资本一样，民间组织诞生之初，便具有明显的两面性，希望独立发展并制约政府，但其生存和发展又不得不依赖于政府的支持。这种组织其实并不是真正意义上的民间组织，而实质是一种政府主导下的准政府组织，这种组织无法真正实现与政府之间的平等合作或博弈，更不用说实现一种没有政府统治的治理。第三，传统政治文化的影响依然存在。政治文化是政治系统的基本倾向和心理反面，包括一个民族在特定时期普遍奉行的一套政治态度、信仰、情感、价值等基本取向。中国传统社会中的政治文化属于一种依附型的政治文化，正是由于其影响，使我国公民普遍存在一种“官本位”思想，习惯于政府为其做主，即使在其利益受到损害的时候，他们仍然较多地采取一种忍让的态度。在这种政治文化的影响下，公民无法真正实现自己的权利，也就更谈不上积极地参政议政，没有真正意义上的公民这一基本条件，就无法形成公民社会，而所谓的治理也就只能是空中楼阁。

（4）新公共管理理论

新公共管理理论与公共选择理论的共同点是尊崇市场力量、市场运作、市场机制。两者的主要区别在于：公共选择理论关注的焦点是政府与市场、社会的关系，主张减少政府干预，充分发挥市场的理论解决政府面临的困境；新公共管理理论关注的侧重点则主要是政府公共部门内部，主张提高引进市场机制来完善政府公共组织。

新公共管理理论主张引入市场机制改进政府公共产品供给机制与政府公共服务效率，提高政府公共服务的绩效，运用非政府组织和民营部门从事混合公共产品的提供。基本观点是：第一，公共部门与私人部门之间在管理上并无本质差别，公共组织和私营组织的管理在本质上是相似的。第二，私营部门的管理水平比公共部门要先进、优越得多，这种优越体现在管理上的创新能力等各个方面。第三，借用私营部门的管理理论、管理模式、管理原则、管理方法和技术，包括录用私营部门的管理人员来“重塑政府”，是提高政府工作效率和管理水平的根本途径。

“重塑政府”的主要观点主张运用企业家精神改革政府，强调政府与非政府组织、私人部门的合作。第一，认为政府应该起“掌舵”而不是“划桨”的作用，政府实现公共服务职能的作用方式是“掌舵者”购买“划桨者”。第二，政府应该可以通过民主程序设定社会需要的优先目标，与此同时，又利用私人部门之所长，组织商品和劳务的生产，并大量依靠非政府组织的力量来进行公共服务。第三，政府提供公共服务的方法有三类：传统类——建立法律规章、制裁、许可证、税收、拨款、补助等；创新类——特许经营、各种伙伴关系等；先锋派类——种子基金、志愿者协会、（政府投资的）回报性安排、重新构造市场等①。

客观而论，新公共管理理论之所以成为体育公共服务的理论基础，是因为新公共管理理论关注的侧重点主要是政府公共部门内部，主张提高引进市场机制来完善政府公共组织。其中，公共选择理论关注的焦点是政府与市场、社会

①李军鹏. 公共服务型政府［M］. 北京：北京大学出版社，2004.

的关系，主张减少政府干预，充分发挥市场的理论解决政府面临的困境。委托代理理论对新公共服务的影响主要在于它对公共领域委托代理问题的分析及其消解对策。治理理论虽然是一种公共管理理论，但是有猛烈的意识形态倾向，这就决定了我们在借鉴治理理论时，必须有所鉴别。

综上分析，新公共管理理论提倡“让管理者来管理”，要求提高管理者的权威、权能和灵活性，意味着对管理者的能力和动机给予更多的信任而非施加更多的行为控制。“让管理者来管理”作为政府改革的信条，隐含着一个前提假设，即公共管理面临的问题更多的是管理绩效问题，而非管理行为的规范性和合法性问题。因此，政府改革是一场管理改革。新公共管理理论的侧重点就在于，如何提升政府实施公共管理的能力，即在有限的资源条件下如何提供成本更低、质量更好的公共服务。这是新公共管理理论所蕴含的西方问题意识，也是我们评价和借鉴新公共管理理论的主要之点①。为我国体育公共服务的管理研究，提供了理论前提。

2. 新公共服务理论：体育公共服务理念、目标的借鉴

新公共服务理论指的是关于政府公共行政在以公民为中心的治理系统中所扮演的角色的一套理论。新公共服务理论认为，公共行政官员在其管理公共组织和执行公共政策时应该集中于承担为公民服务和向公民放权的职责，他们的工作重点既不是为政府“掌舵”，也不应该是“划桨”，而是建立一些明显具有完善的整合力和回应力的公共机构。

（1）新公共服务核心理念

以珍妮特.V.登哈特、罗伯特.B.登哈特为代表人物的新公共服务理论，为政府管理提出了一个全新的管理模式和管理理念。具体而言，新公共服务理论的核心理念包括以下几个方面：②

第一，服务于公民，而不是服务于顾客。公务员不仅仅要关注顾客的需求，更要着重关注公民，并且与公民建立信任和合作关系，满足公民对公共管理活动参与的希望，在公民权扩大的部分提供相应的公共服务。

第二，追求公共利益。新公共服务主张公民应该把眼光从自身的利益扩展

①黄小勇. 新公共管理理论及其借鉴意义［J］. 中共中央党校学报，2004（3）.

②珍妮特.V.登哈特，罗伯特.B.登哈特. 新公共服务——服务，而不是掌舵［M］. 丁煌，译. 北京：中国人民大学出版社，2004.

到更大的公共利益上，公共行政官员必须促进建立一种集体的共同的公共利益观念。

第三，重视公民权胜过重视企业家精神。在治理的综合系统中，政府将会扮演三种角色：一是与法律规则和政治规则有关的角色；二是经济考虑和市场考虑有关的角色；三是与民主标准和社会标准有关的角色。

第四，思考要具有战略性，行动要具有民主性。公民参与被视为民主政体中政策执行的一个恰当的和必要的组成部分。

第五，承认责任并不简单。公务员应该关注的不仅仅是市场，还应该关注法令和宪法、社区价值观、政治规范、职业标准以及公民利益。

第六，服务，而不是“掌舵”。在新公共服务中，领导是以价值为基础的，在整个组织中是与社区共享的，他们必须以一种尊重公民权和给民授权的方式共享权力并且带着激情、全神贯注地正直地实施领导。

第七，重视人，而不只是重视生产率。

新公共服务理论主张在公共产品与公共服务的供给中，发挥社区与非政府组织中的作用。新公共服务理论对我国服务型政府建设的启示：①中国服务型政府建设的根本目的是进行政府与社会关系的重构，建成良好公民社会自治下的服务型政府。西方“新公共服务”是在宪政理念和宪政制度框架下来指导实践的，有强大的公民社会制约着政府，基本上不会出现政府权力的大肆扩张侵犯公民权益的现象，在缺乏宪政背景的中国，不进行政府与社会的关系重构，没有强大的公民社会作为支撑，在实践中很可能与建设服务型政府背道而驰。②中国服务型政府的职能是既要“掌舵”又要服务。西方“新公共服务”提倡政府是服务而不是“掌舵”，而中国的服务型政府既要掌舵又要服务。因为中国是一个后发的现代化国家，其内涵既包括欧美早期现代化的基本内容，而且还包括了欧美后现代时期的一些任务，加上国家间的竞争和国内急于实现现代化的要求，这就迫使中国以政府为主导来大力推进现代化进程。目前中国的公共需求远远得不到满足，政府的公共服务职能尤其要突显。所以中国服务政府既要开发政策（掌舵）又要提公共服务。③当前中国的服务型政府服务建设的首要任务是为社会公民提供基本的公共服务。中国正处在经济社会转型时期，由于政府提供基本的公共服务不足和不平衡，社会矛盾突显。这就急切需要政府提供基本的公共教育、社会保障、公共医疗卫生、环境保护等公共服务。

（2）公共产品理论

所谓公共产品，是相对于个人产品而言的。根据萨缪尔逊的定义，公共产品是“每一个人对这种产品的消费，并不能减少任何他人也消费该产品”。公共产品具有：①非排他性。这是指人们在消费公共产品时，无法排除他人同时也消费该产品，或者排除在技术上可行，但费用过于昂贵而使得排除没有意义，从而实际上也是非排他的。②非对抗性。也称为公共产品消费时的合作性。这是指对于公共产品来说，新增他人参与消费的边际成本为零。

对于公共产品来说，这两个特征是都应具备的，两者缺一不可，而完全具备以上两种特征的公共产品，在现实生活中是不多的。许多产品或缺少这一特征，或缺少那一特征。同时，对于各个特征来说，还有程度强弱之分。因此，完全具备以上两种特性的产品为纯公共产品，不完全具备的为非纯公共产品。在纯公共产品与纯个人产品之间，散布着无数的处于中间状态的非纯公共产品和非纯个人产品。

公共产品并不一定非由政府提供不可，个人也可以提供。但由于公共产品的非排他性，存在着“免费搭车”问题，即某些人付费提供公共产品，而他人则可以免费享受该产品，就使得现实中的公共产品很少由个人提供，而大体上是由政府提供，并通过征税为其提供费用来源。

公共产品的区分是从物品的自然属性上着眼的，即仅从消费该产品所具有的物质特性来把握，并不按产品是公有还是私有来划分。公有产品尽管不能排除社会或集团的所有成员都来消费，但只要该产品的消费是对抗性的，即新增消费的边际成本大于零，则该公有产品并非公共产品。国家与公共产品的关系是：国家本身是一件公共产品，国家的政策、制度、法令等，也是公共产品，政府干预经济，就是一种提供公共产品的表现；公共产品的纯度越高，就越是要由政府提供，因为免费搭车问题将越严重，政府支出除了用于公共产品的提供外，也不排除用于具有一定公共消费性质的非纯个人产品的可能性。

公共产品理论的主要内容有如下几个方面：

第一，关于国家职能问题。由于公共产品主要提供者是国家，因而国家能干些什么，尤其是国家有哪些经济职能，就必然成为公共产品理论首先要研究的问题。西方财政理论认为，当代西方政府具有资源配置、公平分配和稳定经济三大职能。政府在履行这些经济任务时，克服市场失效所产生的效率损失，分配不公和经济波幅过大等缺陷，这些也都是西方政府所提供的重要公共产品。

第二，关于公共经济问题。即在市场经济和私人经济的基础上，探讨公共经济的存在和国家对经济的介入等问题。该理论认为，公共产品存在之处，必然是市场机制运行失效和私人经济难以存在的地方。这是由公共产品消费的非排他性决定的，它使得私人提供公共产品将无法按其价值收费。因此，私人经济应在市场机制能有效发挥作用的地方存在，而公共经济和政府介入则应限制在市场失效的范围内。提供公共产品正是政府最主要的活动范围之一。

第三，关于公共产品的主观价值与公共供应问题，在边际效用价值论的指导下，公共产品理论以人们的主观效用为价值的标准，赋予了无形公共产品的主观价值，这就使得人们能以统一的货币尺度去衡量对比公共产品的供应费用与所产生的效用间的关系。

第四，关于公共产品的帕累托效率①问题。即在供应公共产品时，不仅要考虑社会总资源的有效配置问题，还要考虑在公共经济内部如何有效使用资源的问题，等等。

(3) 公共产品理论的借鉴意义

虽然公共产品理论产生和发展于西方社会，有着不同于我国财政理论的特点，但是同西方的许多经济理论一样，公共产品理论也有其合理内核。分析并指出它的合理成分，对于我国的体育公共服务理论和实践的完善与改革，将具有一定的借鉴意义。

第一，公共产品不仅是有形产品和物质产品，而且更多的是无形产品和劳务产品，公共产品理论将公共服务的视野从单纯的物品配置拓展到更加广泛提供公共服务领域。

第二，依据公共产品理论，政府所提供的各种公共服务对于人们是有效用的。因而在对公共产品进行抽象的理论分析时，边际效用论被认为是有价值的，并且也具有按货币计量的价格。

第三，公共产品理论主张税收是公共产品供应的“税收价格”，是人们为享用公共服务所必须付出的代价，这从理论上将公共产品供应中的成本与收费直接连结起来。它说明了个人是为了自身需要进行纳税的，这与西方财政以个人纳税为主的收入结构现实是一致的。

第四，公共产品理论认为，个人产品消费的可分性和排他性，使得个人产

①帕累托效率：是指资源分配的一种理想状态，假定固有的一群人和可分配的资源，从一种分配状态到另一种状态的变化中，在没有使任何人境况变坏的前提下，使得至少一个人变得更好，这就是帕累托改进或帕累托最优化。帕累托改进是达到帕累托最优的路径和方法。帕累托最优是公平与效率的“理想王国”。

品的生产者可以向其消费者收取应得的费用。因此强调个人产品应由私人企业生产，并经由竞争性市场提供。这是一种以私有制为基础，将政府活动范围压缩在作为私人经济补充这样一个界限内的理论。从这点看，西方的公共产品理论是不符合我国国情的。对我们的启示在于：即对完全的和纯度较高的公共产品，应由政府按非市场的原则，经由国家预算直接拨款提供；对完全的和纯度较高的个人产品，应由企业经过市场提供，对这类产品，国家在计划和价格的干预度应是最低的，并且它们的绝大部分应主要由市场机制来调节，财政补贴应基本退出这一领域；对介于中间状态的非纯公共产品和外溢较强的个人产品，也应由企业经由市场提供，但政府对其产销的直接介入和干预是强有力的。

第五，公共产品理论认为，依照公共产品受益区域的大小，可区分为全国性公共产品和地区性公共产品，并且地区性公共产品内部还可以继续细分。即全国性公共产品由中央或联邦政府提供，范围大小不同的地区性公共产品由不同层次的地方政府提供，几个地区共同受惠的公共产品主要由有关地区联合提供等等。这与我国财政体制按全国性和地区性事务来划分各级政府间事权和财权的做法是有其相通之处的。

综上分析，新公共服务理论之所以成为体育公共服务的理论基础，是因为新公共服务理论表明了政府的作用就在于帮助公民表达和实现他们的共同利益，而非试图在新的方向上控制或驾驭社会。政府在过去所谓的“掌控社会”的过程中发挥了重要作用，现代社会政府是社会参与者，即政府与私人的或非营利的团体和组织协同行动。将更多地体现在把人们聚集到无拘无束、真诚地进行对话的环境中，共商社会应该选择的发展方向。这样才能建立具有广泛基础的国家或民族的远景目标，才能为未来提出指导性的发展思路。为了实现集体的远景目标，就是要确定政府的角色和职责。因此，关键在于确保政府是开放的、容易接近的，确保政府能够敏感地做出响应，确保政府的运作旨在服务于公民、为公民权创造机会。政府与公民之间的关系不同于企业与其顾客之间的关系，公平和平等方面的考虑在服务供给中起着重要作用。

新公共服务理论提倡以人为本、提供公共服务的竞争机制、以及建立服务型政府的基本点，为体育公共服务发展奠定了理论基础，对我国体育公共服务发展远景和体育公共服务多主体供给体制提供了理论借鉴，为体育公共服务理念和目标确立，起到了理论支撑作用。

3. 中国共产党的服务思想：指导体育公共服务发展的世界观和方法论

中国共产党的执政思想是我国政府的指导思想，也是建立中国特色公共管理体系的指导思想。特别是中国共产党的服务思想，对于在政府转型进程中建设服务型政府，建立和完善体育公共服务体制具有重要的理论指导意义。中国共产党先后提出了毛泽东“为人民服务”的思想、邓小平“领导就是服务”的思想、“三个代表”重要思想以及新一代中央领导集体提出的科学发展观和构建和谐社会的思想。这些思想论述对我国体育公共服务的发展与改革发挥着重要的指导作用。

(1) 毛泽东“为人民服务”的思想

为人民服务的思想是毛泽东对马克思主义基本原理的中国化概括，是中国共产党人一贯的指导方针。他指出：“我们共产党人区别于其他任何政党的又一显著的标志，就是和最广大的人民群众取得密切的联系。全心全意地为人民服务，一刻也不脱离群众；一切从人民的利益出发，而不是从个人或小集团的利益出发；向人民负责和向党的领导机关负责的一致性；这些就是我们党的出发点。共产党人必须随时修正错误，因为任何错误都是不符合于人民利益的。”①

毛泽东对为人民服务思想完整科学的论证，确立了其在党和人民政府建设中的重要地位，使其深入人心，形成了党的优良传统和根据地的良好的社会风尚。党自七大以来，一直坚持把全心全意为人民服务的要求写入党章。特别是党在全国执政以来，为人民服务始终是党坚持的唯一宗旨和思想道德追求。同时，中国共产党的执政地位又坚定了它必然要把为人民服务的思想努力推向社会，成为整个社会中占统治地位的政治原则和道德规范。因此，为人民服务的思想也必然会指导我国政府转型过程中公共服务的改革和发展。

(2) 邓小平“领导就是服务”的思想

改革开放以后，为了在新的历史条件下继续坚持全心全意为人民服务的宗旨，邓小平同志进行艰苦的探索，作出了一系列重要论述，提出了领导就是服务的科学论断。领导就是服务，阐明了社会主义领导关系是人类历史上一种新型的领导关系。一方面是领导、指挥、组织社会发展和社会生活的负责人，是领导者和指挥员；另一方面是为社会公众服务的，是公仆和勤务员。领导就是

①毛泽东. 毛泽东选集：第三卷 [M]. 北京：人民出版社，1991.

服务，揭示了社会主义领导的本质属性。社会主义领导要坚持为大多数人谋利益，要当好人民的勤务员。毋庸置疑，领导就是服务的思想也必将促进我国政府部门及其公务员在为人民群众提供公共服务的过程中强化服务意识，提供服务绩效。

(3) 科学发展观与和谐社会理论

从社会学的意义上讲，社会是由人群组成的一种特殊形态的群体形式，是按照一定的规范发生相互联系的生活共同体。社会的基本结构特征是具有结构性，也就是社会系统的各个组成部分或社会体系中的诸要素之间存在着相对持久、稳定的联系模式。社会和谐，就是社会系统中的各个子系统、各要素处于一种相互依存、相互协调、相互促进的状态①。

我们所要建立的和谐社会是体现社会主义本质的、现代化、新型和谐社会，是民主法制、公平正义、诚信友爱、充满活力、安定有序、人与自然和谐相处的社会。

社会主义和谐社会是充满活力的社会。社会活力是社会进步、协调、和谐的基础条件。社会活力不断增强，是现代社会的重要标志。社会活力的构成大体包括三个层面：一是社会主体的活力，表现为人的能动性、积极性、创造性的充分发挥。二是作为社会生产和生活直接构成因素和资源的活力，如自然资源的合理利用，环节条件的控制和改善，新的知识、思想、文化的形成与创造等等。三是社会生产、生活运行方式和机制具有的活力，能够实现社会系统的自我延续、自我调控、自我更新并发挥其功能。这三个层面不可分割、互为前提，统一构成社会得以生存和不断发展的现实力量和动力源泉。

社会主义社会的活力体现在经济、政治、文化和人本身等各个方面。经济活跃促进社会物质财富极大增加；政治活力使公民依法享有广泛的权利和自由；文化有活力，培育公民的科学文化素质和思想道德素质，大力发展先进文化，充分发挥文化对人的引导和教育功能，营造健康、和谐、文明进步的社会氛围，为经济社会发展提供思想保证、精神动力和智力支持。

社会活力既包括社会成员的个体活力，也包括全社会的凝聚力、向心力和整合力。前者是后者的前提和基础，又受后者的影响和制约。二者彼此包容，共同促进。

促进社会公平正义，是构建社会主义和谐社会的关键环节。我国现在处于

①韩雪. 从多元到和谐——和谐社会的构建［M］. 北京：中央编译出版社，2006.

并将长期处于社会主义初级阶段。在社会主义初级阶段的公平，只能是相对的公平。适应经济发展水平和社会主义市场经济要求的分配制度，只能是以按劳分配为主体、多种分配方式并存，劳动、资本、技术和管理等生产要素按其贡献参与分配。在生产力不发达的状况没有根本改变的情况下，必须坚持效率优先、兼顾公平，初次分配注重效率，再分配注重公平。

但是，在经济快速发展、社会矛盾日益突出的新形势下，必须更加注重社会公平，收入分配差距不能拉得过大。应当把这种差距控制在合理的、群众可以接受的范围内，尤其要消除产生分配不公的不合理甚至是非法的因素。一方面继续鼓励有能力的人走勤劳致富、合法致富的路子；另一方面，坚决防止那些利用种种非法手段搞歪门邪道的人富起来；同时，还要加强社会调控，让那些能力和条件较差的群体通过自己的努力和社会的帮助，逐步改善自己的生存境遇，最终走上共同富裕的道路。现在群众意见大的，不是对那些勤劳致富的人，而是对那些非法致富和不合理致富的人。在收入分配差距面前，群众要的是公平的机制、公平的规则、公平的环境、公平的条件和公平发展的机会。

社会主义和谐社会还必须是一个安定的社会。社会安定就是社会平安、稳定，包括人与人之间关系和睦、人们心理平和。任何一个社会，总是存在社会矛盾和社会冲突的，但社会矛盾的运动可能呈现两种方向：一种是良性运行，即在正确处理和协调社会矛盾中，推动社会前进；另一种是恶性运行，即由于政策或决策不当，造成社会矛盾加剧甚至发生激烈冲突，影响社会发展。在社会转型时期，社会矛盾和冲突容易积聚，并有可能在社会结构的薄弱环节释放出来，从而爆发社会危机。所以，在我国社会深刻变动时期，正确处理改革、发展与稳定的关系，维护社会的安定团结，具有特别重要的意义。

和谐社会应该是人与人之间、群体与群体之间、社会阶层与社会阶层之间，以及人与社会之间和谐相处，做到人人平等、和而不同、互惠互利。

所谓人人平等，就是人与人之间在人格、权利、机会、规则等方面的平等。在现代社会，每一个公民都应具有平等的人格、权利和机会。“国家尊重和保障人权”写入我国宪法，具有伟大的意义。社会主义和谐社会应当是尊重社会成员独立人格的社会，是社会成员的基本权益能够得到保障的社会，是社会成员有平等的机会并遵循同样的规则充分发挥其能力的社会。国家应该为社会成员创造这样的现实可能性：只要具备某种能力和业绩，就可以有机会获得相应的社会位置。目前，我国仍然存在着不利于社会各阶层之间相互开放和平等进入的障碍。随着社会主义和谐社会建设的推进，这些障碍应当逐步消除。

所谓和而不同，就是尊重个人、包容个性差异，并通过协商，使多样性之间达到协调、合作、共赢。现代意义上的和谐价值在于，它是多样性和差异性的统一。和而不同的前提是承认、尊重个性的差异，即承认多样性。在当代中国社会发展过程中，多样性及其个性差异是必然存在的。企图通过排斥多样性及个性差异来达到社会统一、和谐，只能使社会缺乏生机和活力。社会主义和谐社会应该是既尊重多样性及其个性差异，又能在多样性及个性差异中寻求统一性和互补性。

所谓互惠互利，就是社会各阶层、群体和成员之间能保持一种互惠互利关系。这种关系表现为一部分阶层、群体在增进自己利益的时候，不以牺牲和损害另一部分阶层、群体利益为代价。只有这样，才能使社会成员之间达到和睦团结，保证社会的安全运行和实现社会安定。

社会和谐，必将促进体育公共服务科学发展。和谐社会理论，为体育公共服务发展奠定理论基础和实践的可能。体育公共服务也是增强社会活力的必要因素，是新时期社会发展关注民生的重要内容。充分发挥体育公共服务社会整合功能，营造和形成社会强大的凝聚力和向心力，促进和谐社会的发展。

第一，体育公共服务以满足人的体育需要和基本权利为逻辑出发点，是社会良性运行和发展的基础。人是社会主体，人生活于其中的社会结构是社会客体，手段服务于目的，社会客体最终要为社会主体服务。人的发展主要有三个内容：一是人的基本需要的满足；二是人的素质提高；三是人的潜能发挥。而体育公共服务的主要功能就在于以人为中心，提高人民的生活水平和福利水平，满足人的体育需要，归根到底是为了促进人的全面发展。任何社会变革归根到底都必须重新调整人们的利益关系，以促进和推动社会生产的发展，在物质发展的基础上不断改善人的生存条件、生活质量，提高人的素质。

第二，体育公共服务通过对国民收入的分配和再分配，是实现公共利益和社会公正的重要途径。以满足社会公共需要为目的的体育公共服务，实际上就是一种国民收入的再分配，国家财政机关把各种税金集中起来，形成政府预算收入，然后以预算支出的形式，有计划地用于扩大体育公共服务范围和提高体育公共服务质量的费用开支。体育公共服务的消费者要以自己初次分配或再分配取得的收入支付费用，从而使一部分国民收入向这些非生产性劳务部门转移，实现国民收入的再分配。此外，体育公共服务向某些群体、地区的倾斜或重点投入，会在客观上增加这一群体或地区的收入。

第三，体育公共服务既产生社会效益，又产生经济效益，是推动社会发展的重要手段，能够对国民经济形成整体性提升，提高国际竞争力。体育公共服务不仅可以为一个社会的发展提供稳定的社会环境，而且它也具有经济效益，与经济发展存在着一种互补性的关系，是推动社会发展的重要手段。

中国共产党的服务思想之所以成为体育公共服务的理论基础，是因为中国共产党的服务思想是以毛泽东“为人民服务”思想、邓小平“领导就是服务”的思想、“三个代表”重要思想以及科学发展观为基础，为体育公共服务的发展提供了科学的世界观和方法论，是体育公共服务发展的重要保障。

毛泽东“为人民服务”的思想核心就是和最广大的人民群众取得密切的联系，全心全意地为人民服务，一刻也不脱离群众，一切从人民的利益出发。科学发展观为我们提供了体育公共服务发展的理论指导，解决了为什么要发展体育公共服务，怎样发展，发展的目的是什么的问题。可以说体育公共服务发展的最终目的还是为了人。所以说，科学发展观为体育公共服务发展提供了方法论的指导。

邓小平理论和“三个代表”的重要思想解决了建立和谐社会的领导力量和思想保障问题，为体育公共服务发展决策建立了科学依据。和谐社会的理论是体育公共服务得以实现的社会基础，科学发展观是体育公共服务发展的理论指导，为人民服务的思想是体育公共服务的理论保障，三者的有机统一，体育公共服务就会快速、可持续地发展。

综上分析我们可以看出，体育公共服务的理论基础是多元的：新公共管理理论是体育公共服务管理发展的理论前提；新公共服务理论是体育公共服务价值追求的理论基础；中国共产党的服务思想是指导体育公共服务发展的世界观和方法论。它们分别从利益、权力和世界观、方法论的角度解释了政府何以必须向社会提供体育公共服务。由于有了这些理论基础的支持，体育公共服务不再是一种仅仅停留在形式或口头上社会形态，而是具备了一种逻辑的必然性，即政府与市场、社会的逻辑关系和先进性的逻辑，其核心是为了人，从而保证了政府提供体育公共服务的持久性和稳定性。

我们也需要看到，任何一种单一的理论对体育公共服务所提供的逻辑支撑都是有限的，因此，任何一种单一的理论都不足以为体育公共服务提供充分的具有逻辑力量的支持。我们必须努力把借鉴新公共管理理论、新公共服务理论与中国共产党的服务思想有机整合起来，形成关于体育公共服务的综合性理论基础，以强化政府的服务倾向。体育公共服务在综合性理论的支持下才能够科学发展。

二、研究的基本思路

（一）研究的基本框架与核心内容

本研究探讨的中心问题是：体育公共服内涵、目标及其运行机制问题，在这些问题中政府应当承担怎样的责任？在构建和谐社会，力求“基本公共服务体系更加完备”的背景下，确立怎样的服务内涵、发展目标？如何做到体育公共服务体制更加完备，政策保障更加完善，运行机制更加科学、有效？体育公共服务区域均等化如何发展？

课题根据理论背景，针对具体的研究对象，建立以下基本的理论框架（图1-1）和扩展的理论框架（图1-2），用以指导具体的研究，指导调查资料的搜集和分析。

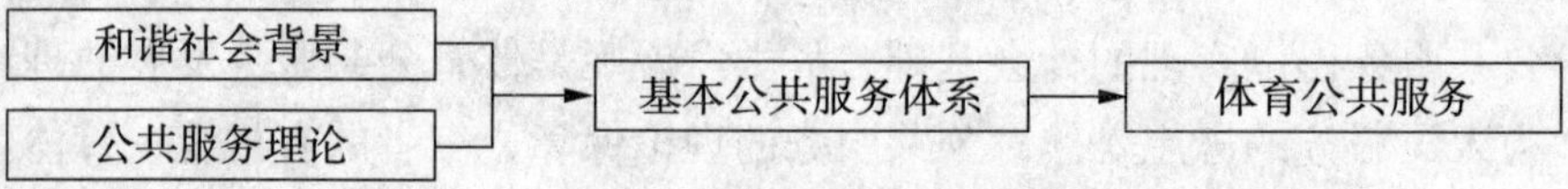

图 1-1 基本的理论框架

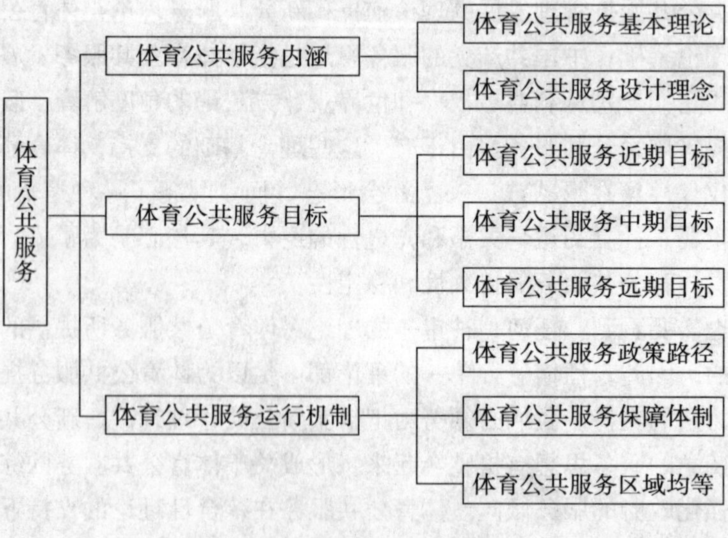

图 1-2 扩展的理论框架

为了达到上述目标，本研究着重探讨下几个方面的内容：

1. 基础理论研究

主要通过公共产品理论、公共选择理论及制度变迁理论对体育公共服务基本理论、设计理念、发展目标等进行探讨。对体育公共服务的供给方式及制度安排从理论上进行分析。

2. 历史背景研究

主要考察体育公共服务需求、供给的特点，全面了解体育公共服务运行方式、问题、近年来发展的过程等进行比较全面的调查和描述。

3. 发展目标研究

提出体育公共服务发展的近期、中期、远期的发展目标。

4. 运行机制研究

分别对不同区域的体育公共服务管理体制、公共服务政策、城乡体育服务存在的差异等进行分析，探讨不同社会环境下体育公共服务管理体制的创新问题。

（二）研究对象与方法

1. 研究对象

体育公共服务是与公共物品的概念直接相关的。物品包括能供人类消费的一切有形的产品和无形的服务。公共物品具有“非排他性”和“非竞争性”两个特征，体育公共物品更具有典型的“公共服务”特征，如全民健身服务工程等。此外，还有一种物品具有一定的公共性，但不具有充分的非排他性和非竞争性，称为准公共物品。按照国际上通用的划分方法，一般将供给主体分为政府及非政府两大类，本课题采用这种方法。

由政府及下属机构承担的体育公共服务组织遍布于从中央到乡镇的各个层级，本课研究的对象是政府体育管理部门。由于非政府组织提供的体育公共服务（有偿服务）可能是今后发展的重点方向之一，如民间体育协会、体育俱乐部等，本课题也将作为考察对象。

2. 研究方法

研究体育公共服务问题，基于事实的价值判断、理论架构与经验的审视三者非常重要。因此，本书大胆吸收与借鉴当代社会科学的最新研究成果，在理论与实践相结合的基础上，采用规范研究与实证研究相结合，辅之以文献数据研究的方法，对政府体育公共服务的现状及存在的问题进行深入研究和探讨，进而提出富有创建的体育公共服务运行机制的策略和路径。

规范研究的方法。体育公共服务的规范研究所要解决的是“应然”问题，及政府体育公共服务的内涵、价值及其运行方式的理想状态。本书以体育公共服务概念界定入手，阐明体育公共服务是全社会共同消费的，由政府及市场共同提供，目标是人的发展，并且分阶段、分梯度进行，关键是体制建设问题。其次，对我国体育公共服务发展历程、供给方式、政策依据和理论基础进行考察，着重梳理和探讨中国共产党的服务思想对体育公共服务的现实意义、发展理念和目标的确立，以及运行机制体制建立对体育公共服务效率和公平关系的指导意义。在上述规范性研究的基础上提出体育公共服务应然状态及具体策略。

实证研究方法。体育公共服务实证研究所要解决的是“实然”问题，即从社会实践中考察和分析政府体育公共服务运行的现状和存在的问题。

调研阶段，第一，对浙江、宁夏、河南、江苏四省部分地区体育公共服务体系进行抽样调查，搜集相关资料，全面了解体育公共服务运行方式、问题、近年来发展的过程等。第二，对上述地区居民对体育公共服务满意度进行问卷和访谈调查，了解居民现实的服务获得情况、对现行的体制评价状况以及未来的需求状况等。调查问卷基本情况如下：

江苏省选取南部 3 个城市（南京、无锡、镇江）和北部 3 个城市（徐州、连云港、宿迁），采用随机抽样的原则发放调查问卷 1200 份，回收有效问卷 805 份。

浙江选取杭州、宁波、绍兴、嘉兴、湖州、舟山、丽水、金华、衢州、台州、温州 11 个城市，发放问卷 1200 份，回收有效问卷 996 份。

河南选取郑州、安阳、濮阳、新乡、开封、周口、平顶山、驻马店、南阳、信阳 10 个城市，发放问卷 1100 份，回收有效问卷 988 份。

宁夏选取银川市、贺兰县、石嘴山县、中卫县 4 个县区，发放问卷 1000 份，回收有效问卷 799 份。

文献数据研究方法。体育公共服务的文献数据研究所要解决的是对上述研究方法的辅助和支撑，即通过文献梳理和数据的分析，从规范、实证的学术视角来研究我国体育公共服务的现状和问题，进而提出具有现实操作性的体制建设对策。

（三）主要观点及创新

1. 主要观点

(1) 体育公共服务应当、也必须列入全面建设小康社会公共服务的框架体系。伴随全面建设小康社会进程的发展，体育公共服务的地位和作用将日显突出。

(2) 社会主义初级阶段的现实，决定了目前体育公共服务存在供求矛盾、发展不均衡的现实，需要提出相应的理论研究和支持，需要制定相应政策给予保障。

(3) 体育公共服务发展的历程、现状和城乡差距的事实说明，体育公共服务需要依靠政府投入、政府组织和政府引导，需要制定近期、中期、远期的发展目标，目前服务的重点应定位于实现区域体育公共服务的相对均等化和协调化。

(4) 体育公共服务制度的建立，推进社会化、市场化，以及体育公共服务产业生产、供应依托于政府，可以极大地推进责任政府、公共服务型政府的建设进程。

(5) 体育公共服务政策路径的选择，为体育公共服务实践的发展提供新的理论视角和方法指导。

2. 创新之处

“十一五”时期，公共服务需求快速增长，公共产品供需矛盾日益突出。面对快速增长和日趋多元的公共需求变化，现行的政府公共服务供给模式很难与这一趋势相适应。本研究力争达到如下创新：

(1) 明确提出全面建设小康社会加强体育公共服务的建议，为阶段体育事业的改革与发展提供了新的发展思路。

(2) 提出具有前瞻性的体育公共服务理念及相关理论框架和研究思路。

(3) 初步了解和掌握全国典型地区体育公共服务的现状和特点，为发展研究和制定政策提供了依据。

(4) 研究提出体育公共服务发展的近期、中期和远期目标。

(5) 研究提供区域性体育公共服务保障措施，为民间体育组织发展营造良好的社会环境。

(6) 研究提出体育公共服务体制，实现民间组织等多元社会主体参与体育公共服务的投入。

(7) 构建区域体育公共服务发展模式，提出区域体育公共服务发展策略。

(四) 研究假设

假设 1

体育公共服务是政府利用公共权力或公共资源，满足社会共同需求，政府就应该提供具有非竞争性和非排他性体育物品，为不同地区进行的一系列公共行为。

(1) 政府对体育文化设施和体育活动进行均衡布局，同步开展，使得所有人都能享受到政府提供的同等程度的服务。

(2) 政府提供的体育服务是近距离的、经常性的服务，非常便利。

(3) 提供的体育服务和产品、层次、特色多样化，满足不同年龄、不同阶层人群的需求。

假设 2

体育公共服务除政府提供无偿的服务外，还有其他组织提供的补偿服务，以及非政府提供有偿服务并存。

(1) 政府在政策上考虑建立以社区等非政府部门为基础，能够弥补现有社会保障机制的不足。

(2) 由国家、市场和非政府公共部门共同提供社会福利和社会服务保护机制，并给予这种机制的建立以更大的政策和法律空间。

假设 3

体育公共服务是人民群众享有的文化权益，体育公共服务隶属于公民的基本权利，政府有责任、有义务为公民提供基本的公共体育产品和服务。

(1) 政府创造宽松环境、条件让公民能够参与各种体育活动。

(2) 建立完善的机制激发公民的主动参与。

(3) 政府应制定切实有效的政策法规，保护公民得到应有的体育权利。

(4) 有效的制度设计和体系建设来确保公民体育权利的实现。

假设 4

成熟的体育公共服务目标，表现为不同区域之间、城乡之间、居民个人之间享受的体育公共服务水平基本一致。但是，从启始到成熟，体育公共服务要经历不同的阶段，在每个阶段上，其具体重点、目标及表现是不同的。

(1) 近期目标应侧重于区域体育公共服务，主要表现为区域内、区域间的体育公共服务水平的差距逐步缩小。

(2) 中期的目标会更多地侧重于城乡体育公共服务基本均等。主要表现为不仅在区域内，而且在各区域城乡之间的体育公共服务水平接近。

(3) 远期目标则为实现全民体育公共服务均等化，主要表现为区域之间、城乡之间、居民个人之间的体育公共服务基本形成均等的协调状态。

(4) 当前我国公共服务均等化程度还很低，因此，应首先将工作重点定位于实现区域公共服务基本均等化，同时加快城乡公共服务均等化、兼及居民公共服务均等化。

假设 5

完善的体育公共服务体制，具有城乡一体化的体育公共产品供给机制，完善的公共财政体制，多元化的体育公共产品供给模式和机制。

(1) 从根本上改变公共产品城乡二元供给制度，建立城乡统筹的公共服务供给制度。

(2) 根据公共产品的类别、层次，合理界定各级政府提供公共产品的责任范围，做到事权和财权的对等。

(3) 财政支出必须坚持以人为本，把更多财政资金投向公共服务领域，尤其要确保新增财力主要投向社会事业发展的薄弱环节，投向农村地区。

(4) 构建多元化的公共产品供给机制，引入民间资本，动员社会各方力量，形成以公共财政为主体、社会各方共同参与的公共产品供给机制。

三、基本概念界定

（一）公共服务、基本公共服务

公共服务：通常指建立在一定社会共识基础上，国家全体公民不论其种族、收入和地位差异如何，都应公平、普遍享有的服务。其可以通过公共部门直接提供，也可以仅由政府提供资金支持，而由私人来提供。即便是那些不由政府提供或者政府仅提供资金支持的公共服务，出于社会和政治的原因，对这些服务的管制也会比一般的经济部门多①。出于道德和正义等方面的考虑，一般认为，那些在一定经济社会生活条件下必需的、直接关系最基本的人权的公共服务，应该确保能得到普遍的提供。从范围看，公共服务不仅包含通常所说的公共产品（具有非竞争性和非排他性的物品），而且也包括那些市场供应不足的产品和服务。广义的公共服务还包括制度安排、法律、产权保护、宏观经济社会政策等。

基本公共服务：指建立在一定社会共识基础上，根据国家经济社会发展阶段和总体水平，为维持本国经济社会的稳定、基本的社会正义和凝聚力，保护个人最基本的生存权和发展权，所必须提供的公共服务，其规定的是一定阶段上公共服务应该覆盖的最小范围和边界。比如基本的公共教育、公共卫生、社会保障、基础设施、公共安全等。也就是说，基本公共服务回答的是特定阶段应该提供什么公共服务的问题。

（二）公共产品

公共产品（Public good）是私人产品的对称，是指具有消费或使用上的非竞争性和受益上的非排他性的产品。亦称“公共财货”、“公共物品”，是西方经济学用语。指能为绝大多数人共同消费或享用的产品或服务。如国防、公安司法等方面所具有的财物和劳务，以及义务教育、公共福利事业等。特点是一些人对这一产品的消费不会影响另一些人对它的消费，具有非竞争性；某些人对这一产品的利用，不会排斥另一些人对它的利用，具有非排他性。一般由政府或社会团体提供。

基于新公共管理语境，公共服务与公共产品的区分应当有二：一是活动主体确认可能存在不一致；二是它们各自属于实现公共福祉、维护公共利益活动过程的不同阶段，当然，它们有可能是交叠的。

公共产品可分为纯公共产品和准公共产品。

纯公共产品：一般说来，公共产品（此处指纯公共品）是指那些为整个社会共同消费的产品。严格地讲，它是在消费过程中具有非竞争性和非排他性的产品，

①陈昌盛，蔡跃洲．中国政府公共服务：体制变迁与地区综合评估［M］．北京：中国社会科学出版社，2007.

是任何一个人对该产品的消费都不减少别人对它进行同样消费的物品与劳务。

非竞争性有两方面含义：一是边际成本为零。这里所述的边际成本是指增加一个消费者对供给者带来的边际成本，例如增加一个电视观众并不会导致发射成本的增加。二是边际拥挤成本为零。每个消费者的消费都不影响其他消费者的消费数量和质量。如国防、外交、立法、司法和政府的公安、环保、工商行政管理以及从事行政管理的各部门所提供的公共产品都是属于这一类，不会因该时期增加或减少了一些人口享受而变化。此类产品增加消费者不会减少任何一个消费者的消费量，增加消费者不增加该产品的成本耗费。它在消费上没有竞争性，属于利益共享的产品。

非排他性是指某些产品投入消费领域，任何人都不能独占专用，而且要想将其他人排斥在该产品的消费之外，不允许他享受该产品的利益，是不可能的，所有者如果一定要这样办，则要付出高昂的费用，因而是不合算的，所以不能阻止任何人享受这类产品。例如：环境保护中，清除了空气、噪音等污染，为人们带来了享受新鲜空气和安静环境，如果要排斥这一区域的某人享受新鲜空气和安静的环境是不可能的，在技术上讲具有非排他性。

另外，纯公共产品还具有非分割性，它的消费是在保持其完整性的前提下，由众多的消费者共同享用的。如交通警察给人们带来的安全利益是不可分割的。可见，具有非竞争性、非排他性而且不能分割的纯公共产品具有公共消费的性质，即在消费这类产品时，消费者只能共享，消费者也可以不受影响的共享，而不能排斥任何人享用。管理以及从事行政管理的各部门所提供的公共产品都是属于这一类。纯公共产品不仅包括物质产品，同时还包括各种公共服务。所以有时把公共产品与劳务联在一起来看，除可供公共消费的物质产品外，政府为市场提供的服务包括政府的行政和事业方面的服务也是公共产品，这就是说，广义的公共产品既包括物质方面的公共产品，又包括精神方面的公共产品。

准公共产品（混合品）：准公共产品亦称为“混合产品”。这类产品通常只具备上述两个特性的一个，而另一个则表现为不充分。一类是具有非排他性和不充分的非竞争性的公共产品。例如，教育产品就属于这一类。教育产品是具有非排他性的。因为，对于处于同一教室的学生来说，甲在接受教育的同时，并不会排斥乙听课。就是说，甲在消费教育产品时并不排斥乙的消费，也不排斥乙获得利益。但是，教育产品在非竞争性上表现不充分。因为，在一个班级内，随着学生人数的增加，校方需要的课桌椅也相应增加；随学生人数增加，老师批改作业和课外辅导的负担加重，成本增加，故增加边际人数的教育成本并不为零，若学校的在校生超过某一限度，学校还必须进一步增加班级数和教师编制，成本会进一步增加。因而具有一定程度的消费竞争性。由于这类产品具有一定程度的消费竞争性，因而称为准公共产品。另一类是具有非竞争性特征，但非排他性不充分的准公共产品。例如，公共道路和公共桥梁就是属于这种类型。受特定的路面宽度限制，甲车在使用道路的特定路段时，就排斥其他车辆同时占有这一路段，否则会产生拥挤现象。因此，公路的非排他性是不充分的。但是，公共道路又具有非竞争性。它表现为，一是公共道路的车辆通过速度并不决定某人的出价，一但发生堵塞，无论出价高低，都会被堵塞在那里；二是当道路未达到设计的车流量时，增加一定量的车的行驶的道路边际成本为零，但若达到或超过设计能力，变得非常拥挤时，需要成倍投入资金拓宽，它无法以单辆汽车来计算边际成本。正因为这类公共产品具有非竞争性和不充分的非排他性，因此也称为准公共产品。

纯公共产品的范围是比较狭小的，但准公共产品的范围较宽。如教育、文化、广播、电视、医院、应用科学研究、体育、公路、农林技术推广等事业单位，其向社会提供的属于准公共产品。此外，实行企业核算的自来水、供电、邮政、市政建设、铁路、港口、码头、城市公共交通等，也属于准公共产品的范围。与上述公共产品相对应的是私人产品，也可以分成两类，即纯私人产品和俱乐部产品。纯私人产品是指那些同时具备排他性竞争性特征的产品，包括大多数私人产品。此外还有一类称为“俱乐部产品”。这是指在某一范围内由个人出资，并在此范围内的所有个人都可以获得利益的产品，如消费合作社等。

（三）公共服务与私人服务

公共服务与私人服务的差异表现为：私人服务以营利为核心目标，公共服务则以公共利益为最终归宿；私人服务主要关注服务的质量，公共服务则主要关注社会公平[①]；私人服务会对顾客抱怨做出快速回应，而公共服务则反应相对迟钝；私人服务的顾客群体界定明确，而公共服务的顾客则范围模糊，界定困难；私人服务依靠纯粹市场机制形成均衡价格，而公共服务则通常要依靠市

①汤敏轩，李习彬. 政府公共服务职能的科学界定［J］. 国家行政学院学报，2004（5）.

场和非市场的双重力量完成交易行为。

（四）公共服务型政府

市场化进程对中国政府转型提出了客观要求，即从20世纪80年代后的“经济建设型政府”向现代的“公共服务型政府”转型；建设“公共服务型政府”已成为中国新一轮政府改革的基本目标。党国英认为，“服务型”意义有二：一个是包含一种交易的意思，由老百姓决定要不要你服务？服务多少？再一个是，服务方式上政府与老百姓可以讨价还价，服务效率由老百姓来鉴定。服务型政府具有自愿性特征，即公共服务内容和数量应以民众需求为导向[①]。

2004年2月，温家宝总理在中共中央党校省部级主要领导干部“树立和落实科学发展观”专题研究班结业式上的讲话，提出了“努力建设服务型政府的要求”，指出公共服务“就是提供公共产品和服务，包括加强城乡公共设施建设，发展社会就业、社会保障服务和教育、科技、文化、卫生、体育等公共事业，发布公共信息等，为社会公众生活和参与社会经济、政治、文化活动提供保障和创造条件”。

所谓“公共服务型政府”，从政府职能的角度来说，政府要有所为有所不为，将自己的行为严格限定在制定规则和实施监督，为经济社会发展创造良好的制度环境，为社会提供稳定而有保障的公共产品和公共服务活动中。政府要从具体的投资和参与微观经济活动中解脱出来，集中解决经济社会中重大的矛盾和问题，为整个社会的良性运转提供环境[②]。“服务型政府?它是在公民本位、社会本位理念指导下，在整个社会民主秩序的框架下，通过法定程序，按照公民意志组建起来的以为公民服务为宗旨并承担着服务责任的政府。它与过去人们经常谈论的政府服务并不完全是一回事。”[③]

依据此定义，我们可以从价值定位、运行逻辑、实践模式等方面再做深入探究。从价值定位上看，公共服务型政府以公共利益、社会公正和民众满意度

①党国英. 建设公共服务型政府［G］// 中国（海南）改革发展研究院.建设公共服务型政府. 北京：中国经济出版社，2004：18-19.

②方栓喜. 以建设“公共服务型政府”为重点的下一步改革［G］// 中国（海南）改革发展研究院. 建设公共服务型政府. 北京：中国经济出版社，2004：44.

③刘熙瑞. 服务型政府——经济全球化背景下中国政府改革的目标选择［J］. 中国行政管理，2002（7）.

作为公共服务活动的目标归宿和服务质量评判标准。从运行逻辑上看，公共服务供应的主体资格依据公权力获得，而公共产品生产的主体资格依据效率原则获得；政府公共服务提供的内容应当基本依据公民的需要和选择，同时考虑社会发展环境，而公共品生产与公共服务提供过程则应当透明，尽量置于社会的监督与评估之中。从实践模式上看，政府可以根据公共服务的类别和公共物品的性质特征，采取多种公共服务供给的机制与方式，如权威命令机制、市场化机制、组织网络机制以及混合型机制等。

（五）体育公共服务

提供体育公共产品和服务行为的总称。包括加强体育公共设施建设，发展体育公共事业，发布体育公共信息等，为丰富社会公众生活和参与社会体育活动提供社会保障和创造条件。体育公共产品和服务是整个社会共同消费的，由政府和市场协调发展来提供。

第二章　研究背景与文献综述

一、研究背景

（一）公共服务的由来

最初的公共服务理论来自社会学的理论。由于在生产力不发达时期人民防御自然灾害的能力非常弱，防御灾害工程是社会个体和大多数组织所不能完成的，因此只能依靠国家集中全国的资源和人力来进行。随着历史的延续以及组织和管理技术的发展，公共事业逐渐产生并构成了政府的主要职能①。

随后的政治学理论发展了公共服务理论，认为现代国家的公共服务职能是基于社会契约的公共性理念上的公共活动。主权（公民权利）在民，巩固权利当然应该是为公众权利服务的公器②。

随着公共经济学中“公共产品”理论的提出，公共服务的研究成为整个经济学和财政学的主流和基础。基于公共产品理论，公共服务被认为是政府为了满足社会需要，而向它辖区内的居民提供公共产品的服务行为的总称。它可以由法律授权的政府和非政府公共组织以及工商企业部门生产，是为了全社会所有公民共同消费、所有消费者平等享受以体现公共利益的社会产品③。

公共服务在我国由来已久。新中国成立后党和政府一直很重视公共服务的组织提供，只是在相当长的时期内没有正式形成明确的公共服务概念。从新中国成立以来的实践看，公共服务组织管理方式演变大体可以分为三个阶段：

第一阶段是新中国成立后到改革开放前高度集中的计划经济体制时期。这

①卢映川，万鹏飞. 创新公共服务的组织与管理［M］. 北京：人民出版社，2007.

②莱昂·狄骥. 公法的变迁：法律与国家［M］. 沈阳：辽海出版社，1999.

③卢映川，万鹏飞. 创新公共服务的组织与管理［M］. 北京：人民出版社，2007.

一时期尽管没有明确的公共服务概念，但公共服务不仅受到重视，而且作为社会主义制度优越性的重要体现，采取由政府全包、福利分配的供给方式，并在一些局部领域初步实现了低水平广覆盖。如，城镇的就业服务、公费医疗、住房分配，农村合作医疗等等。但存在严重的短缺和城乡分割问题，相当一些领域公共服务则为空白。同时由于是吃“大锅饭”、政府包办、计划分配，内在激励缺失，效率十分低下。

第二阶段是改革开放以来到 21 世纪初。这个时期是我国经济社会急剧变革的时期。经济体制转轨、对外开放扩展、经济持续快速发展、社会深刻转型，对公共服务的组织提供产生了多方面影响。一方面伴随经济发展水平的提升，公共服务的总体供给能力有了很大提高，一些空白被填补，服务体系初步形成。尤其是在公共服务硬件设施建设方面，如交通、公共事业设施等发生了巨大变化；另一方面在组织管理方式上，传统的比较单一的由政府包揽、福利分配模式被打破，逐步走向社会化、市场化。市场化的广泛引入对公共服务的供给模式产生了深刻影响。但出现了明显的不平衡问题，城乡发展不平衡、区域不平衡的矛盾变得突出。同时在运行体制机制上也暴露出一些问题。

第三阶段是进入 21 世纪后，特别是党的十六届三中全会以来，现代公共服务的理念全面确立，受到了各级政府的广泛重视。公共服务的公平享有成为社会关注的焦点，均等化问题被提出并被作为一个重要原则。党的十六届五中全会关于制定“十一五”规划的建议明确指出，“各级政府要加强社会管理和公共服务职能，不得直接干预企业经营活动”，“健全扶持机制，按照公共服务均等化原则，加大国家对欠发达地区的支持力度”。各方面开始着力探索更好地履行政府公共服务职能、更为有效的服务组织管理方式。

在我国建国之初提出的“人民公仆”“为人民服务”反映了“新公共服务”理论中的一些基本理念，遗憾的是我们未能将其理论化、学术化①。改革开放以来，我国正处于由计划经济向市场经济过渡的转轨时期，市场经济的发展要求转变政府职能，建立起一个灵活、高效、廉洁的政府，形成新的管理模式。

1998 年的九届人大一次会议《关于国务院机构改革方案的说明》中对改革开放以来我国第四次机构改革的原则作了明确规定，其中一条为“按照社会主义市场经济的要求，实行政企分开。要把政府职能切实转变到宏观调控、社会管理和公共服务上来，把生产经营的权力真正交给企业”。这一原则同时也

①肖林鹏. 公共体育服务概念及其理论分析 [J]. 天津体育学院学报，2007 (2).

明确了政府职能转变的目标定位，即宏观调控、社会管理、公共服务。这是我国在政府职能问题上一个带有根本性意义的重大突破①。

2002 年党的十六大报告第一次把政府职能归结为四个方面：经济调节、市场监管、社会管理和公共服务。提出要“进一步转变政府职能，改进管理方式，推行电子政务，提高行政效率，降低行政成本，形成行为规范、运转协调、公正透明、廉洁高效的行政管理体制”。

2003 年党的十六届三中全会进一步提出了“完善政府社会管理和政府服务职能，为全面建设小康社会提供有力的体制保障”的目标。全会首次明确提出将提供“公共服务”作为政府职能之一，温家宝总理在十届人大二次会议的政府工作报告中强调：“各级政府要全面履行职能，在继续加强经济调节和市场监管的同时，更加注重履行社会管理和公共服务职能。”这个概念的提出，标志着我国行政改革的进一步深化和政府管理发展中一个重要转折的来临。

在《中共中央关于完善社会主义市场经济体制若干问题的决定》中，政府主要职能被概括为“经济调节、市场监管、社会管理和公共服务”四个方面。“公共服务”作为其中之一，职能范围与其他三个方面有所区别，各有侧重。这就是说，作为政府职能的“公共服务”应当从微观和具体的层面来把握②。

2004 年 2 月温家宝总理在中央党校省部级主要领导干部“树立和落实科学发展观”专题研究班结业式上的讲话中，鲜明地提出了“努力建设服务型政府”的要求。指出公共服务“就是提供公共产品和服务，包括加强城乡公共设施建设，发展社会就业、社会保障服务和教育、科技、文化、卫生、体育等公共事业，发布公共信息等，为社会公众生活和参与社会经济、政治、文化活动提供保障和创造条件”。

2005 年 10 月《中华人民共和国国民经济和社会发展第十一个五年规划纲要》提出的经济社会发展的主要目标之一是“基本公共服务明显加强”。

2006 年 10 月召开的十六届六中全会审议通过的《中共中央关于构建社会主义和谐社会若干重大问题的决定》确定了 2020 年构建和谐社会的目标任务，“社会所需的基本社会服务体系基本完善，政府社会管理职能进一步加强”成为 2020 年前的九大目标之一。

---

①公共服务职能与公共财政体制课题组. 公共服务职能与公共财政体制——上海加政府快职能转变［M］. 上海：上海财经大学出版社，2003.

②马庆钰. 公共服务的几个基本理论问题［J］. 中共中央党校学报，2005（1）：59.

2007年十七大报告指出：加快行政管理体制改革，建设服务型政府。行政管理体制改革是深化改革的重要环节。健全政府职责体系，完善公共服务体系，推行电子政务，强化社会管理和公共服务。社会建设与人民幸福安康息息相关。必须在经济发展的基础上，更加注重社会建设，着力保障和改善民生，推进社会体制改革，扩大公共服务，完善社会管理，推动建设和谐社会。

从20世纪90年代开始，伴随着西方发达国家"重塑政府"运动以及"新公共管理"和"新公共服务"概念的西风东渐，中国的政府职能逐渐清晰地定位于"宏观调控、市场监管、社会管理和公共服务"。公共服务改革这一话题在政府职能转变的大潮中日益引起学术界和实务工作者的重视。客观来看，当前我国政府业已正式确立建设公共服务型政府的改革目标，各级政府及有关部门相继出台各种措施予以落实，并取得了一定成效。但作为其他领域改革的重要前提，政府管理体制还面临着许多困难和障碍，中国特色的公共服务实践仍在探索之中。

改革开放以来，我国行政管理体制改革不断深入，政府职能转变的步伐不断加快，政府公共服务职能不断完善。强化政府公共服务职能、完善政府公共服务体系一直是我国政府职能装备的重要目标。我国政府公共服务职能建设的进展与成就主要体现在以下几个方面：

第一，我国全方位的公共服务体系基本形成。改革开放以来，我国各级政府高度重视不断满足人民群众的社会公共需求，努力增加公共产品数量，提高公共服务的水平。特别是按照"三个代表"重要思想的要求，通过加强物质文明、精神文明和政治文明、社会文明建设，不断满足人民群众日益增长的物质文化需求，重点发展科技教育、公共卫生、社会保障等公共服务，初步形成了文化、教育、科技、卫生、社会保障、农村公共服务等全方位服务体系，公共服务总量有较大增长。总体来看，我国政府公共服务水平处于中下等收入国家行列，与我国人民生活达到小康水平这一经济社会发展阶段基本相适应。其主要标志就是我国政府公共服务许多重要指标都从低收入国家的行列跃升到了中等收入国家的行列①。

第二，我国政府不断加大公共服务投入，公共服务水平不断提升。我国政府各方面的公共服务水平都不断提升，概括为：①我国政府教育公共服务水平不断提高。自1991年以来，国家财政性教育经费不断增加。1991年，国家财

①唐铁汉. 中国公共管理的重大理论与实践创新［M］. 北京：北京大学出版社，2007.

政性教育经费617.83亿元；到2001年的3057.01亿元，占国内生产总值的3.19%，2003年提升到3.41%[①]。②我国的社会保险体系框架基本形成，社会保障体系覆盖面不断扩大，政府社会保障公共服务水平不断提高。③我国政府公共卫生服务水平不断提高。④我国政府高度重视就业工作，不断强化政府就业公共服务职能。⑤我国政府科技公共服务水平不断提高。⑥我国政府不断强化环境保护公共服务，环境保护投入显著增加。⑦我国公共事业建设成就显著。⑧我国政府扶贫公共服务的成就显著，仅2003年度规模为114亿元，地方政府也设立了扶贫资金投入[②]。

第三，各级政府管理创新取得新进展，为全面建设服务型政府提供了有益的经验。国务院高度重视、积极推进行政管理体制和机构改革，做出了一系列部署，把转变政府职能作为政府管理职能的关键，特别强调强化政府公共服务职能和健全公共服务机制。

沿海各地政府适应经济体制改革的要求，在深化行政管理体制改革的过程中，提出了"服务行政"和建设"服务型政府"的概念。政府管理体制创新的做法和经验，对于进一步转变政府职能和提高公共服务的水平都有深刻意义。

（二）体育公共服务提出的背景

体育公共服务的产生和发展有一个复杂的历史进程，在不同的国家及其不同的历史时期具有不同的形式和内涵。我国建国之初的提法是"人民的公仆""为人民服务"等。从提供公共工程的公共服务，到人民主权的公共服务，再从市场经济下的公共产品提供的公共服务，再到为顾客服务的公共服务，人民对公共服务的认识也随着公共服务的实践而深化。体育公共服务在这一发展历程中逐渐进入学界的视野，走进人们的生活之中。但是，界定体育公共服务的概念并不是轻松的事情。

体育公共服务的发展历程是伴随着中国体制改革，政府职能转变，在一系列宏观体育政策背景、体育发展战略变革下产生和发展的。这里主要宏观描述体育战略调整，而使中国体育逐步走向公共服务这一重要领域的变革过程。

体育发展战略的调整，源自于20世纪80年代，自1983年以来，国家体

①国家统计局. 中国统计年鉴—2003［M］. 北京：中国统计出版社，2003.

②李建兴. 中国扶贫成就显著［N］. 人民日报，2004-05-27（6）.

委多次就中国体育发展战略问题举行学术研讨会，国务院和原国家体委相继在80年代和90年代制定了《关于体育体制改革的决定》《全民健身计划纲要》《奥运争光计划纲要》《体育产业发展纲要》《2001—2010年体育改革与发展纲要》等一系列重要的战略决策方针。

1. 竞技体育“优先发展”战略

中国竞技体育“优先发展”战略（有学者又称其为“赶超战略”）初步形成于20世纪70年代末期，这一战略的形成主要以一系列会议决策、方针政策等为标志。如1984年在全国体育发展战略、体育改革会议上正式提出把在奥运会上名列前茅作为发展目标，要求“各级体委都立足本地区，面向全世界，为奥运会作贡献”，把运动技术水平作为体育强国的主要标志[1]；竞技体育以惊人的冲击力向国际化、科学化和高水平化推进，以奥林匹克为核心的世界竞技体育主宰了体育运动发展的命运，成为当代体育运动的主体，广泛参与世界竞技体育的竞争成为世界体育发展的主流，中国体育紧跟国际体育发展潮流，积极制定发展战略，形成了发展战略的大规模调整与转变。

竞技体育优先发展战略是以金牌为主的战略，形成了“举国体制”的金牌战略。国家对体育的重视带有很强的功利性和目的性。几乎所有体育运动的开展均围绕竞技体育为中心，有很强的局限性。

2. 群众体育与竞技体育协调发展战略

中国群众体育与竞技体育协调发展战略是在“普及与提高”的政策方针基础上形成的。根据国际竞技体育发展的大局势和中国体育发展的现状，1987年全国第2届体育发展战略讨论会上，提出“以青少年为重点的全民健身战略和以奥运会为最高层次的竞技战略协调发展”的指导方针。1989年全国体委主任会议提出群众体育与竞技体育协调发展的战略要求，并把它作为发展我国体育事业的指导方针。进入20世纪90年代后，群众体育与竞技体育协调发展战略的内涵更为丰富，国家体委正式提出“各类体育协调发展”的方针，制定了《全民健身计划纲要》《奥运争光计划纲要》《体育产业发展纲要》等战略发展规划，并首次以法律形式——《中华人民共和国体育法》确立了“各类体育协调发展”的战略方针：竞技体育与群众体育协调发展战略是随着社会、经

①肖林鹏. 中国竞技体育优先发展战略回顾与总结［J］. 上海体育学院学报，2002（2）.

济条件的改善与转变而形成的，中国社会逐步进入小康，人民生活水平大幅度提高，恩格尔系数大大下降，对体育的需求不断增加，而长期以来困扰中国体育发展投入不足的状况将会随着社会经济的发展而改善①。

群众体育与竞技体育协调发展是体育发展战略走向体育公共服务的萌芽，但并未形成实质性政策、理论研究和具体实践。

3. 协调发展与可持续发展战略

20 世纪 90 年代以来，可持续发展理论在国际上广为传播，我国于 1993 年提出了可持续发展战略，确立了走可持续发展的基本国策，并于 1994 年 3 月正式通过了《中国 21 世纪议程》。我国体育界明确提出“三个协调发展”的方针，即体育与经济协调发展；体育与教育、科学、文化、卫生等的协调发展；体育内部的大众体育与竞技体育的协调发展。“三个协调发展”的方针与可持续发展的思想是一致的。袁伟民在 2001 年全国体育局长会议上的讲话中，多次谈到实现体育事业特别是竞技体育持续发展的有关对策问题。以上这些方针决策标志着中国体育已经开启了可持续发展战略的序幕。体育的社会化、产业化、市场化水平不断提高，大力推动“全民健身计划”，通过各种方式加强对群众体育的促进、协调与指导，提高国民素质成为时代所趋。进入 21 世纪，中国社会主义市场经济深入发展，社会经济、政治体制改革步步深化，而“可持续发展特别适合中国的现实国情和发展需要，实施可持续发展战略可以说是当代中国现代化的唯一正确选择”②。

4. 构建面向大众的多元体育服务系统

近年来的实践证明，群众体育取得了重要进步，开创了崭新的局面。围绕建设群众身边体育场地、健全群众身边体育组织、开展群众身边体育活动的“三边”工程，新时期全民健身计划的实施成效显著，全民健身体系初步形成。群众体育的大发展是我国经济社会发展进步、人民群众生活质量显著提高的明证。体育是社会事业的重要组成部分，是社会建设、文化建设的重要任务。为群众提供良好的体育公共服务是各级人民政府的重要职能。随着社会的发展进步，政府提供公共体育服务的职能只能加强，这既是由体育事业的公益性质决

①伍绍祖. 中华人民共和国体育史（1949—1998）综合卷[M]. 北京：中国书籍出版社，1999：483-562.
②卢元镇. 中国体育社会学评说 [M]. 北京：北京体育大学出版社，2003.

定的，也是由政府的职责和任务决定的。

我国体育行政部门也根据国家经济社会发展规划的总体要求逐步确立了建设服务型政府的目标。《2001—2010 年体育改革与发展纲要》提出，“体育行政部门要把工作重点转移到贯彻国家体育方针，研究体育事业发展规划，制定体育行业政策，加强管理和提供服务上来”，提出要“构建起面向大众的多元的体育服务系统”。《中共中央国务院关于进一步加强和改进新时期体育工作的意见》中指出：“体育行政部门要把工作重点转移到贯彻国家方针、政策，研究制定体育行业政策和发展规划，依法加强行业管理和提供服务上来。”《体育事业“十一五”规划》中提出：“明确政府在发展体育事业中的基本责任，强化政府的政策规划和公共服务职能，充分调动社会各界兴办体育事业的积极性……强化体育行政部门制订发展规划、加强宏观调控、完善规章制度、提供公共服务、维护行业秩序的职能。”

这一阶段的宏观政策，是体育公共服务在我国实践的开始，但由于认识、经验、条件的局限，我国体育公共服务改革进展仍然比较缓慢，在如何有效地传递体育公共服务方面，仍然面临一些困惑。

（三）传统的体育公共服务供给方式

1. 职工体育的社会福利性质

把 1978 年的市场经济改革当做一个分水岭，中国的社会福利体制也走过了前后两段不同的道路：前 30 年国家计划经济体制下福利体系的创建与实践和后 20 年市场经济体制下的福利制度改革。福利发展经历了从国家包揽福利到提倡福利多元化、个人负责的过程。这个福利架构基于二元经济结构体制下，福利涵盖面以及侧重点有诸多不同。但是，有一点是一致的，即国家对福利的责任，这责任包括法规制定、提供资金、组织指导和监督实施。

建国 60 年来，职工体育一直是我国群众体育的主力军。由于在计划经济时代，多数大型企事业单位都办有“小社会”，所以许多单位都兴建有不同规模的体育设施。由企业工会组织、提供资金开展职工体育活动，带有浓厚的福利色彩。是“等、靠、要”，完全依赖于单位体制下的职工体育。

2001 年初公布的一项全国性调查中显示：职工体育出现了滑坡，这几年更是走向谷底。职工体育是中国群众体育的一个主体，职工体育已成为群众体育的一个必须引起高度重视的薄弱环节。近年来由于产业结构的调整，由于很多企业出现亏损和职工下岗及职工体育管理等多方面原因，普通工人中参加体育锻炼的人口在减少。同样，由于我们更多地把精力放在解决工人的基本生活保障方面，对工人体育活动的忽视，以至于大量原有的形成传统的活动方式失控，工人体育组织在新的历史条件下没有按照市场经济的条件建立起来，种种原因造成工人体育人口下降。这个问题已引起有关部门的高度重视，正努力在组织管理、法规制度层面上解决这些问题。

伴随着市场经济体制的导入，原有福利体制的问题暴露出来：单位福利限制了单位和企业作为独立的经济实体在经济运行中的作用，影响了经济效率；同时，“大锅饭”机制压抑了个体的生产积极性；最重要的是国家财政负担过重。与此同时，刚刚对外开放的中国对福利体制的改革，恰逢西方国家因为经济危机引发对福利国家的质疑，其政府大幅削减国家福利开支和项目。于是，内外综合因素决定了中国国家福利体制改革的方向。福利事业由国家政府和企业包揽，转向政府、社会和个人分头负责的福利多元化、社会化。毋庸置疑，改革势在必行。

国家体育总局群体司副司长刘国永认为：过去一段时间职工体育工作遇到困难是我国经济转型期带来的必然现象。职工体育组织和人员在改制过程中普遍受到了削弱也不完全是坏事情，它可以迫使我们调整思路，摸索出一条适应现代生产（生活）特点的新模式。开展职工体育要从维权的高度进行认识，也就是说无论企业文化建设还是社区文化建设，都要维护职工在体育锻炼、文化需求上的权利。职工体育在构建和谐社会（企业）方面是一个很好的“抓手”，不应被削弱①。

2. 政府包办群众体育活动的开展

新中国成立以来，我国职工体育工作逐步形成了“以工会为主，体育局指导、配合和协调”和“由工会直接领导，以文化宫、俱乐部为依托，以职工体协指导和组织开展职工体育活动”的职工体育管理体制。工会虽然是群众组织，但其工作方式和经费来源行政化，实际上属于行政包办管理方式。

政府包办体育就是国家对社会体育事业的指令性垂直管理，如运用国家的人力、物力等组织整体划一的所谓的“单位体育”与“公社体育”。在计划经济时代，我国单位的群众体育活动主要集中在大、中城市的机关、厂矿、企业

①宋澎. 职工体育是构建和谐社会的重要抓手［N］. 工人日报，2005-12-09（8）.

等，是我国群众体育的主流和主要组成部分，人们习惯称之为“职工体育”。

“单位体育”是在工作关系、劳动关系等基础上形成的一种群众体育形态和组织形式，它受制于单位的性质、制度、规模和效益等。单位体育是我国原有政治和经济体制的产物，受社会政治和经济变革的影响。行业、系统的竞赛活动是单位体育发展的杠杆和推进器。单位内部的比赛活动灵活多样，表现出极大的变通性、娱乐性和群众性。许多单位在工会的组织下（外资和合资企业由人事部直管）成立运动队，利用工作之余和节假日与外单位进行交流比赛，并代表单位参加行业、系统的竞赛活动。

改革开放后，随着我国经济体制和经济结构发生重大变革，我国的群众体育格局也发生了重大变化，但“单位体育”仍然是我国群众体育不可或缺的组织形式和基本形态。骆秉全等指出：北京市的“单位体育”和社区体育是群众体育的主要形式，两者相辅相成，但目前“单位体育”仍起着举足轻重的作用①。也有研究结果显示：在城乡一体化，农村城镇化的进程中，乡镇企业和小城镇建设的飞速发展，“单位体育”已成为乡镇群众体育的有力支撑和重要构成②。2002 年《中共中央、国务院关于进一步加强和改进新时期体育工作的意见》中指出：“各行业、机关、企事业单位和乡镇、社区要把组织群众开展体育活动纳入工作规范。”在相当长的历史发展进程中，单位仍是我国社会运作的基本保证，我国的单位遍布城乡，单位落户社区，利用我国“单位体育”的社会基础和物质基础，建设有中国特色的群众体育服务体系，应成为发展中国特色的群众体育的一种现实选择。

二、研究综述

（一）关于公共服务的内涵研究

到目前为止，有关公共服务的含义有下列四种：“公共服务”并不新鲜，它实际上就是我国政府一直以来强调的“为人民服务”；“公共服务”就是指

①骆秉全，张连民，樊心刚，等. 北京市群众体育社会化发展现状及对策的初步研究［J］. 体育科学，2002（4）：56–58.

②周建军. 我国“单位体育”的过去和未来［J］. 体育学刊，2004（5）.

国家公务人员的职责和工作的一般属性；“公共服务”指的是包括政府“弥补市场不足，促进社会公平”在内的所有工作；“公共服务”主要是指由公法授权的政府和非政府公共组织以及有关工商企业在纯粹公共物品、混合性公共物品以及特殊私人物品的生产和供给中所承担的职责①。

按联合国政府职能分类体系，政府公共服务包括普通公共服务与公共安全，社会服务，经济服务，未按大类划分的支出等。这规定了公共服务的“公共属性”，只有具有公共权力的政府才能够供给，但是它成立的一个前提是，政府有能力而且愿意供给服务，政府是服务型的而不是统治型的。按照生产生活中的“必不可少性”，这种分类把私人供给与政府供给并列，具有一定的创新，它把不同的公共服务与相应的供给主体联系了起来②。马庆钰则进一步从法律和所有权角度认为，“公共服务”主要指由公法授权的政府和非政府公共组织以及有关工商企业在纯粹公共物品、混合公共物品以及特殊私人物品的生产和供给中所承担的责任。其范围包括：纯粹公共物品、混合性公共物品、带有生产的弱竞争性和消费的弱选择性的私人物品的生产和供给③。这种定义全面考虑了公共权力、生产竞争和消费选择等要素，强调公共服务的供求关系、市场规律和管制的作用。它更加细致地划分了公共服务的产品属性，说明公共服务的排他性、竞争性以及收益性的不同，要求应该由不同的主体采用不同的形式来供给。孟春等从“什么是公共服务及其范围”“提供多少，如何融资、生产与定价”“需要建立什么样的机制来实现公平与效率”“制度建设与激励机制是什么”四个层次提出了一个完整的公共服务分析框架④。其中虽然包含了公共服务的内容和范围、提供方式的选择以及提供机制的有效性和制度激励，但仍然是一个比较松散的理论框架。

（二）公共服务的提供

1. 提供原则——效率与公平问题的研究

从有些国家的实践看，公共服务的提供必须遵守公平与效率兼顾的原则。

---

①赵素卿. 公共服务理论研究概述［J］. 中共山西省委党校学报，2005（6）.

②淮海军，刘新梅. 公共服务研究：文献综述［J］. 中国行政管理，2007（7）.

③马庆钰. 公共服务的几个基本理论问题［J］. 中共中央党校学报，2005（1）.

④孟春，陈昌盛，王婉飞，等. 在结构性改革中优化公共服务［J］. 国家行政学院学报，2004（4）.

根据效率目标优先还是公平目标优先的战略，公共服务分为以美国和法国为代表的“最低保障与兼顾效率型”，以英国和北欧国家为代表的“全面公平型”，以新加坡和智利为代表的“效率主导型”。但是各个国家根据不同的发展水平会实施不同的战略重点。总体来看，在公平方面研究较少，效率方面研究较多。由于“利他主义”动机的存在，使得政府能够高效率提供某些公共服务。滕世华指出：非营利组织能够将市机制和政府机制、效率和公平结合得比营利性组织或者政府更好[①]。

2. 提供模式——政府提供、非政府提供、多元化提供和联合提供

根据现有的文献，公共服务可以通过政府提供、非政府提供、多元化提供和联合提供等方式实现。公共服务由政府提供从一开始就得到多数派的支持。斯蒂格利茨指出：政府在宏观控制公共服务的同时，可以通过签订合同，授予经营权等手段，委托私人部门生产和提供，这实际上明确了政府从宏观控制和委托代理两个方式管理公共服务的途径[②]。

作为一种中庸方法，多元化提供的观点既可以解决政府提供效率低下的问题，又可以解决私人部门唯利是图的问题。埃诺·奥斯特罗姆提出“以多样化的提供方式取代单一政府提供方式”。这种多样化既包括通过政府以外的其他主体提供，也包括政府可根据公共物品的不同属性，采取多种不同方式提供的可能性。这种观点的本质，是通过多元主体的竞争实现市场机制调节作用，但是在忽略了政府主导地位后，很容易出现恶性竞争等问题，所以，如何引入竞争成为关键点。事实上，在公共服务领域引入竞争是很多学者的共识。斯蒂格利茨认为在各个部门直接或者间接引入竞争实体是管制的办法。公私部门通过引入社会竞争，更分散地提供公共服务，这不仅确保了公共服务的有效供应，而且使公共服务数量和种类符合公众需求。张桢和刘荣愫提出，政府要加强与“市民社会”的竞争与合作，使政府的单个中心治理模式转变为政府、社会、市场的多个中心互动治理模式[③]。宋世明提出了普遍性的公共服务市场化的三种制度设计：第一是商业化制度设计，具体有公司化、合同化途径。第二是市

①滕世华. 公共物品非营利组织供给的理论依据 [J]. 云南行政学院学报，2002 (6).

②约瑟夫. E. 斯蒂格利茨. 社会主义向何处去——经济体制转型的理论与证据 [M]. 周立群，韩亮，余文波，译. 长春：吉林人民出版社，1998.

③张桢，刘荣愫，等. 公共服务领域中的竞争与合作 [J]. 华东经济管理，2005(10).

场化竞争性的制度设计，有替代品竞争、企业竞争、市场竞争和垄断企业的民主化四条途径。第三是分权化的参与制度设计[①]。

（三）公共服务的实践

黄浩认为普遍服务实现机制包括的内容有：普遍服务界定、测算、成本分担、补偿以普遍服务实施等。刘宇认为电信普遍服务重在消除区域间的电信服务不平衡。杨培芳提出普遍服务机制要使“穷人有利可图”并且建立相应的管理机构。洪国珲、吴洪、朱道平、谢雪梅、何霞等讨论了电信普遍服务的补偿机制。叶益民认为：教育服务应该在市场提供和政府生产之间实现制度安排的多样性[②]。崔玉平把特许权竞标方法应用到教育中来[③]。李秩在外国研究的基础上认为：教育的生产和分配方式则包括政府部门直接提供、委托其他政府部门提供、合同外包、特许经营、补贴、抵用券、市场运作、志愿服务、自我协助、政府贩售以及管制激励与税收激励等形式[④]。学者张伟燕等认为：我国社区卫生服务的主要发展模式决定了社区卫生组织是医院的分支机构[⑤]。温传富认为：我国政府的公共服务职能主要包括基本职能、建设市场、宏观调控、承担改革四个方面，优质的公共服务是现代政府的核心职能，因此，必须建设公共服务性政府[⑥]。还有学者把国内公共服务型政府划分为“作风革新论”、“结构调整论”、“重新定位论”、“规制—服务型”政府论四类，认为建设公共服务型政府的动力是“一个目标，两大驱动”市场化、全球化、行政改革、政府动机四个方面[⑦]。

---

①宋世明. 西方公共服务市场化对中国行政改革的启示 [J]. 理论学刊，1999（3）.

②叶益民. 试论教育产品的性质及其供给——兼论政府对民办教育的管理与扶持 [J]. 当代教育论：管理版，2003（11）.

③崔玉平. 英美教育产业制度及其启示 [J]. 清华大学教育研究，2001（3）.

④李秩. 公共管理范式下的教育行政创新 [J]. 复旦教育论坛，2004（5）.

⑤张伟燕，李士雪. 我国城市社区卫生服务发展的主要模式、问题与对策 [J]. 中国全科医学，2005（3）.

⑥温传富. 论政府转型与社会管理体制创新 [J]. 理论学刊，2005（9）.

⑦周恩来政府管理学院课题组. 公共服务型政府建设问题研究分析 [J]. 南开学报：哲学社会科学版，2005（5）.

（四）公共服务的模式研究

由于不同的国情，世界上实行公共服务的国家形成了具有不同特点的公共服务模式。大致可以划分为三种类型：一是“最低保障与兼顾效率型”或“自保公助型”的公共服务模式。这种模式在社会保障与社会福利等公共服务领域坚持以市场为主导，引进竞争和激励机制的制度模式。这种模式的典型代表是美国和法国[1]。二是“全面公平型”或“国家福利型”的公共服务模式。这种模式把公平作为首要的价值理念，它强调以国家为主体，实行对公民的普遍保障。这种模式的典型代表是英国和北欧国家。三是“效率主导型”或“自主积累型”的公共服务模式。这种模式是通过国家立法等强制手段，以个人或家庭的储蓄来进行自我保障。这种模式的典型代表是新加坡和智利[2]。社会保障和社会福利是公共服务的主要内容，借鉴和采用何种模式，必须考虑我国的国情特点。

（五）公共服务运行

提供公共服务是政府的责任，必须有政府介入，但却不一定须由政府直接提供。公共服务的实现形式与手段是多样的，其所依托的组织机构也是多种形式的。

公共服务是否实行公共服务市场化、民营化问题上却有大的分歧。一种观点认为，随着我国市场经济的发展，公共服务市场化和社会化是必然趋势。市场机制在公共服务中的作用将得到更大的发挥。市场化的关键是竞争机制。只要引入了竞争机制，公共服务的效率和质量就一定能提高。西方国家与我国近年来的实践证明了这一点。另一种观点认为，与西方发达国家相比，我国推行公共服务市场化的政治、经济、法律和文化条件并不成熟。因此，要冷静分析，逐步发展，不可盲目推行。否则，公共服务市场化难免会出现畸形发展或中途夭折[3]。

有的学者从发达国家公共服务市场化实践和我国 20 世纪实践分析了公共

---

①赵素卿. 公共服务理论研究概述［J］. 中共山西省委党校学报，2005（6）.

②李军鹏. 公共服务学——政府公共服务的理论与实践［M］. 北京：国家行政学院出版社，2007.

③吴玉宗. 服务型政府建设之现状研究［J］. 行政与法，2004（11）.

服务市场化的利与弊。在公共服务治理变革的视野中，民营化是一种国际性潮流。民营化就是通过一系列化公为私、公私合作方式，借以引入竞争机制，提高管理效率和服务质量，从而达到更好的社会治理效果的一种治理方式。我国在逐步推行了这一改革范式后，已经显露出新的治理方式的有效性。主要表现在：第一，公共服务生产与供给成本有所降低；第二，公共服务质量有所提高，同时增加了消费者的选择机会；第三，利用民间资本建设基础设施，解决了地方财政困难与城市发展的矛盾①。学者们指出，对于公共服务市场化（民营化）改革，如果因为对某些效果（经济效率）的追求而忽视了公共管理与私人管理的根本性区别，甚至以牺牲政府公共责任为代价，那么就是对公共服务市场化（民营化）的误解②。

从实践来看，公共服务市场化带来的问题主要有两点：一是会出现公共服务的责任缺失问题。公共服务市场化之后，政府把提供公共服务的职能转包了出去，非政府机构承担了提供公共服务的职能。在市场化的机制下，这些机构都有营利取向，为了追求利润最大化，它们可能忽视公共责任和公共利益。而政府已经把公共服务的职能转包出去，因此往往会推卸责任，从而导致公共服务责任难以落实到位。二是会出现公共服务不公正的问题。公共服务具有非选择性，公共服务对公众是不可缺少、不可替代的，所以就要求公共服务供给做到公平与公正，体现公共性③。

（六）农村公共产品与公共服务

具体到农村公共服务或者说农村公共产品的供给问题，现有的文献大多只是从宏观的层面上阐述了农村公共产品供给的现状，尤其是公共产品的制度外供给，然后对其成因做了初步的分析，最后是对策和建议。“大部分的相关研究没有针对农民公共服务的具体需求进行具体研究，一般都是强调经济发展使农民对公共产品和服务的需求迅速提高，少部分研究对需求进行了

①马力宏．公共服务：挑战和创新——首届中欧政府管理高层论坛热点问题评述［J］．中共浙江省委党校学报，2004（5）．

②王乐夫，陈干全．我国政府公共服务民营化存在问题分析——以公共性为研究视角［J］．学术研究，2004（3）．

③李艳波．关于公共服务市场化的思考［J］．中国行政管理，2004（7）．

简单的分类。”[1]

从制度层面看，制度外供给是我国农村公共产品供给的最鲜明的特点。受经济发展水平所限，我国基层政府普遍面临制度内财政收入不足的困境，因此“只能寻求公共物品制度外供给，采取灵活控制税收与自筹的边界、积极举办乡镇企业、采用民间供给等作为乡镇政府获取公共物品供给成本的激励方式，同时通过自筹、集资的渠道采取各种变通手段来分摊公共物品供给的成本”[2]。但制度外公共产品的供给具有供给决策的自上而下、多元供给的缺乏规范、成本分摊的累退效应等特征。

当前我国农村公共产品的供给还存在结构不合理的现象，在政治目标最大化和经济利益最大化的激励下，能增加政府社会福利和官员政绩的一些公共产品供给，呈现出一种过高的超过农民需求度和实际承受能力的供给热情[3]。农村公共产品供给主体错位、缺位，地方各级政府之间以及政府与村民自治组织之间，公共产品供给的权责划分不明晰、交叉重叠严重，造成农村公共产品供给主体的缺位或错位。乡镇政府事实上承担了许多应该由上级政府承担的如义务教育、计划生育等责任，不仅加剧了基层政府财政的紧张状况，也加重了农民负担。徐小青调研表明，某些农村地区有52%的公共服务是由农户自行安排解决的[4]。

（七）体育公共服务研究

随着对政府智能的认识的不断深化和行政管理体制改革的不断推进，以及构建和谐社会重大战略任务的提出，公共服务这一问题日益引起人们的重视。2002年，党的十六大报告中第一次将我国政府职能明确界定为“经济调节、市场监管、社会管理和公共服务”；2006年10月，党的十六大六中全会通过的《中共中央关于构建社会主义和谐社会若干重大问题的决定》中提出要“逐步实现基本公共服务均等化”；2007年初的“两会”上人大代表和政协委员们对“民生”问题的高度关注，2007年10月党的十七大报告中提出要“加强推

①盛荣. 关于农村公共产品与服务研究现状的思考 [J]. 中国农业大学学报：社会科学版，2004 (3).

②李彬. 乡镇公共物品制度外供给分析 [M]. 北京：中国社会科学出版社，2004.

③王国华，李克强. 农村公共产品供给与农民收入问题研究 [J]. 财政研究，2003 (1).

④徐小青. 中国农村公共服务 [M]. 北京：中国发展出版社，2002.

进和改善民生为重点的社会建设”。这些都从一个侧面反映了社会对公共服务的关注程度。伴随着公共服务关注程度的提升，体育公共服务逐渐进入学界视野，对体育公共服务的研究呈现多视角、多观点的学术研究阶段。

19 世纪的英国政论家白哲特（Walte Bagehot）谈到“民族是什么”时说，你要是不问，我们都知道它是什么；但要马上对它做出解释或定义，却是不能。针对当前公共服务的研究渐成热点，而引发的体育领域的公共服务研究，在界定“体育公共服务”的逻辑起点问题时，白哲特的话在此同样适用。由于思维逻辑和观察视角直接影响对问题的理解，研究体育公共服务，需要结合研究的逻辑和视角来进行。

基本公共服务的属性在于它的公共性、普惠性和社会公平。我国基本公共服务应包括四个方面基本内容：基本民生性服务（提供就业服务和基本社会保障等）；公共事业性服务（提供义务教育、公共卫生和基本医疗、公共文化等）；公益基础性服务（提供公益性基础设施和生态环境保护等）；公共安全性服务（生产安全、消费安全、社会安全等）。社会公共服务体系包括教育体系、公共卫生体系、公共文化服务体系等。

体育公共服务属于公共事业性服务范畴，已经进入学界研究视野，研究主要从公共体育服务研究、公共物品研究、体育公共服务研究、体育公共管理研究等方面进行的。研究逻辑起点和视角不一致，由于思维逻辑和观察视角的不同直接影响对问题的理解。

1. 公共体育服务研究

有关公共体育服务研究，主要集中在公共体育服务概念、公共体育服务产品供给、公共体育场馆性质、民营化改革、经营管理、公共体育服务均等化等方面。

关于公共体育服务研究认为：公共体育服务的上位概念是公共体育。尽管我国官方及学界很少单独使用“公共体育”这一概念，但“公共体育场馆”“公共体育设施”“公共体育产品”等概念却被广泛使用。“公共体育”一直是我国体育系统的重要组成部分。我国政府将体育与科、教、文、卫并称五大事业，实际上就是将体育视为公共体育的一种形式（有学者也将这种体育活动称为公共体育事务）①。公共服务概念形成于政府职能变革运动的实践与理论

①闵健，李万来，刘青. 公共体育管理概论［M］. 北京：北京体育大学出版社，2005.

探索，它属于公共行政学范畴，公共体育需要是人们社会生活中的基本体育需求，公共体育服务是指公共组织为满足公共体育需要而提供的公共物品或混合物品。公共组织是公共体育服务的供给主体；全体公民是公共体育服务的客体；公共体育服务供给模式多元①。

在公共体育服务产品供给方面的研究中，提出了公共体育产品可由非政府组织供给，认为我国的公共体育产品市场已经具备采用非政府供给的条件，可以适当引入非政府供给方式以满足大众的不同需求。对于不同类型公共体育产品的非政府供给，可以采取不同的途径：对于公益性公共体育产品，可采取以政府供给为主、非政府供给为辅的混合供给方式，充分吸收和利用社会资源；对于以国家队建设为主体的精英公共体育产品，其非政府供给途径包括由单项体育协会组织运作的国家队、政府与企业共建的国家队等方式；对于营利性公共体育产品，最合理、有效的供给途径就是采用非政府供给方式，即由市场完成此类产品的供给，政府只按有关法律法规进行监督，重点把好市场准入和监督两个关口②。对于公共体育场馆使用问题的研究中，认为我国公共体育场馆是由政府提供的准公共产品。长期以来，政府垄断经营导致公共体育场馆的管理机构臃肿，运营成本高，服务质量低等一系列问题。其原因是公共体育场馆的产权主体不明确，管理活动不到位所致。只有当公共体育场馆民营化后，随着产权的明确，管理的到位，才能降低经营管理成本③。对于公共体育场馆经营管理，研究认为：我国的公共体育场馆经营管理探索始自改革开放之初，到今天我们还未能弄清楚彼岸在哪，不少的公共体育场馆已经引入经营管理理念，如何使公共体育场馆为社会公益服务这一目标不变，又能使其在变化了的环境中更好的生存和发展，认为正确的认识和运用经营管理是公共体育场馆必须研究的新课题。以适应场馆可持续发展的需要，新世纪的公共体育场馆应具有：系统理念、人本理念、竞争理念、质量理念、营销理念和创新理念等④。

对于公共体育服务均等化问题，也有学者做了探讨，文章在界定公共服务均等化的基础上，提出公共体育服务均等化的含义：指公共组织考虑到公民的

①肖林鹏. 公共体育服务概念及其理论分析 [J]. 天津体育学院学报，2007(2).

②肖前. 公共体育产品非政府供给的可行性与途径 [J]. 体育学刊，2005 (4).

③谢萍萍，陆亨伯.公共体育场馆的高成本运作及其民营化改革 [J]. 广州体育学院学报，2005 (6).

④刘丽萍，赵世昌. 论公共体育场馆的经营管理 [J]. 体育世界：学术版，2006 (12).

生活娱乐需要，能够按照全国一般和一致的标准，提供基本的公共体育产品和服务。均等化地享受公共体育服务是每个公民的权利。但是我国当前的公共体育服务发展机制无法实现公共体育服务均等化的目标。为了实现公共体育服务均等化，必须实行城乡统筹发展的公共体育服务供给模式①。黄晓认为：目前我国公共体育服务呈非均等化发展态势。原因是：第一，地域、城乡差异导致公共体育服务资源非均等化发展；第二，社会阶层分化导致我国公共体育服务弱势群体问题凸现；第三，过度体育市场化取向导致公共体育服务公平效率失衡；第四，体育管理体制改革滞后导致我国公共体育服务呈非均等化发展态势②。

2. 体育公共产品研究

对于体育公共产品的研究，首先辨别体育产品的公益性与产业性问题，陈林祥从体育产品的经济属性角度出发，认为体育是具有公共产品和私人产品双重性质的产品或服务。体育产品的公共性决定了其公益性，而体育产品的私人性决定了其产业性。对于大众体育而言，它也存在公共产品的成分。如大众体育设施、大众体育传播、大众体育组织与管理等都具有一定的公共产品的性质，但大众体育更多的是利己，即自己投资时间、资金、精力来获得身体的健康和精神的愉悦等。相应地，政府对大众体育的干预就要比竞技体育要少、要间接，其产业化的程度要高③。单勇从体育服务产品的基本形态出发，对体育产品特征进行了讨论，认为：体育服务产品具有生产与消费的可分性与不可分性共存，公共产品和私人产品兼有性，满足人们的高层次需求性，体育服务产品的劳动边际收益递减性和体育产品生产要素的替代弹性五个方面的基本特征④。杨雪以物品的分类为基础，将体育服务产品分成共同资源和俱乐部产品两大类。分析共同资源的公共性和俱乐部产品的私人性，及其体育健身设施作为共同资源可能引发的“公地悲剧”问题。在此基础上提出了解决办法——公共产品的私人供给，即私人的完全供给、私人与政府的联合供给、私人与社区的联合供给⑤。

---

①郇昌店，肖林鹏．公共体育服务均等化初探［J］．体育文化导刊，2008（2）．

②黄晓．和谐社会语境下公共体育服务均等化发展研究［J］．成都体育学院学报，2008（5）．

③陈林祥．试论体育产品的公益性与产业性［J］．武汉体育学院学报，2005（2）．

④单勇，徐晓燕，章连娣．试论体育服务产品的基本特征［J］．浙江体育科学，2004（2）．

⑤杨雪．体育服务产品的公共性与私人性［J］．沈阳体育学院学报，2006（4）．

在探讨体育服务产品公益性和产业性，以及体育服务产品特性、体育服务产品公共性与私人性问题的同时，学者对体育服务产品供给问题做了深入的探讨。在全球化经济的影响下，人们对公共物品的公共选择发生了变化，目前人们选择的公共物品带有明显的满足精神需要的特征，因为人们的生活质量不断提高，在精神方面的需求也不断增加，人们更多地从事阅读、体育运动、娱乐、旅游、观看比赛和文娱表演等以精神享受为主要目的的活动。在体育领域里各种体育组织由于功能的不同，提供不同的体育物品，它们各有其自身的优点。体育非营利组织的优势是它可以满足不同层次公共物品需求，并且能够及时有效地提供和满足多样化的社会公共需求。所以，在提供体育公共物品和准公共物品方面，政府和体育非营利组织应该形成良好的合作关系，以便于提高体育公共物品和准公共物品的质量和数量。体育公共物品除了由政府供给，还应该由体育非营利组织供给，这对克服公共物品提供不足的问题，具有不可替代的积极意义①。

体育服务产品供给必然涉及到体育产品供求关系问题，在此问题上，学者认为：体育商品市场是完整的市场体系文化服务市场的一个组成部分。在体育商品的需求中，消费者的体育偏好起着一种基础性的作用，同时消费者的体育商品消费过程又常常出现“边际效用递增—递减”的特殊现象，而且体育商品的需求还会受到社会发展多种因素的影响；在体育商品的供给中，某些体育商品具有不太受市场因素制约与影响的供给刚性特征，而另一些又常常可以不以其体育商品本身的供给利润为其经营目的。研究体育商品供求关系中独特的经济特征，是体育经济学研究的重要任务之一②。张永军等学者认为，体育产品在消费主导型经济中的表现形态是：当观赏竞技体育比赛或进行体育锻炼必须以货币为媒介的交换行为才能得以实现时，传统意义上的体育项目便被赋予了当代体育产品的概念。如体育竞赛的发展，体育影、视、报刊和出版业的发展，以及主要依赖这些传媒业发展而发展的体育广告业的发展等等。体育产品的需求和供给特征是：体育产品的生产和消费实际上是一个过程。这一消费过程给消费者带来两方面的效用。一方面是体育消费时的即时满足和快乐，另一方面是关于体育知识的积累和增长。除了上述分析中指出的共同特征外，还表

①杜志娟，苗大培．体育公共物品的供给方式——公共服务与非营利组织理论的视角分析［J］．成都体育学院学报，2007（1）．

②王民康，卿平．体育商品的市场供求关系分析［J］．成都体育学院学报，2004（5）．

现在体育产品极大的诱惑力——使消费者产生需求的动机这一特殊性①。

农村体育公共产品供给研究还是非常地薄弱。目前，我国城乡体育公共产品存在着很大的差异。从数量上看，据第五次全国体育场地普查显示：我国有各类体育场地 850080 个，乡（镇）村所占比例仅仅 8.18%，而我国幅员辽阔，拥有 8 亿多农民生活在农村，农村人口约占总人口数的 64%。何况体育公共产品还不只是体育场地，如果拿农村体育公共产品的其他方面和城市相比相差更大。从城乡学校体育设施看，城里学校的体育操场、体育器械一应俱全，塑胶跑道、室内体育场等等都建得很漂亮。而在许多农村，有个标准的煤渣田径场或者几个简易篮球场就算是很不错了。从全民健身来看，在城里公园、社区的健身器具，健身俱乐部，健身美体、休闲吧等一应俱全，但有些农村人连听也没听过。此外，在城市，体育宣传媒体众多，有专门的体育频道、体育报刊、健身指导、健身宣传栏等等，而农村仅有一个中央 5 套，还有许多乡村连有线电视也没有开通。由此可见，我国城乡体育公共产品供给十分不平衡。新时期增加农村体育公共用品供给对塑造新型农民、提高农民的体育意识和形成正确的体育观念、推动我国体育产业发展以及减轻我国医疗卫生压力具有重要的作用。

至于具体某一个特定地域，农村需要什么体育公共产品，必须做深入的社会调查，充分考虑农村地方体育底蕴、农民的体育喜好以及民族特点等诸多问题，只有这样，才能真正了解农民对体育公共产品的需求，提高农村体育公共产品的供给效率②。

3. 体育公共服务研究

2002 年，《中共中央国务院关于进一步加强和改进新时期体育工作的意见》明确提出“大力推进全民健身计划，构建群众性多元化体育服务体系”的任务，表明了党和政府对体育事业的关怀和对体育公共服务的要求。政府体育行政部门和体育学术界由此开始关注体育公共服务的问题。主要有体育公共服务体系的研究和部分上海体育公共服务实践与探索的研究两个方面。

第一方面，体育公共服务体系研究主要分为：构建社区体育公共服务体系类，多元化体育公共服务体系类，高校体育公共服务体系类，以社会转型期和

①张永军，李丰祥，邱建国. 经济转型期体育产品供给与需求特征研究［J］. 体育文化导刊，2005（10）.

②朱汉义. 农村体育公共产品供给探讨［J］. 体育文化导刊，2007（7）.

健康促进为背景的体育公共服务体系类，地方性体育（公共）服务体系和指标体系类等为数不多的文章①。

赵文杰等在分析构建和完善上海体育公共服务体系宏观背景的基础上，回顾了上海在加快建设公共体育场地设施、积极打造特色体育活动品牌、培育扶持民间社会体育组织、推进市民体质监测网络建设、加快建设社会体育指导员队伍、搭建市民体育健身信息平台等方面的实践探索和主要成绩，总结了上海体育公共服务体系建设的基本经验②。

从以上公开发表的有关体育公共服务体系的论文归类来看，研究具有一定的覆盖面，并主要集中在构建社区体育公共服务体系和多元化体育公共服务体系方面。这些研究在引起政府和体育学术界对体育公共服务问题的重视上起到了一定的积极作用，使体育公共服务方面的研究有了一个良好的开端。

但是，体育公共服务体系的研究视角，缺乏公共管理和公共服务理论支撑。研究的理论深度不够，尚未在公共管理和公共服务的理论框架下形成一条具有内在逻辑联系的主线、具体论证和说明体育公共服务体系。例如，供给和需求的关系，提供公共服务的主体与服务对象的关系，公共服务的体制、机制，政府、市场、社会三者如何互动，如何引入多元的体育公共服务投资主体，如何提高体育公共服务的效率和供给能力等。

第二方面，上海体育公共服务研究主要有：王才兴执笔的《上海市体育公共服务的实践与探索》③《体育公共服务国际比较及启示》，沈建华撰写的《上海市体育公共服务的需求》④，曹可强等《完善上海市体育公共服务体系的若干对策建议》⑤。几位学者比较系统的阐述了体育公共服务内容、性质和特点的基础上，对上海市体育公共服务需求的现状进行了调查。调查显示，上海市的体育公共服务短缺和公共产品的供给不足且配置失衡已成为发展群众体育的突出矛盾和主要瓶颈问题。通过对西方一些发达国家体育公共服务事业的发展历史与现状的分析，总结他们的基本经验，指出了上海市体育公共服务目前亟待解决的主要问题，并就构建完善的体育公共服务体系提出若干对策建议。

---

①刘庆山. 我国体育公共服务体系研究述评［J］. 上海体育学院学报，2008（3）.

②赵文杰，陈琪，姚武，等. 完善上海体育公共服务体系的宏观背景［J］. 体育科研，2008（2）.

③王才兴. 上海市体育公共服务的实践与探索［J］. 体育科研，2008（2）.

④沈建华. 上海市体育公共服务的需求［J］. 体育科研，2008（2）.

⑤曹可强，徐箐，俞林. 完善上海市体育公共服务体系的若干对策［J］. 体育科研，2008（2）.

在建设公共服务型政府的背景下，我国公共管理学界、公共行政学界致力于公共服务的研究，使公共服务理论日臻成熟。然而我国体育公共服务的研究刚刚拉开序幕，研究明显滞后，在总体上数量偏少，尚较粗糙，研究的深度、广度不够。背景分析不足，研究缺乏对国内外公共服务发展进程的背景分析，特别是缺乏对我国体育公共服务的现状、存在的问题和制约因素等的阐述。

4. 体育公共服务管理研究

研究认为：街道办（镇）在群体的宣传、组织、发动、协调与支持等方面发挥着重要的作用。基层群体组织的管理形式表现出多样性特点，带有显著的时代性特征，大多数都制定并执行了管理规章制度，但在实体化建设与发展过程中，在政策、场地设施、经费等方面还存在着较大的困难和问题①。学者王兴才探讨了体育公共服务国际比较问题，认为西方发达国家十分重视体育公共服务，将服务的重点和基础放在社区，建设方便灵活多用途的社区体育中心，使之成为体育公共服务的基本载体。与发达国家相比，我国的体育公共服务还存在一定的缺陷。从总体上说我国体育公共服务还处在初步阶段，处于建立和完善的过程中，需要不断加强和提高②。

在体育公共服务绩效评估方面，目前十分薄弱，没有形成完整的绩效评估体系，只是初步的设想。形成和发展比较完善的公共体育服务体系，已经成为全面建设小康社会奋斗目标中的重要组成部分。然而，公共体育服务体系没有一个比较全面有效的对于全国及各个省市的群众体育发展状况的评估标准，更没有专门的全民健身体系公共体育服务发展状况的评估标准。因此，构建一个客观全面的公共体育服务体系的指标体系势在必行。在定性与定量、理论与实践相结合的方法论的指导下，具体运用文献法、系统分析方法、社会指标方法、理论模型方法、专家调查方法和统计分析方法等主要从理论上构建一个多元化公共体育服务体系的指标体系。运用因子分析与 DEA 模型的组合方法确立了公共体育服务指标体系，建立了公共体育服务绩效评价模型，能为体育管理决策者提供更加完备的信息，同时也可以将这组方法组合运用于体育科研领域进行相对有效性评价③。

---

①楚继军，龙国强. 广东省基层群众体育公共管理现状调查［J］. 中国体育科技，2006（5）.

②王才兴. 体育公共服务国际比较及启示［J］. 体育科研，2008（2）.

③赵聂. 基于 DEA 模型的公共体育服务绩效评价研究［J］. 成都体育学院学报，2008（6）.

5. 公共物品视角下的体育公共服务

在我国体育公共物品方面的研究中，公共体育产品的具有准公共性特征，指出公共体育产品是一类比较典型的准公共产品，认为我国的公共体育产品市场已经具备采用非政府供给的条件，可以适当引入非政府供给方式以满足大众的不同需求。

在对公共体育场馆使用研究中提出了：第一，我国公共体育场馆属于准公共产品，政府应提供更多的体育公共产品或体育准公共产品，以满足人民群众日益增长的体育需求。第二，我国公共体育场馆存量不足、开放利用率低下，使体育公共产品体现不出应有的使用价值，这就涉及到制度机制问题。第三，我国公共体育场馆的经营管理体制变革，须保持体育公共产品或准公共产品的性质，这就需要经营者能否提供良好的体育产品服务，能否制定合理的收费标准，从而使消费体育产品的人群满意，经营体育产品企业家的满意，提供体育产品的政府也满意①。

还有学者以物品分类的角度、体育公共物品除政府供给外，还应由非营利组织供给等观点。如：以物品的分类为基础，将体育服务产品分成共同资源和俱乐部产品两大类，分析共同资源的公共性和俱乐部产品的私人性②。杜志娟等提出了体育公共物品除了由政府供给，还应该由体育非营利组织供给，这对克服公共物品提供方面存在着的不足，具有不可替代的积极意义③。

体育公共服务产业研究比较薄弱，从经济学视角试论我国体育公共服务产业生产主体的多元化问题，认为政府对公共服务垄断配置的高成本，促使体育公共服务体系自身寻求改革途径；我国体育公共服务供给过程中，提供主体和生产主体可以适当分离，体育服务产品供给有多元生产趋势④。

既然多数学者都认为研究公共服务问题离不开对公共物品的探讨，而且公

---

①谢萍萍，陆亨伯. 公共体育场馆的高成本运作及其民营化改革［J］. 广州体育学院学报，2005（6）.

②杨雪. 体育服务产品的公共性与私人性［J］. 沈阳体育学院学报，2006（4）.

③杜志娟，苗大培. 体育公共物品的供给方式——公共服务与非营利组织理论的视角分析［J］. 成都体育学院学报，2007（1）.

④刘艳丽，姚从容. 从经济学视角试论我国体育公共服务产业生产主体的多元化［J］. 西安体育学院学报，2004（5）.

共物品与公共服务的关系又处于“不问尚知、细问不知”的“白哲特逻辑”之中，理解公共物品及其理论就显得格外重要。

早在19世纪末，奥地利和意大利学者将边际效用价值论运用到财政学研究上，论证了政府和财政在市场经济运行中的合理性、互补性，形成了公共物品理论。

公共物品是可以进行分类的，如果边界不清晰会带来一系列问题。阻止私人提供公共物品，或是完全由市场方式提供公共物品都会导致公共物品的短缺，这直接影响到公共物品供给的效率，同时对于社会公平、收入分配等也会产生重大的影响。若根据有无排他性和竞争性，我们可以将公共物品分为三类：纯公共物品；具有非排他性和竞争性的公共资源；具有排他性和非竞争性的准公共物品。后两类可以统称为混合公共物品。混合公共物品一般具有“拥挤性”（congestion）的特点，当混合公共物品到达“拥挤点”后，每增加一个人，会减少原有消费者的效用①。

物品分类理论的发展是从对公共物品定义的修正开始的。基本思路是放松对非排他性和非竞争性的严格定义，并在此基础上定义纯公共物品（pure public goods）和非纯公共物品（impure public goods），公共物品的概念得以拓宽。

公共物品概念的扩展并没有涵盖私人物品之外的所有物品，而且，政府安排或提供的物品远远超出公共物品的范畴，仅仅靠公共物品分类理论还是不能解释政府的作为。因此，物品分类的理论发展还需继续，在公共物品理论之外，人们又相继引入有益物品、混合物品、中间物品等概念。有益物品、混合物品和中间物品理论，或者体现政府偏好，或者强化正外部性，或者体现间接公共性，目的都是为解释政府公共服务的范围提供分析工具。

物品分类理论的意义在于：第一，提供了市场和政府功能划分的基本依据。公共物品概念的提出，从逻辑上对私人物品与公共物品进行了区分。为了界定公共物品，必须引入私人物品的概念。但是，这种区分与其说完成了对公共物品的界定，不如说完成了对私人物品的界定。私人物品的范围变得清晰可辨，私人物品之外的物品（非私人物品）分类还在继续。由此，私人物品由市场提供成为最一般的经济学定论，政府的功能被划定在私人物品之外。一般来

①方倩. 公共物品理论前沿问题及探讨［J］. 世界经济情况，2006（12）.

说，私人物品单靠市场完全可以提供，非私人物品单靠市场是不能充分提供的。第二，提供了非私人物品制度安排的依据。私人物品由市场提供，非私人物品是否都由政府来提供?在公共物品和私人物品划分的纯理论阶段，在私人物品之外，人们看到的只有公共物品的纯粹形式，逻辑上的推论是公共物品由政府或集体提供。物品分类理论的发展原本是对政府宽泛服务的合理性做出解释，但在客观上却为政府之外的力量提供非私人物品找到了依据。由于经济学家坚信“物品本身的特性决定着物品供给的条件”，随着非私人物品理论的发展，准公共物品（收费物品和共用资源）、有益物品、混合物品以及中间物品的“公共性”纯度不再具有绝对性，物品提供的制度安排就不仅仅是政府提供一种，市场及其他组织形式参与非私人物品提供因此顺理成章。

考察历史和现实发现，现代政府提供的物品（有形物和无形物）包括纯公共物品、准公共物品、有益物品、混合物品、中间物品以及在特定场合下提供私人物品（如战时、饥荒年代提供的食品、衣物、帐篷、药品）。显而易见的结论是，政府提供的物品不限于公共物品，更不限于纯公共物品。因此，用公共物品的规定性来解释政府公共服务在逻辑上根本站不住脚。

6. 对相关研究的简要评价

研究相对滞后，数量偏少，深度、广度不够。近些年，在建设公共服务型政府的背景下，我国公共管理学界、公共行政学界致力于公共服务的研究，使公共服务理论日臻成熟。然而我国体育公共服务的研究刚刚拉开序幕，研究明显滞后，在总体上数量偏少，尚较粗糙，研究的深度、广度不够。

背景分析不足。研究缺乏对国内外公共服务发展进程的背景分析，特别是缺乏对我国体育公共服务的现状、存在的问题和制约因素等的阐述。

缺乏公共管理和公共服务理论支撑。公共服务与商业服务不同的只是服务提供者身份的差异，相同之处在于二者都具有“服务”的共同特质。在学术期刊网中检索到 19 篇论文中，只有 1 篇使用了“体育公共服务”这一词组（其余 18 篇使用的是“体育服务”），但论文所涉及的内容无一例外，都是将体育服务纳入公共服务范畴来讨论。遗憾的是，没有一篇论文引用“公共服务”的概念，也没有说明和解释与公共服务密切相关的公共产品及准公共产品等概念。从总体上说，研究的理论深度不够，尚未在公共管理和公共服务的理论框架下形成一条具有内在逻辑联系的主线、具体论证和说明体育公共服务体系。例如，供给和需求的关系，提供公共服务的主体与服务对象的关系，公共服务的体制、机制，政府、市场、社会三者如何互动，如何引入多元的体育公共服务投资主体，如何提高体育公共服务的效率和供给能力等。

我国体育公共服务的研究虽然刚刚起步，但体育作为一项公益性的社会事业，其公共服务却并非刚刚开始。因此，了解我国社会结构的变迁，以及伴随着这一变迁过程的体育公共服务的历史沿革，是提供体育公共服务的重要前提。

第三章 体育公共服务研究框架及内涵

一、体育公共服务研究的框架

（一）体育公共服务的理论分析框架

体育公共服务的产生和发展是一个历史进程，在不同的国家及其不同的时期具有不同的形式和内涵。我国建国之初提法的主要理念是“为人民服务”。从提供公共工程的公共服务，到人民主权的公共服务，再从市场经济下的公共产品提供的公共服务，到为顾客服务的公共服务，人们对公共服务的认识也随着公共服务的实践而深化。体育公共服务在这一发展历程中逐渐进入学界的视野，走进人们的生活之中。

根据体育公共服务的内涵，结合体育公共服务的特性，体育公共服务可以通过公共部门直接提供，也可以是政府提供，或是政府提供资金支持而由私人部门来提供。因此，体育公共服务的理论分析框架应从体育公共服务定位，体育公共服务模式、结构与政策，体育公共服务体制与机制，体育公共服务管理等四个方面考虑分析体育公共服务基本理论问题（图 3-1）。体育公共服务的理论问题是各国体育公共服务发展中都必须面对的问题，只是不同国家或地区，或是处于不同发展阶段使其主要问题处于不同的层次，或是主要问题处于同一层次但程度不同。

1. 体育公共服务定位

从我国目前体育公共服务实际情况来看，重点在于强化政府公共服务职能，强化政府在体育公共服务体制中的主体地位和主导作用。体育公共产品内在的非竞争性和非排他性，决定了政府必须在体育公共服务供给中居于主体地位，这也是我国经济社会发展的必然。

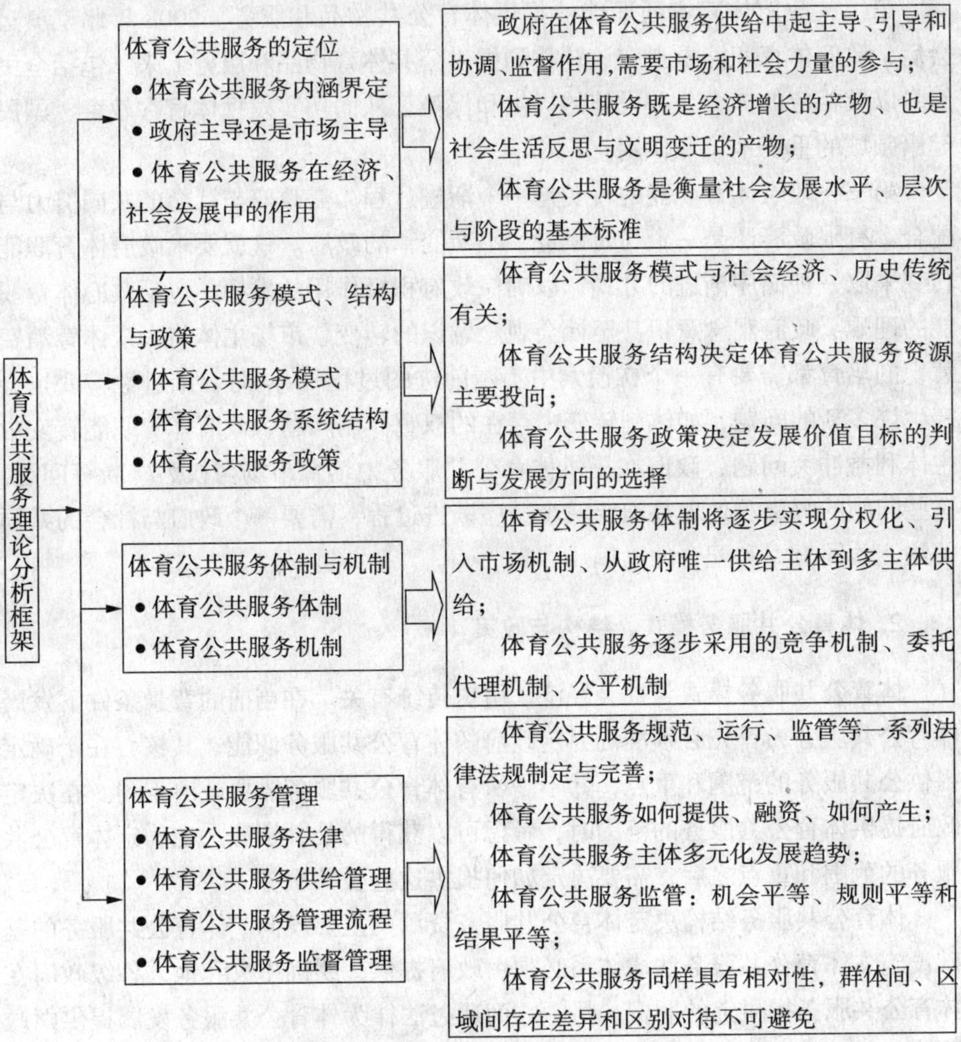

图 3–1 体育公共服务理论分析模型

第一,政府体育职能定位:体育公共服务与产品的提供者、管理者。《中共中央、国务院关于进一步加强和改进新时期体育工作的意见》中明确指出:“大力推进全民健身计划,构建多元化体育服务体系,构建群众性体育服务体系,要坚持政府支持与社会兴办相结合。政府重点支持公益性体育设施建设,群众性体育组织和体育活动以社会兴办为主,鼓励、支持企事业单位和个人兴办面向大众的体育服务经营实体,积极引导群众的体育消费,大力培育体育市场,加强规范管理,逐步形成有利于体育产业发展的社会氛围。”

第二，政府体育本质职能：提供体育公共物品和服务。2008 年北京奥运会后，政府体育职能重点应该转移到提供公共体育物品和服务上来，包括全民健身以及相应的体育公共设施的提供和保障，从而切实发挥体育在教育、国民健康领域的重要地位和作用。

第三，政府体育职能的转变是一个渐进过程，需政府与社会的共同努力与配合。有限政府还是一个与时俱进、不断变革的政府。这就要求政府体育职能转变采取一种循序渐进的方式，以确保政府积极作用的发挥。包括政府体育职能的理顺、政府观念意识甚至社会观念意识的转变、市场主体与大众体育消费意识的培育都需要有一个在摸索中不断前进的过程[1]。同时，渐进性转变也会产生许多新的问题，如体制转变中存在的双重体制问题、政府体育职能转变中主体利益冲突问题、政府在提供体育公共服务中培育市场与权力垄断等问题。这些问题的解决和处理都需要一个循序渐进过程，需要一个政府与社会的共同关注、共同努力和配合的过程。

2. 体育公共服务模式、结构与政策

体育公共服务模式与社会经济、历史传统有关。在当前的背景条件下发展体育公共服务，首先必须准确界定政府的体育公共服务职能，其核心在于确定提供公共服务的范围和重点，并不是所有体育公共服务需要政府干预。在决定政府提供体育公共服务的范围时，考虑可以获得的公共资源。在确定体育公共服务的范围和重点之后，需要决定如何提供这些公共服务。

体育公共服务结构决定体育公共服务资源的主要投向。体育公共服务的基础设施、体育公共服务法律体系必须由政府提供，明确中央和地方各级政府在体育公共服务提供上的职责，另一方面通过法律为体育公共服务发展提供财政预算保障。体育公共服务其他方面可以由政府直接生产、也可由市场或非政府公共部门生产，政府监管。

体育公共服务政策决定发展价值目标的判断与发展方向的选择。体育公共服务政策形成过程，实际上是政策主体对复杂的利益关系进行调整的过程。因此，这一过程中就暗含着各种利益冲突，包括长远利益与短期利益、社会利益与经济利益、政府利益与社会利益等的矛盾。体育公共服务政策路径选择主要考虑：一

---

①白晋湘. 从全能政府到有限政府——市场经济条件下政府体育职能转变的思考 [J]. 体育科学，2006 (5).

是从体育事业发展与体育改革的结合上来规划。二是从财力与制度的结合上来操作。三是从体育公共服务供给与需求的结合上来实施。四是从政府与市场的结合上来运作。政府实现基本体育公共服务的提供可选择的方式：一是规制，政府可通过制定相关制度规则来提供体育公共服务。二是付费，即政府出钱买服务提供给居民。三是政府自己生产，即以所有制的方式来提供体育公共服务。

3. 体育公共服务机制与体制

体育公共服务实践运行机制主要强调在实践中如何保证体育公共服务的效率和公平，并确定什么样的机制来实现这一目的，体育公共服务运行考虑以下几个因素：

第一，体育公共服务的地理范围与政府层级间关系。根据管理范围与地理范围一致的原理，管理单位的设置应该是根据体育公共服务的地理范围来设置。体育公共服务的管理单位应该是多范围的，而且是相互联系的。目前，我国体育公共服务的管理现状基本上是以行政区划为范围，而不是以体育公共服务的地理范围为管理范围的。

第二，体育公共服务的受益范围与政府层级间关系。不同的体育公共服务受益范围是不一样的。从理论上来说，所有的体育公共服务都是开放性的，向所有的公民，乃至国外的人开放。如健身场所、体育公共设施等。体育公共服务的管理最好与体育公共服务的受益范围相一致。根据这一原理，由于体育公共服务是多种多样的，其受益范围也是多种多样的。所以，体育公共服务的管理单位要与体育公共服务的受益范围相一致。从政府层级管理关系来看，每一级政府都有自己受益范围，对于这类体育公共服务，每一级政府都可以自己处理。如果是由上级政府来处理，就会出现管理范围过大的问题；如果本级政府不处理，而由下级政府来处理，就会出现管理范围过小的问题。

第三，体育公共服务的成本范围与政府层级间关系。体育公共服务的成本，也有一定的范围。体育公共服务的融资范围如何，直接关系到体育公共服务资源配置是否适当。全国性的服务，往往是全国性的融资范围比较合适。地方性的服务，地方性的融资范围比较合适。公共服务管理单位最好与公共服务的成本范围相一致。如果管理范围大于成本范围，则出现局部融资大范围受益的问题，如果管理范围小于成本范围，则出现局部受益大范围融资的问题。就转移性支付来说，中央给地方的转移支付资金，最好直接转移到受益单位，让受益单位直接接受中央的转移支付资金，而不要通过中间环节，否则容易出现管理范围和受益范围不一致的问题。

第四，体育公共服务的管理范围与政府层级间关系。体育公共服务往往是通过组织来进行管理的。在计划经济时代，考虑体育公共服务提供时，往往是从政府能做什么入手，而不是讲政府服务作为对市场的补充，这种理念塑造了无所不能的大政府。而当前的改革核心是，精简政府职能，使政府撤出可以由市场调节的领域。因此，确定我国体育公共服务范围时，应主要着眼基本职能和中型职能，集中力量办好体育公共服务最基础最重要的项目。体现“立足国情，抓主放次”的发展策略。

在体育公共服务发展政策制定原则上，应当坚持因地因时制宜与整体统筹协调原则。在贯彻基本理念的基础上，更应当分析地方的经济发展水平、特色，与居民生活质量统筹考虑，体育公共服务服务建设与经济可行性统筹考虑，城市化区域与郊区乡村统筹考虑。在体育公共服务发展政策制定目标上，应以改善居民生活质量为主，更需要注重健康、持续发展；与此同时，体育公共服务的重点应当面向农村。

4. 体育公共服务管理

从体育公共产品与服务的资金来源的发展趋势来看，今后主要依赖于三种方式：即政府出资，服务收费及非政府公共部门参与①。大力促进我国体育公共服务供给过程中的公民参与和需求表达，加强制度化建设和公民意识教育，保障公民的参与权力与参与能力；大力培育基层民主与公民社会，进一步发挥扩大民众参与体育投入热情、反映民众诉求方面的积极作用，增强社会自治功能。

政府出资：要提高透明度。经济学家认为，政府应以公共利益和社会福利最大化为财政支出目标，在社会经济生活中，人们也都希望政府按公共需求及其重要性安排其各项开支。体育公共服务与产品作为人类社会特有的活动，就其本质而言，它是社会对大众施加有目的的影响，把他们培养成符合社会要求的人，从而促进人类个体发展和社会整体发展的一种精神生产活动。体育公共服务与产品领域不仅具有特定的生产和经济功能与价值，同时也具有十分广泛的社会、政治功能与价值。从这个意义上讲，政府对体育公共服务与产品的社会、政治价值的追求，以及满足社会或国家对这些政治、文化等价值与功能的

①丁元竹. 非政府公共部门与公共服务——中国非政府公共部门服务状况研究［M］. 北京：中国经济出版社，2005.

公共需要，就成为政府为体育公共服务与产品出资的主要原因之一。

服务收费：需符合一定准则。服务收费是指由市场向居民提供特定服务或实施特定管理所收取的规费以及政府对其所提供的公共产品和服务而直接向使用者或受益者收取的使用费①。体育公共服务与产品有偿收费必须符合一定的准则。其一，按照受益的大小来确定收费标准，受益多则多收费，受益少则少收费。体育公共服务产品大多具有准公共产品特性，部分收益是外部化的，确定收费标准时，应以其私人收益为主要依据，而不应将体育公共服务所产生的社会收益，也纳入私人收益来确定其收费高低。其二，如果提供体育公共服务的是非政府部门，收费就是以非营利为目标的，此时绝不能把收费看做创收手段，收费就只是要收回体育公共服务与产品的全部成本或部分成本。其三，应对容易产生拥挤的体育公共服务与产品进行收费。

非政府公共服务部门：宗旨是福利、慈善与环保活动。非政府公共服务部门非营利性决定了它的活动领域——营利部门不愿涉足的领域，以福利、慈善和环保活动方式提供体育公共服务。面向企业、特定人群、弱势群体（包括贫困人口、外来务工人员、残疾人士等等）、自己的会员，一般公众等为服务对象。非政府公共服务部门作为中国刚刚兴起的一股社会力量，它的社会力量十分有限。无论是“社会合法性”问题，还是资金来源问题，都有一定的困难②。随着政府改革深入和建立服务型政府工作的推进，非政府公共部门在体育公共服务领域可以获得更大的活动空间，非政府公共部门随着经济发展逐步发育成熟，并成为一种重要的社会力量。

加强体育公共服务政策制定过程中的公民参与力度，为公民表达体育公共服务需求营造良好的民主环境；增强政府体育行政部门对公众需求的回应意识与回应能力，强化公民参与的有效性，将公众满意度作为衡量体育公共服务供给效果的根本标准。

（二）体育公共服务的系统结构框架

构建体育公共服务系统最大困难不在于理论上是如何可能的，而在于实践

---

①刘立峰. 公共产品与服务的融资方式［J］. 中国投资，2008（6）.

②丁元竹. 非政府公共部门与公共服务——中国非政府公共部门服务状况研究［M］. 北京：中国经济出版社，2005.

上是如何可能的，体育公共服务自身独特的范式，内部存在必要的结构和张力。有必要把体育公共服务的范式、系统结构和张力揭示出来。体育公共服务是一个系统性实践，整个系统至少包括体育公共服务管理系统、体育公共服务规划系统、体育公共服务融资系统、体育公共服务提供系统和体育公共服务绩效评估系统这五个系统结构（图 3–2）。

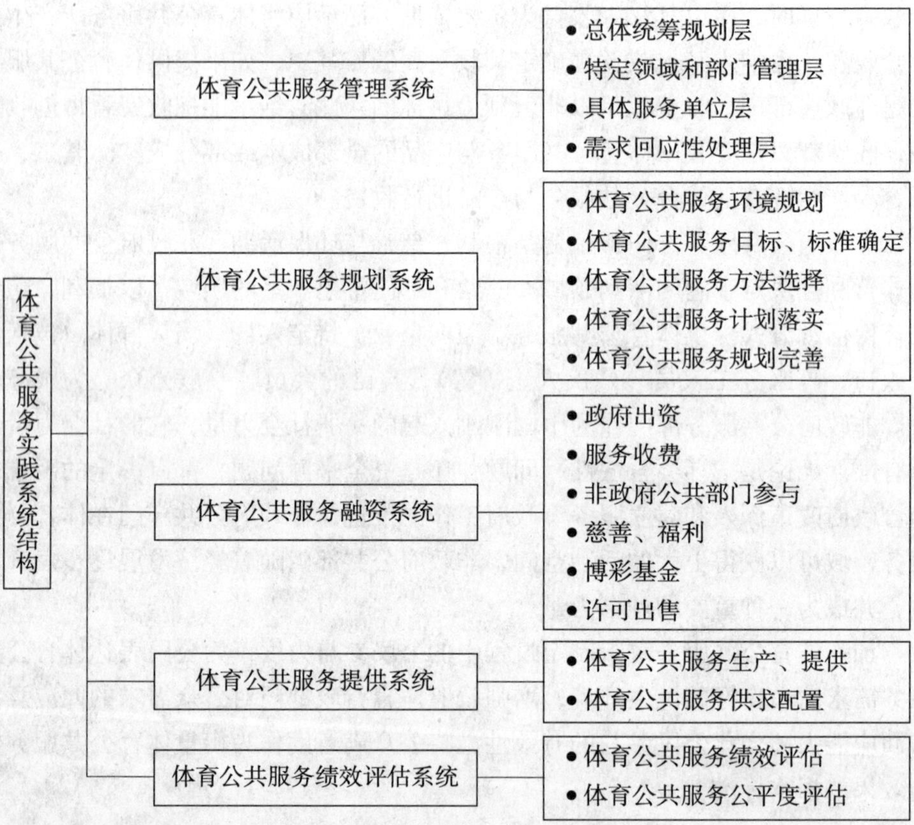

图 3–2　体育公共服务系统结构

1. 体育公共服务管理系统

体育公共服务系统结构根据政府体制、历史文化和服务内容的不同而不同。本文认为，体育公共服务管理系统有总体统筹规划层、特定领域和部门管理层、具体服务单位层以及需求回应性处理层构成。

第一个层面属于政府核心决策者以及宏观管理部门。主要是根据国情和某一个行政区域内的人口资源和财政能力来确定体育公共服务的总体目标、水平、策略、原则等方向性问题，并经同级权力机构批准实施。

第二个层面属于特定领域和部门的管理职能。比如社会保障部门、公共基础设施建设部门、群众体育管理部门等，要在政府公共服务的总体规划下，具体部署体育公共服务的目标、标准以及体育公共产品的生产与供给安排。

第三个层面属于具体服务单位的职责。比如体育局群体部门、街道文体管理机构、社区居委会、社区体育服务组织等，它们承担着体育公共服务的实施任务。

第四个层面是对特殊需求的回应性处理职责，即根据一个服务组织明确的承诺规定，通过一个反应途径对某种特别要求提供回应性服务，是百姓反映体育公共服务需求，解决实际困难的有效渠道。

2. 体育公共服务规划系统

体育公共服务的规划系统就是使整个执行获得清晰依据。系统规划包含至少五个环节：第一，体育公共服务的环境规划；第二，体育公共服务目标、标准的确定；第三，选择工作方法；第四，体育公共服务计划的执行和落实；第五，根据监督和反馈的结果以及与结果相关的环境规划进一步完善规划。完善的体育公共服务规划的最低要求具有对目标的说明、方法的选择、执行和落实的行动细节，以及评估标准，这样可以让体育公共服务管理清楚有序。

3. 体育公共服务融资系统

我国目前财政和税收体制实行的是“分税制为基础的分级财政”。中央政府只占总预算开支的30%左右，其余的在四级地方政府之间分配。因此，我国中央和地方政府的权事划分及财政税收体制，决定了体育公共服务作为政府服务模式是有层次的，可分为中央、省（直辖市、自治区）、地级市（区）、县（市）、乡镇（街道）五个层次①。体育公共服务分级供给体制，进一步明晰了各级政府的责任和义务，即中央政府提供体育公共服务面向全国，地方各级政府提供体育公共服务面向本地区。体育公共服务融资系统基本格局是各级政府权事划分的范围内，统筹本地区，承担起本级的体育公共服务发展职责和投

①刘立峰. 公共产品与服务的融资方式［J］. 中国投资，2008（6）：36–38.

资，也就是说，要承担地方体育场地设施系统和信息供给系统的完善责任。目前，我国体育公共服务的资金来源比较单一，今后将会出现各种形式。比如借贷、收费、公共认缴、经营剩余、自愿捐献、征集、许可证出售等等方式。非营利组织公共服务模式有助于填补政府公共服务模式资金不足、增加体育公共服务资源运用的透明度和合理性，也将是今后体育公共服务融资系统的重要因素。

4. 体育公共服务提供系统

体育公共服务提供系统的核心问题是提供多少公共服务的问题。而关于公共服务产品的最优供给在财政理论中也是最活跃的，同时也是争议不断的领域。理论上一般假定公共产品的最佳供给条件是萨缪尔森条件，即公共产品对所有受益人的边际收益之和等于其产出的边际成本①。

根据我国体育公共服务现实和今后发展的趋势，体育公共服务将出现分权化、市场化和多中心化的供给方式。理由在于：第一，体育公共产品存在层次性、地区性，由地方政府提供能更好地反映特定的地区偏好，从而利于体育公共产品供给水平的确定；第二，地方政府相对中央政府在对地区性体育公共服务的提供上，具有信息优势，更贴近大众需要；第三，鼓励政府间竞争，从而提高体育公共服务效率，优化地方政府治理。

体育公共服务供给配置是一定时期内体育公共服务的提供主体在各种条件下有能力提供某种体育公共服务的数量。包括自我供给、非营利组织供给和公共部门供给。

自我供给服务是目前我国体育公共服务领域的主要表现形式，这类体育公共服务供给对他人和社会性设施和服务依赖较小。非营利性组织一般只向符合条件的人（如有同类兴趣爱好的会员）免费提供某些特定的体育公共服务。公共部门供给的体育公共服务一般都是纯公共产品或半公共产品，纯体育公共服务具有消费非竞争性和非排他性。体育公共服务产品的公共性质并不是政府免费供给的全部理由，因为政府并不是对所有的公共产品都会免费供给，只有当政府免费提供这类产品的社会收益高于社会成本时，政府才会免费供给。由此可见，我国体育公共服务供给具有公共服务模式和市场服务模式两种。体育公

①陈昌盛，蔡跃洲. 中国政府公共服务：体制变迁与地区综合评估［M］. 北京：中国社会科学出版社，2007.

共服务模式主要面向社会公共需求，以公益性和非盈利性的方式运作，保障大众享有体育公共服务的权利。市场服务模式主要面向私人，采用市场化运作，满足私人的个性化需求和消费需求。

体育公共服务模式和市场服务模式是相互补充的，相互依存的关系，它们在体育公共服务上发挥着不同的功能和作用，随着社会政治、经济和文化的发展，人们服务需求的变化，二者将呈现出动态变化态势。

5. 体育公共服务绩效评估系统

到目前为止，我国还没有对公共服务的专门和系统的绩效评估体系，我国政府领域的绩效评估尚处于初级阶段。体育公共服务绩效评估系统主要考虑两个方面：

第一，体育公共服务的绩效评估。虽然体育公共服务的效率不能像衡量普通产品生产效率那样用货币形式准确度量，但是，体育公共服务的效率即服务的投入和产出还是可以度量的。主要借鉴政府（公共服务）绩效评估几种主要方法，如：美国的“3E”评价法，即评价体育公共服务的经济性（Economy）、效率性（Efficiency）、效果性（Effectiveness）并重的方法，从单一指标扩展到多重指标等；英国的绩效信息投入、产出与效果评估方法等[1]，既定的投入和成本带来产出和收益的变化，或者既定的产出和受益的投入和成本的变化，都反映体育公共服务的效率状况。对既定成本的某项体育公共服务，完全可以知道做了哪些事，使多少人受益；对既定收益的体育公共服务，完全可以知道投入了多少人力、物力和财力。

第二，体育公共服务的公平度评估。社会公平体现为三层含义：机会平等、规则平等和结果平等。机会平等是社会公平的前提，规则平等是社会公平的保障。但是，在体育公共服务领域，则既要注重机会平等和规则平等，更要注重一定程度上的结果平等。原因在于，体育公共服务以公共利益为目标、以满足公共需求为目的，必须强调一定程度上的结果平等或平均分配（目前国家强调的基本公共服务均等化理念），即所有地区和所有个人都应该享受到基准或同一水平以上的公共服务供给。当然，机会平等和规则平等并不是绝对的，机会和规则总是相对于一定群体的，如体育竞技某些项目是按年龄段、重量

①陈昌盛，蔡跃洲. 中国政府公共服务：体制变迁与地区综合评估［M］. 北京：中国社会科学出版社，2007.

级、性别组来划分的。对所有人给予同样的机会、实行相同的规则，同样是不公平。公共服务的机会平等和规则平等同样具有相对性，群体间存在差异和区别对待不可避免。

二、体育公共服务的内涵

一般而言，公共服务具有三个层面的含义：其一是国家是公共服务型国家，其所作所为都是提供公共服务。其二是政府是公共服务型政府，其所作所为都是提供公共服务。其三是公共服务是政府的主要职能之一，有其具体的内容和特殊的形式，并且与政府的其他职能相区分[1]。

2006 年 10 月，中共十六届六中全会审议通过了《中共中央关于构建社会主义和谐社会若干重大问题的决定》，确定了 2020 年构建和谐社会的目标和主要任务，其中包括“基本公共服务体系更加完备，政府管理和服务水平有较大提高”提出逐步形成惠及全民的基本公共服务体系，把“建设服务型政府”作为重要内容。

公共服务体系的含义：公共服务体系主要是指以政府为主导、以提供基本而有保障的公共产品为主要任务、以全体社会成员分享改革发展成果为基本目标的一系列制度安排，这些制度安排主要表现为政府主导、社会参与与体制创新。内容包括提供公共基础设施，创造就业岗位，完善社会保障体系和社会福利体系，促进教育、科技、文化、卫生、体育等公共事业发展；也包括宏观调控、市场监管、发布公共信息等。涵盖市场难以有效提供的公共物品、自然垄断和外部经济等。

2008 年 2 月，胡锦涛总书记在政治局第四次集体学习时的讲话，对基本公共服务体系的建设构想包含三个层次：第一，公共服务体系建设建立在经济发展的基础上，应依据经济发展程度和水平，逐步建设。公共服务体系建设的指导思想是惠及全民和公平公正，但建设步骤要把握水平适度、可持续发展的原则。第二，基本公共服务均等化，是公共服务体系建设的长远目标，也是服务型政府建设的重要价值追求，但也需要逐步实现。应围绕逐步实现基本公共服务均等化的目标，协调处理好公共服务的覆盖面、保障和供给水平、政府财

①艾伦·劳顿. 公共服务伦理管理［M］. 冯周卓，汤林弟，译. 北京，清华大学出版社，2008.

政能力三者间关系。第三，公共服务体系建设的关键是创新公共服务体制，改进公共服务方式，形成公共服务供给的社会和市场参与机制。通过公共财政、社会组织、企业与家庭的合作，发挥和体现财政资金的公益性价值，提高公共服务质量和效益。

针对上述的认识，在我国现有国情的背景下，界定体育公共服务内涵还要考虑以下三个维度。第一种思维角度：从物品的角度，即根据物品的特性来界定公共服务。从19世纪末叶开始，西方经济学一直按照用物品特性解释公共服务的思维逻辑前进，从“公共物品”，到“准公共物品”，再到“有益物品”“混合物品”“中间物品”等概念，物品分类理论不断丰富，其目的无非是为了用物品的规定性解释公共服务。从认定“公共服务就是提供公共物品”，到认定“公共服务不仅仅提供公共物品”。第二种思维角度：从政府的角度，即根据政府的特性来界定公共服务。由于现实中政府提供的各种物品规定性存在明显差异，用物品的规定性界定公共服务的解释力和概括力受到限制，人们转而寻找概括公共服务的捷径。虽然政府服务不是公共服务的全部，但政府是重要的公共部门之一，政府服务无疑是判定公共服务的重要标尺，于是，以政府服务为基准界定公共服务成为一种重要方式①。第三种思维角度：从服务的角度，即根据服务的特性来界定公共服务。有人认为，公共服务是一个有着特定含义的概念。它是指为社会公众提供的、基本的、非盈利性的服务，即：第一，公共服务是大众化的服务。公共服务不是只为特定少数人提供的服务。第二，公共服务是基本服务。人们日常生活中离不开水、电、气、安全、教育、文化等方面的服务，否则，人们就不能正常地生活。公共服务是满足人们日常生活中基本需求的服务。第三，公共服务是内容广泛的服务，公共服务既要提供物质产品（水、电、气、路、通讯、交通工具）等，又要提供非物质产品（安全、医疗、教育、娱乐）等。并且，公共服务是一种低价位的服务，以保证人们能够持续性地消费②。

概念是最基本的思维形式，是理论建构的基础。为此，鉴于我国目前的社会发展实际，应使用广义的体育公共服务概念。即：体育公共服务就是提供体育公共产品和服务行为的总称；包括加强体育公共设施建设，发展体育公共事业，发布体育公共信息等，为丰富社会公众生活和参与社会体育活动提供社会

①厉以宁. 教育产品的性质和对教育的经营［M］. 广州：广东教育出版社，1999.

②李朝祥. 政府公共服务职能的市场化［J］. 广西社会科学，2003（4）.

保障和创造条件。体育公共产品和服务是整个社会共同消费的，由政府和市场协调发展来提供[①]。

（一）体育公共服务的内容

体育公共服务是一个体现公平、公正、公益能够为广大市民提供基本体育服务的体系，是一个保障市民体质和健康水平得到普遍提高的保障体系，是一个政府领导、部门组织、行业合作、社会兴办的多元体系，其实质是把影响体育公共服务的相互作用、相互制约的多种事物整合成一个有机整体，使资源配置最优化、管理工作规范化、服务效益最大化，从而保障广大市民享有基本的体育服务。基于较为普遍的认识，并从通常政府施行公共管理的角度来看，一般而言体育公共服务内容可以归纳以下几个方面。

健身设施服务：加强对各级各类公共体育设施的管理，规范服务标准，扩大服务内容。建立包括学校体育设施和社会体育设施的体育服务网络，实行多层次、多时段、多种优惠的多元化服务，为市民提供便利。

健身组织服务：增加体育组织尤其是基层体育组织的数量，扩大有组织活动的体育人口。提高健身组织服务质量，加强群众性体育组织、体育团队的管理，帮助自发性体育群体增强自我组织和管理能力。开展体育援助服务，培育和发展体育社团，建立体育骨干培训、培养体制，鼓励有组织地进行体育活动。

体质监测服务：加强市民体质研究和体质监测服务，建立市民体质监测服务系统，形成市民体质监测的预警机制，实施体质监控和追踪研究，定期公布体质监测结果，引导市民关注体质和健身。

健身指导服务：加强体育健身咨询、体育健康促进教育和科学健身指导工作，提高市民健身科学化程度。推行公益性和职业性社会体育指导员制度，加强社会体育指导员培训，实行分类指导和体育教学服务。

体育活动服务：积极开展形式多样的群众性体育活动，丰富体育活动内容，提高体育活动效果。大力提倡体育项目创新，积极引进适合不同人群的新型体育项目，对深受群众欢迎、有较好健身作用的新体育项目进行资助。鼓励举办各种体育竞赛、展示、表演活动，吸引市民参与。

①樊炳有. 体育公共服务理论框架及系统结构［J］. 体育学刊，2009（6）：14-19.

信息咨询服务：强化体育宣传教育，为市民提供体育情报及咨询服务。建立包括互联网、电话热线、市民信箱、广播电视、报刊杂志等多渠道信息沟通网，加强体育服务信息化建设。以信息服务为主，构建体育公共服务平台，方便市民获得体育服务。

（二）体育公共服务的类型

我国从改革开放以来，一直将公共部门的改革作为推进经济体制改革重要组成。先后制定一系列有关教育、科技、文化、体育、卫生等公共事业领域管理体制改革的政策，推行了一套由政府主导、市场参与和扩大融资渠道的公共服务和基础建设管理体制。这些改革的推出，在实践中确实取得了一定的成绩，但是也暴露了很多的问题。主要体现在：政府公共服务部门管理体制陈旧，管理手段单一，不能满足推进公共服务多元化供给的机构管理要求；公共服务部门组成以政府机构为主体，形式单一，对于公共领域的社会多元化参与控制严格，或者进入门槛较高；公共事业部门在推行市场化过程中推行公共产品和服务（如教育、医疗等）收费制，阻碍了低收入人群获得必要的服务；地区经济差异性和收入差异性不断扩大，行政“条块”垄断和地方财力的不同使得各地的公共服务供给水平参差不齐，管制法律法规体系的建设也相对缓慢等①。

西方新公共管理和新公共服务改革的实践经验表明，提升公共服务的有效性、公平性和可选性，并不是一个简单地将公共服务供给的任务交给政府还是交给市场的问题，而是一个实现公共服务供给主体多元化的问题②。

政府和市场在提供体育公共服务方面各有其优势和不足。体育公共服务应由什么机构供给更为有效？并“不在于公营对私营”，更本质地在于“竞争对垄断”问题，在于对体育公共服务进行合理地区分，并依此实行不同的体育公共服务供给机制。有研究表明，我国体育公共服务面临的供给困境主要体现为：“公共体育服务供给的主体单一，公共体育服务供给的对象有限，公共体

---

①邹晓东. 从公共服务的政府垄断到多元化供给——面向新公共管理的政府管制研究［D］. 中国博士学位论文全文数据库，2007,（10）.

②郭剑鸣. 公共服务供给主体多元化的理论与现实路径——以广东公共服务业多元化发展为例［J］. 汕头大学学报：人文社会科学版，2005，21（3）：61-66.

育服务供给的总量不足，公共体育服务供给的结构失衡，公共体育服务供给的方式简单和公共体育服务供给的制度缺位等。”①

在传统思维中，体育公共服务是第三产业服务业中的免费部分，即最狭义的服务业。受众的全民性、需求的普遍性、供给的（政府）垄断性、交易的免费性、管理的政治性（作为政治任务来完成）构成了体育公共服务概念的应有之义。如果囿于这样的理解，政府就不能从体育公共服务唯一直接供给者的角色中脱身，非政府组织也就没有进入体育公共服务业的空间和动力。因此，需要科学地对体育公共服务做出新的归纳。但是体育公共服务理应包括哪些内容，仍是众说纷纭。

我国现行的统计口径，主要把公用事业、居民和服务业，卫生、体育、福利救济业，教育、文化、广播电视事业，科学及技术综合服务业列入社会公共服务业的统计范围。为人们清晰地勾划出了公共服务的外延，而且为人们正确地把握公共服务的内涵提供了两组线索。一组是公共服务的基本性与选择性；一组是公共服务的盈利性与非盈利性（志愿性）。前一组属性是说公共服务既有关于公民生活之必需的，又有属于公民根据各自的情况选择的；后一组属性是说公共服务有些确实是要免费向公民提供的、或者仅为维持性收费，而有些则是可以生成利润的。如果将两组属性组合起来，就形成了公共服务的新类型（图 3-3）。

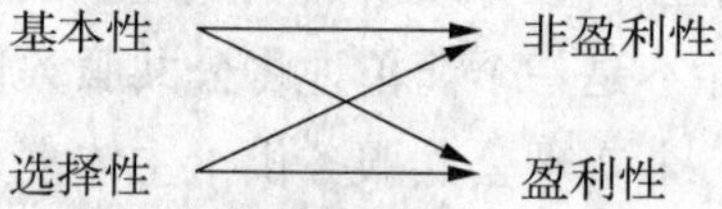

图 3-3　公共服务的类型

引自：郭剑鸣.公共服务供给主体多元化的理论与现实路径——以广东公共服务业多元化发展为例［J］.汕头大学学报：人文社会科学版，2005，21（3）：61-66.

①肖林鹏，李宗浩，杨晓晨，等.论我国公共体育服务的供给困境［J］.山东体育学院学报，2008，（8）：1-4.

由于政府公共服务的分类方法很多，本文结合上述体育公共服务的概念，采用一种比较实用的分类方法，从体育公共服务的发展过程、理论基础和实际运行过程的角度，将体育公共服务分为维护性体育公共服务、基础性体育公共服务、经济性体育公共服务和社会性体育公共服务四种。

1. 维护性的体育公共服务

维护性体育公共服务是保证体育公共服务存在和运行的政策保障和管理体制的服务模式，如政府的一般体育行政管理、体育公共服务的法律法规、体育公共服务的政策、政府实施体育公共服务的模式等。

2. 基础性体育公共服务

基础性体育公共服务是指公民及体育组织从事体育活动、发展文化和体育娱乐等活动都需要的、有某种政府行为介入的基础性服务。如提供体育设施、体育活动场所、体育经费等基础设施等。

3. 经济性体育公共服务

经济性体育公共服务是指通过某种政府行为的介入，由非政府公共部门提供的无偿服务或有偿服务。如体育科技推广、体育咨询服务、提供体育信息等。丁元竹认为：中国非政府部门实际上很大程度承担着公共服务的职能，超过这个范围去从事其他活动的很少。中国非政府公共部门基本提供完全无偿的服务，仅有少数组织（3.7%）提供的是完全有偿服务，同时有39.5%的组织提供一定补偿（来补偿经费额不足）的服务活动①。

4. 社会性体育公共服务

社会性体育公共服务是指通过某种政府行为的介入为公民的体育生活、身心健康的发展与体育文化娱乐等社会性直接需求提供的服务。此类服务的最大特点是具有体育“公民权利”的性质，体育权利作为一种基本人权，它和实现公民的政治、经济和社会权利一样，依赖于政府主体作用的发挥，构成了政府最为基本的职责之一。社会性体育公共服务对公民享有平等的体育公共服务目

①丁元竹. 非政府公共部门与公共服务——中国非政府公共部门服务状况研究［M］，北京：中国经济出版社，2005.

标给予高度关注，在社会性支出的分配中居于重要地位。社会性体育公共服务与经济发展有关，只有在经济发展达到较高阶段以后，公民才可以享受到较高水平的社会性体育公共服务。

（三）体育公共服务的特性

体育公共服务作为市场经济条件下政府组织提供的公共产品，除了具有理论上公共产品的基本属性外，在实践中通常还具有以下几个特性：

公共性。由于政府普遍实行分级管理，所有体育公共服务尽管通常是有区域范围和供给对象边界的，但在同一范围内、同类对象条件下应当是有共同享有的，在消费上是非歧视的。体育公共服务和资源要均等公平分配，逐步消除差别，以保障和服务于全体公民的基本定位，保障人人享有基本体育服务。如要对公共体育设施和活动进行均衡布局、同步开展，使得所有人都能享受到政府提供的同等程度的体育公共服务。

福利性。体育公共服务多带有社会福利色彩，表现为政府对纳税人的福利承诺和在公共利益维护方面的责任。公民享有公共体育资源的多少不取决于其身居何地、纳税多少，与公民享有基本权利一样，既不能被剥夺，也不存在特权阶层，而是民主化国家必须具备的政治精神。它基于这样一种思想，即公共政策应最终提高大多数人的福利而不只是几个人的福利[①]。从发展的趋势来看，保障市民享有基本的体育服务，并非完全福利的。政府提供的体育公共服务总体是免费的，但不排除一些活动收取一定的费用，但经过政府补贴，也具有公益性质，以体现对市民的关怀。

便利性。政府提供的体育公共服务是近距离的、经常化的服务，随时随地可以获得，更利于满足市民的体育服务需求。这种服务对弱势群体增强体质、促进健康起“雪中送炭”的功能和效果，远远大于“锦上添花”，体现出政府基本的社会关怀。

多样性。一是提供的服务和产品的丰富性，满足所有成员各种各样的体育需求。二是服务对象的多样性，服务要考虑惠及不同群体，提供不同需求的多样的体育公共服务。三是组织管理的多元性，建立健全以政府部门为主导，以体育总会、项目协会、行业协会、文体站、社区体育协会为基础，以社会体育

①E.R.克鲁斯克，B.M. 杰克逊. 公共政策词典［M］. 上海：上海远东出版社，1992.

指导员和志愿者为骨干，以各种健身、休闲场所为依托的多元化组织管理系统。四是提供信息的多渠道，科学健身需要正确引导。

增值性。体育公共服务是投资于人，并且是对全体国民的整体投资，具有人力资本再生产的特性。与一般的资本再生产相比，体育公共服务的投资收益往往是潜在的，非直接的，并且不容易量化，但不妨碍它的整治效果的存在。

演进性。体育公共服务随着经济发展水平的变化而变化。现代体育公共服务为政府的主要职能是随着工业化和城市化而出现的，与时俱进是体育公共服务的一个重要特征。这种演进性表现在：社会对体育公共服务的需求随发展的变化而变化；公民对体育公共服务的需求呈现出由物质需要向精神需要、单一需要向多方需要、由低层次需要向高层次需要的发展历程。政府提供体育公共服务的能力也呈现出由弱到强的过程，体育公共服务的具体组织供应方式随着市场机制的完善也在不断变化。

（四）体育公共服务的作用

1. 体育公共服务在经济发展中的作用

在经济发展不同阶段，公共服务具有不同的作用。在以人均 GDP 为主要标志的经济增长过程中，公共服务起到了重要作用。特别是人均 GDP 达到 1000 美元之后，向人均 3000 美元增长的过程中与经济增长的相互作用具有一种互动与相互作用的基本机制与规律。基本公共服务，除了对于人的发展具有本体性的基础作用之外，更重要的是对经济社会的可持续发展发挥着巨大的推动作用。市场经济发展史表明，经济增长主要有两种方式，一种是以产权保护公共服务和市场秩序公共服务为平台的传统增长方式，一种是以人力资本投资公共服务、社会保障公共服务和科技创新的公共服务来促进经济增长。体育公共服务在经济发展中的作用表现为：

第一，体育公共服务有助于推动经济增长。一方面，在健康和教育领域的体育公共服务供给，有助于促进人力资本积累，替代物质资源的投入，提高劳动生产率和资源的利用效率；另一方面，体育公共服务的供给，特别是基本社会保障水平的提高，有助于提高居民的健康水平，减少居民的预防性储蓄，促进消费，扩大内需。这都是新时期推动经济发展方式的转变和经济结构优化的重要因素。

体育公共服务作为人力资本投资的重要组成部分，是国家“以人为本”理念的重要实践。体育公共服务是关注人、爱护人、尊重人，对人的发展起着积极的作用，是对人的健康投资、人的未来投资，是提供劳动生产率、促进经济发展的重要保证。当前，以公共服务为重点的政府消费已成为政府宏观调控体系的重要组成部分。各级政府调整财政支出结构，增加与民生密切相关的公共产品供给，既可以有效地降低投资，减少政府支出对竞争性领域产生的“挤出效应”，又可以拉动消费，保持宏观经济的稳定。

第二，加强体育公共服务，是缓解社会矛盾、促进社会公平的重要手段。当前，民生问题与体育公共服务直接相关。体育公共服务作为社会保障公共服务的重要组成部分，是每个公民享有的社会福利权利的体现。目前，我国政府确立公共服务的原则是：体现人文关怀的人本原则；体现公共性和广覆盖的普遍性原则；保证公民享受同等公共服务的平等性和非歧视原则等①。在确保每个公民享有国家福利的同时，不断提高公共服务质量和水平。使人人都享有基本公共服务，从而在促进经济增长的同时达到社会公正的效果。将要完善的体育公共服务保障制度作为政府体育职能的主体，逐渐建立覆盖全体劳动者的体育公共服务保障体系。

第三，体育公共服务是促进体育消费的有力杠杆。在社会主义市场经济改革的进程中，体育产业伴随体育市场的形成与发展，体育消费业已成为一个日益重要的消费市场。体育市场的产生以经济发展和人们的消费观念的转变为前提。现阶段我国的经济总量将呈现持续增长的势头，因此，进一步加快体育消费的市场化进程将是一个客观趋势，会让潜在的、巨大的体育市场催生出一个繁荣的体育产业。

中国社科院 2010 年《社会蓝皮书》预测，到 2010 年底，我国人均国民生产总值将接近 4000 美元。国民的教育、医疗、通信、旅游、文化等消费支出的比例迅速增加，而这也将促进体育消费的增长。体育消费从本质讲属于满足人们享受和发展需要的消费，我国目前将实现由第二步发展向第三步发展战略的转变即由小康社会向中等发达国家过渡。这个时期是消费结构发生重大变革的时期，总的趋势是人们对物质消费品的需求增势将会减弱，而对服务消费品，尤其是与人的健康和生活质量提高直接相关的服务消费品需求将会迅速上升，我国第三产业预期增加值为 2.13 万亿元②，这将极大地促进体育消费和人

①唐铁汉. 中国公共管理的重大理论与实践创新［M］. 北京：北京大学出版社，2007.

②巨晓山. 我国经济增长对体育消费增长前景的分析［J］. 考试周刊，2008（12）.

们对健康关注的消费。国家统计局“十六大到十七大经济社会发展回顾系列报告之十四”统计表明，城乡居民生活明显改善，服务性消费的需求不断上升，居民消费支出逐步向服务性消费支出分流。2006 年城镇居民人均服务性消费支出比 2002 年增长了 47.9%①。体育消费具有服务形式的消费资料、实物形式的消费资料、精神产品形式的消费资料。此类物品消费与体育公共服务产业链条内的体育产品属于替代关系，对于扩大服务消费需求，促进我国经济快速增长有着重要的作用。

2. 体育公共服务在社会发展中的作用

联合国《世界人权宣言》认为，公民有权享受“为维护他本人和家属的健康和福利所需的生活水准，包括食物、衣着、住房、医疗和必要的社会服务”②。公民享有体育公共服务是现代民主政治制度的基本体现，公民享有体育公共服务的权利由政府履行公共服务义务来保障与实现。人们享受到的公共服务水平从一个侧面反映了一个国家或地区的经济社会发展水平。一定历史时期的社会发展状况都可以在公共服务这个断面得到集中的展示。体育公共服务作为满足社会公共需要的基本途径，其在现代社会中的作用主要体现在：

第一，体育公共服务以满足人的公共需要为逻辑出发点，是社会良性运行和发展的基础。人的发展是社会发展的目的，人是社会主体，人生活于其中的社会结构是社会客体，人与社会结构之间正是这样一种社会主体和社会客体的关系。人即社会主体的发展是目的，而社会结构即社会客体的发展是手段。手段服务于目的，社会发展最终要为人的发展服务。在社会发展的实践中，体育公共服务出发点是立足于人的发展，包括人的生存状态的改善和各方面需要的实现。恩格斯强调指出，社会发展应包括“物”的生产和“人”的生产两方面。其中，“人”的生产更为根本，因为“物”的生产归根到底是为了人，社会发展中忽视人的价值，那社会发展就会变成畸形。而人的发展主要有三个内容：一是人的基本需要的满足；二是人的素质提高；三是人的潜能发挥。而公共服务归根到底是为了促进人的全面发展，确保人人享有健康。体育公共服务属于维护公民健康的有力手段，政府做到保证一定数量和质量的基本体育公共服务提供，保证基本体育公共服务的平等性。

---

①刘辉煌，徐华亮. 中国城镇居民服务消费的地区差异分析［J］. 消费经济，2008（1）.

②李军鹏. 公共服务学——政府公共服务的理论与实践［M］. 北京：国家行政学院出版社，2007.

第二，体育公共服务通过满足人们物质和精神方面的需要，使得社会获得存在的合法性依据。生产力是社会发展的根本动力，而需要和利益是社会生产不断向前发展的内在动因。任何社会变革归根到底都必须重新调整人们的利益关系，以促进和推动社会生产的发展，在物质生产力发展的基础上不断改善人的生存条件、生活质量，提高人的素质，以满足人们对体育文化的需求。体育公共服务的提供，意味着文化服务的数量增长和人们便捷地接触文化。

第三，体育公共服务是维护社会公平的具体体现。促进社会和谐，就要按照民主法制、公平正义、诚信有爱、充满活力、安定有序、人与自然和谐相处总的要求和共同建设、共同享有的原则。十七大提出了“实现基本公共服务均等化”这一重要方针，从国家享有经济实力和财力看，也具备了促进基本公共服务均等化的条件和能力①。借助北京 2008 奥运会的大好时机，促进体育公共服务建设与发展。体育公共服务建设和发展，是实现社会公平，推进基本规范为均等化的最好实践。体育公共服务具有提高生活质量、提高整个社会满意度的作用，是整个社会公共价值与社会团结的基础，也是社会效益最大化的基础，能促进社会凝聚力和民族团结。

第四，体育公共服务既具有社会效益，又具有经济效益，是推动社会发展的重要手段。体育公共服务不仅可以为社会的发展提供稳定的社会环境，而且它也具有经济效益，与经济发展存在一种互补关系，是推动社会发展的重要手段。

第五，加强体育公共服务，构成深化改革的重要内容。就现阶段而言，加强政府体育公共服务职能，与进一步促进经济又好又快发展一样，构成新时期体育改革的动力来源。当前，全社会体育公共需求的全面快速增长，对建设服务型政府提出了迫切要求，构成了 2008 年后体育改革和创新的重要推动力。

3. 体育公共服务对人类健康的促进作用

“享有长寿”（而不是壮年就过早的死亡），以及在活着的时候享受好日子（而不是过着一种痛苦的、不自由的生活）的可行能力，是我们每个人都珍视而且向往的②。“良好的健康状况既是人类发展最根本的目标，又是加快发展的手段”；也是增进国民“福利的一个有效方式”。世界卫生组织早在成立之

①编写组. 十七大报告学习辅导百问［M］. 北京：党建读物出版社，2007.

②中国（海南）改革发展研究院.基本公共服务与中国人类发展［M］. 北京：中国经济出版社，2008.

初，就在《组织法》中明确规定：“健康是人类的一项基本权利，各国政府应对其人民的健康负责。”世界卫生组织关于健康的定义随着社会的发展，内涵也在不断地丰富；1964 年的：“不仅仅是没有疾病或是体质强健，而是生理和心理的健康，以及社会的福祉和完美状态”；1977 年第 30 届世界卫生大会提出“2000 年人人健康”的卫生战略目标；1978 年国际卫生保健大会通过《阿拉木图宣言》郑重声明：“健康是人类一项基本权利。健康不仅仅是无疾病或身体不虚弱，而是身心健康、心理健康、社会适应良好、道德健康、社会幸福的完好状态。达到尽可能的健康水平是世界性的一项重要社会目标。要实现此目标，除卫生部门外，还需要其他社会部门和经济部门的共同行动。”躯体健康一般指人体生理的健康。心理健康一般有三个方面的标志：第一，具备心理健康的人，人格是完整的，自我感觉是良好的，情绪是稳定的，积极情绪多于消极情绪，有良好的自控能力，能保持心理上的平衡；有自尊心，自爱，自信心，而且有自知之明；第二，一个人在自己所处的环境中，有充分的安全感，能保持正常的人际关系，能受到别人的欢迎和信任；第三，健康的人对未来有明确的生活目标，切合实际的进取心以及理想和事业上的追求。社会适应良好指一个人心理活动和行为，能适应当时复杂的环境变化，为他人所理解，为大家所接受。道德健康最主要的是不以损害他人利益来满足自己的需求，要有辨别真伪、善恶、荣辱、美丑等是非观念，能按社会认为规范的准则约束、支配自己的行为，能为人们的幸福作贡献①。

人的一切活动都必须建立在健康地活着基础之上，健康是社会成员的本能要求，也是参与市场竞争的资本，更是经济发展的重要保证。健康状况的改善是一个国家、社会发展进步的直接体现，公平的医疗保障制度具有维护社会稳定、促进经济发展、调节社会收入分配等作用。

众所周知，影响健康的因素是多方面的。如遗传、自然环境、营养、生活习惯、药物以及体育运动等因素。另外，人格特征、社会环境等也是影响健康状况的重要因素。谁也不会期望单靠体育乃至学校教育控制诸如营养、生活习惯以及遗传或自然环境等对学生健康状况产生重大影响的因素。体育公共服务对健康的促进作用，只有在上述因素的密切关联中才能发挥有限的作用。

因此，体育公共服务对人类健康的促进是指抽象概念上和整体意义上的关系。应该以人为本，以人体发展为中心，考虑生物、心理、社会等诸要素相互

①樊炳有. 辨识体育与健康的本质联系［J］. 天津体育学院学报，2002（1）.

促进和相互影响。

（1）体育公共服务与人类健康的关系

①抽象概念意义上理解分析

按照世界卫生组织提出的健康定义，健康首先应该表现为无病。如果健康作为健全状态的一方来理解的话，与其对立的另一方就是患病。从实践来看，无论怎样科学和全面的体育运动方式和方法，都不能像医学那样救助人的生命。尽管生命体的存在本来就表现为运动状态，运动是生命的存在方式；但基于健康所需要的运动也决不是奥林匹克选手所参加的那类运动。人类为了健康而进行的体育运动，实际上是对生命体存在状态的回归而已。也就是说，运动不足导致疾病的发生是由于人处于非自然状态所致。所谓“参加体育运动有助于增进健康和减少疾病的发生”，不过是从运动不足这一非自然状态恢复到自然状态的过程。因此，体育公共服务对人类健康的促进在不同的社会层面，有其不同的本质联系。

第一，体育公共服务与人的社会健康。社会健康指的是与他人及社会环境相互作用、培育满意的人际关系和实现社会角色的能力。社会健康包括参与社会，为社会做出贡献，与人和睦相处，建立起积极的相互依靠的关系。健康的概念不再局限于传统的个人健康概念，而已扩展为单个人的健康与社会健康和环境健康之间复杂的相互关系[①]。这一概念的变化导致了对健康促进事业的强调，健康促进就是要通过提高个人的健康知识和技能水平，改变他们的环境，培养更健康的生活方式，以增进其健康水平的提高。体育公共服务促进社会健康有其独特的不可替代的作用，体育公共服务与社会健康的关系显而易见。

第二，体育公共服务与个体健康。目前还从健康在躯体上、精神上、社会上都健全的状态角度来判断健康程度的尺度，只是用医学临床检查有无疾病及程度来推断健康的程度。另一方面，一般认为体力是当做人类身体活动基础的身体能力，是健康定义的另一种概念[②]。目前，明确表示体力与健康这两者关系是困难的，但在维持健康上需要一定的体力是人们的共识。构成体力的要素中，与健康相关较密切的是耐力、肌力、肌耐力等。个体健康的另一个标志是体质，体质既反映着人体的生命活动的水平，也反映着人的身体运动水平。生

①樊炳有．辨识体育与健康的本质联系［J］．天津体育学院学报，2002（1）．

②刘纪清，李国兰．实用运动处方［M］．哈尔滨：黑龙江科学技术出版社，1993：1-10.

命活动是身体的运动基础，反映着人的自然属性，身体运动又是生命运动得以充分发展的必然条件，相当程度地反映着人的社会属性，二者是统一的。

国际标准体质测定指标包括医学检查、生理功能测定、人体形态学、身体成分和运动能力的测定四个部分。体质、体力指标的测定及其水平能力的体现，基本是在体育活动这一表现形式中展现出来，因此说体质、体力与体育有本质联系，自然涉及到体育公共服务所带来的硬环境和软环境。

健康者必以一定的体力为基础，而健康者的体质又各不相同。健康的前提是体质良好，并有一定的体力基础，同时体现社会心理稳定，精神状态良好。可见，体育对增进个体健康具有重要作用，体育公共服务就显得尤为重要。

第三，体育公共服务促进人的心理健康和社会适应。体育锻炼有助于身体健康，是人所共知的事实。有些人在体弱、身体状况不佳时，除了服药打针外，也会考虑通过体育锻炼来增强体能，恢复健康。当人在学习、工作或生活中遭受挫折而情绪低落，或出现明显心理障碍时，却很少会想到通过体育锻炼来改善情绪，消除心理障碍。实际上，体育锻炼既是身体活动，又是心理活动和社会活动，因此体育锻炼不仅有利于身体健康，而且对人的心理健康和社会适应具有积极的促进作用，从而提高人的满足感和生活质量。体育促进心理健康主要表现在改善情绪、提高智力、确立良好的自我概念、培养坚强的意志品质、消除疲劳等方面。因此喜好体育锻炼并从中获得乐趣，是体育锻炼产生良好心理效应的最重要的因素。

为了维护身心健康，人们既需要营养、体育锻炼、休息和其他生理方面的满足，也需要安全、友谊、爱情、亲情、支持、理解、归属和尊重等通过人际关系获得心理方面的满足。从一定意义上讲，良好的人际关系是生命所需要的非常宝贵的滋补剂，体育锻炼能增加人与人之间接触的机会。通过与人交往，可以使个体忘却烦恼和痛苦，消除孤独感，并提高自己的社会适应感。由此可见，体育公共服务不仅为促进社会交往活动提供了环境因素，而且体育公共服务的社会交往特性又会吸引人参与和坚持体育锻炼，促进人的心理健康和社会心理稳定，进而提高了锻炼者的社会适应能力。

②整体意义上的理解分析

尽管体育公共服务与人类健康在抽象概念上有着十分密切的关系，但体育公共服务如何增进人的健康，还应从生理、心理、社会三位一体的整体观来分析体育公共服务促进人的健康所作出的特殊贡献。

第一，体育公共服务能够提供人健康所需的基本手段。人体运动的生物学规律表明，人体运动时总是作为一个有机的整体在进行活动。通过运动中枢发放冲动到所支配的肌肉，肌肉收缩牵动骨骼绕关节转动产生运动。任何体育活动，不仅是运动器官在活动，心血管、呼吸、泌尿、内分泌、感觉系统以至全身各组织、器官都会发生相应的机能变化，在神经系统的指挥下，相互配合进行运动。由于体育运动能促进全身从整体—系统器官—细胞分子统一协调地锻炼，使人体各级机能得到全面提高。所以，就人的生物体而言，体育促进着低级功能对高级的纵向服从和横向协调。它作用于人体，使之产生良好的健康效应，其价值不在于以往人们所描述的某一局部特征，而在于通过主动运动，使人体各个层次之间功能关系得到全面锻炼。因此说，体育公共服务提供了促进人体整体健康水平全面发展的最佳手段。

第二，体育公共服务提升了人的社会性与生物性之间在健康问题上的高度协调性。人作为客体的存在，是生物的人，作为主体的存在又是社会的人。在人类社会历史发展的进程中，人是以客体存在为基础，通过主体及其主体意识去推动社会及自身的发展。就人的存在而言，人的生物功能要服从社会功能，即生物功能要不断地调整自身以适应社会功能的需要，两者之间这种主从关系如果不能协调发展，就会产生疾病。虽然人本身具有适应性，但良好的适应能力还需后天的锻炼和提高，必须建立在系统的体育锻炼基础上。一方面，体育锻炼改善人的生物状况和机能，奠定适应社会的生物学基础；另一方面，体育活动能弥补和纠正由于生物功能对社会功能适应而形成或产生的负面影响。所以，就人的两重性而言，体育加强人的社会性与生物性之间在健康上的高度协调。

第三，体育公共服务能促进人的心理健康，有助于形成社会心理稳定。日益增加的研究结果表明，身体活动是保持或增进心理健康、消除心理疾病的一种重要的方法。心理健康乃是构成人的健康的重要部分，而任何条件下进行的体育活动，必然使人产生显著的心理活动。情绪状态是研究者用来检查身体锻炼对心理健康影响的最主要指标，情绪效应包括短期情绪效应和长期情绪效应。身体锻炼的情绪效益主要表现在：一方面，它与心理自我良好感有正相关；另一方面，长期身体锻炼对焦虑、抑郁的治疗作用。并非任何形式的身体活动都能产生相同的情绪效益，只有科学的身体活动和（或）身体锻炼才与适当的心理效益相联系。通过群体的体育活动，增加人与人之间接触，使社会交往增加，有助于消除孤独症，并从中获得社会需要感的满足，促进心理健康，从而形成社会心理稳定。

第四，体育公共服务在现代生活中是增进健康的特殊生活方式。现代化是人类社会变迁的共同趋向，这种社会变革，是需要现代化的人来设计、操纵和变革的。所以，人的现代化是社会现代化的承担者。然而，人的现代化不是从天而降，它需要人的生物性、社会性以及附属于两者之间的意识性（心理）与未来社会发展趋势相一致的立体转化。在众多促使人转化的因素中，最重要的一个因素就是教育。而体育公共服务是人类生活的一个组成部分，所以责无旁贷地肩负起它在促进人的现代化过程中的重任。一方面，健康强壮的身体是适应现代化的物质基础；另一方面，现代化的人要追求现代化的社会生活，追求文明、健康、科学生活方式。社会生活科学化为体育公共服务发展创造了优越的物质基础和发展空间，使发展日益多样化，适合各类人群的需要。因而体育公共服务不仅成为人们现代生活方式的一个组成部分，而且还改善人类的生活方式。它调节并改善人们由于饮食、营养、文化娱乐、闲暇生活、作息习惯等，长期不合理积累形成的生活方面的不健康效应，调试人们生活中家庭、社会交往等的心理、行为。把体育公共服务纳入人们生活之中，并看成是由“期望换回最大效益的投资”。因此就现代人的生活及其追求方式而言，体育公共服务是增进健康的特殊生活方式。

（2）体育公共服务对人的整体健康促进

健康是人类社会生存发展的一个基本要素，没有健康就一事无成，因此，健康既属于个人，又属于社会。人们对健康的认识，是随着科学的发展和时代的不同而变化着。以往人们普遍认为“健康就是没有疾病，有病就是不健康”。而现代健康观对健康衡量标准不仅仅是指四肢健全，无病或虚弱，除身体本身健康外，还要求精神上有一个完好状态。由于人的精神、心理状态和行为对自己和他人甚至对社会都有影响，因此，更深层的健康观便是整体健康。它包括人的心理健康，身体健康，心灵健康，社会健康，智力健康，环境健康等。可见，健康的含义是相当广泛的，只有用整体健康的观点来认识了解健康，才能走出认识误区，才能人人享受健康。

①整体健康的内涵

整体健康指的是有目的、有意义的生活，即以主动、负责、最大限度地提高躯体、精神和心灵的健康为特征的生活方式。健康不仅仅意味着没有疾病，健康还意味着主动采取实际步骤预防疾病，并努力生活得更加丰富、平衡和满足。

整体健康是发现、利用和保护我们的身体、精神、心灵、家庭、社会和环境的所有资源的过程。健康有很多组成部分：躯体、心理、心灵、社会、智力和环境（图 3–4）。整体健康就是将健康看作是一个不可分割的整体。尽管躯体健全是健康的基础，健康工作者所使用“健康”一词的含义更加广泛。整体健康的概念好比是驾驶汽车：没有疾病时车子停在中点，积极健康行为推进你向前驶去，当你的全部生活方式都建筑于增进健康行为之上时，你就像已经挂满了档在全速行驶的汽车，这时你就实现了完全健康。

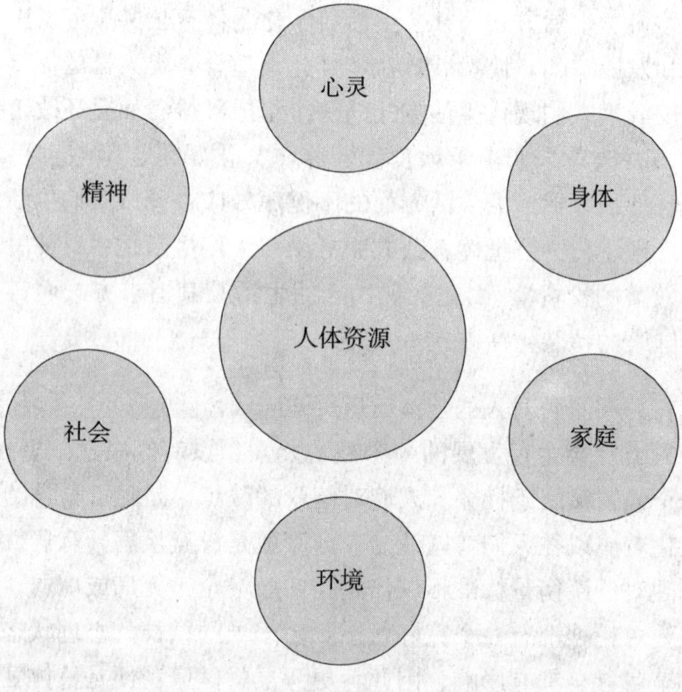

图 3–4　健康人体资源图

在整体健康、身体健康和疾病状态中，心理、身体和心灵的功能有相当长的交叉重叠。正如科学家们在最近几十年来反复证实的那样，心理因素在增进身体健康和预防疾病中起着重要的作用，心理因素也能够引发、加重或者延长躯体的症状。长期悲观、愤怒、焦虑或抑郁的人容易受到应急事件和疾病的打击。同样，在影响病人的生理状态的同时，基本上所有的疾病都能够影响病人的心理。

躯体健康　躯体健康好坏程度如图 3-5 的连续统一体上的各个点所示。左端是早期的夭折；右端是理想的健康状态，此时你的自我感觉和自我表现极佳；在连续统一体中间，虽没有需要治疗的疾病，但是每天的生活并没有充满热情和活力。为了达到最理想的健康状态，我们应当采取积极的步骤摆脱疾病，走向健康。我们必须满足身体对营养的需要，经常锻炼，避免不良行为，警惕疾病的早期信号，并且要注意防止发生事故。

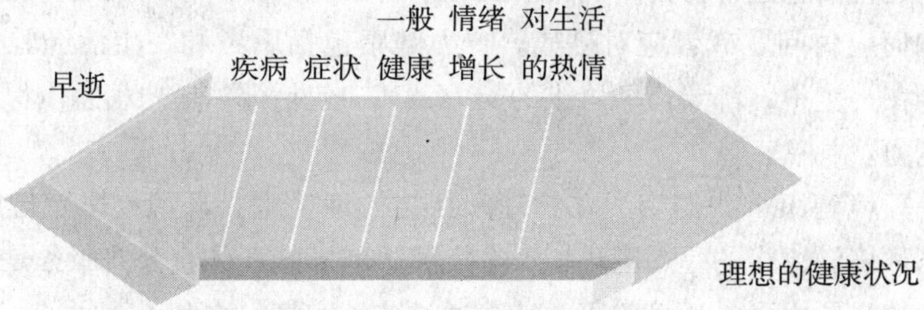

图 3-5　健康—疾病连续统一体

心理健康　与躯体健康相似，心理健康也不仅是没精神疾病。心理健康包括情感和思维状态两个方面，即情与知。心理健康包括对自己和他人的复杂情感的认识和接受的能力、表达情绪的能力、独立行为的能力以及应付日常各种应激原的挑战的能力。

心灵健康　注重精神生活并不意味着一定要属于某种正式的宗教。精神生活的基本内容是对宇宙中某种意义或秩序的信念，一种给个人的生命带来伟大意义的高尚力量。心灵健康的人明确其生命的根本目标，学会如何体验爱、欢乐、平和与成就，帮助自己和他人实现潜能。

社会健康　社会健康指的是与他人及社会环境相互作用、培育满意的人际关系和实现社会角色的能力。社会健康包括参与社会，为社会做出贡献，与人和睦相处，建立起积极的相互依靠的关系，以及进行健康的性行为。日益增多的研究显示，社会隔离引起患病的危险增加。有的研究还发现，社会隔离导致发生心脏病的危险增加。在对接受了心导管治疗的 1368 名患者的一项调查发现，未婚或没有密友的病人的死亡率的是那些有配偶或密友的 3 倍多①。那些相信自己在日常生活方面，可以得到家庭和朋友的充分支持的心脏病患者延长

①樊炳有. 对整体健康内涵及其促进理论的探究 [J]. 四川体育科学，2001，94 (2) 2：55-59.

了寿命。健康教育者日益强调社会健康的重要性，健康的概念不再局限于传统的个人健康概念，而已扩展为单个人的健康与社会健康和环境健康之间复杂的相互关系。这一概念的变化导致了对健康促进事业的强调，健康促进就是要通过提高个人的健康知识和技能水平，改变他们的环境，培养更健康的生活方式，以增进其健康水平。

智力健康　头脑是唯一有智力的器官。人每天利用大脑收集处理信息，并根据这些信息进行行动；利用大脑思索自己的价值，做出决定，制定目标，计划如何应付问题或者应对挑战。智力健康包括思考和在生活经验中学习的能力。在一生中，都要借助思维的能力，其中包括评估健康信息以保证个人健康的能力。

环境健康　我们生活在物理和社会的环境中，环境能影响健康的各个方面。环境健康指的是周围环境对个人健康的影响，体育公共服务是这方面必不可少的重要因素。环境健康意味着通过防护空气、水和土壤污染，以及使用的产品所带来的对健康的危险，保护自己，同时要为保护环境本身而努力。

②整体健康认识的误区及影响健康行为的因素

很多人以为没有病就是健康，实际上正如疾病的严重程度各不相同，健康的水平也各有差异。疾病状态与健康状态模式构成了一个如图 3-6 所示的连续统一体，图中还显示了治疗模式与健康模式的关系。从示意图的中间向左进展，表示健康状况的逐步恶化，从中间向右发展，表示身心健康水平的提高。治疗模式（化学药物、草药、外科手术、心理治疗、针灸等）只能使人达到中性状态，即疾病的症状得到缓解。健康模式则贯穿整个疾病、健康连续统一体，可以帮助你达到更完满的健康水平。健康模式并不能取代治疗模式，而是与之相辅相成。如果得了病，治疗是重要的，但不要在中性状态上止步不前，应当按照健康模式，努力达到高水平的完满健康。虽然必要时可以寻求外界人力物力的帮助，但只有个人才能够实施自己的健康模式。健康不是静止的，高水平的健康需要你对自己身体的悉心呵护，建设性地运用你的思维，有效地表达你的情绪，与周围的人打成一片，富于创新精神，以及关心你的躯体、心理和精神的环境。

影响健康行为包括是否经常锻炼、膳食营养平衡、有症状时及时就医、积极治愈疾病和恢复健康。如果想对一项影响健康的行为做出改变首先要认识到，改变并不容易。在想改掉不健康的坏习惯的人群中，40%~80%的人在 6 周内又走上了老路。为了做出持久的有益的改变，应当先了解影响健康行为塑造的三种因素：前置因素、启动因素和强化因素（图 3–7）[①]。

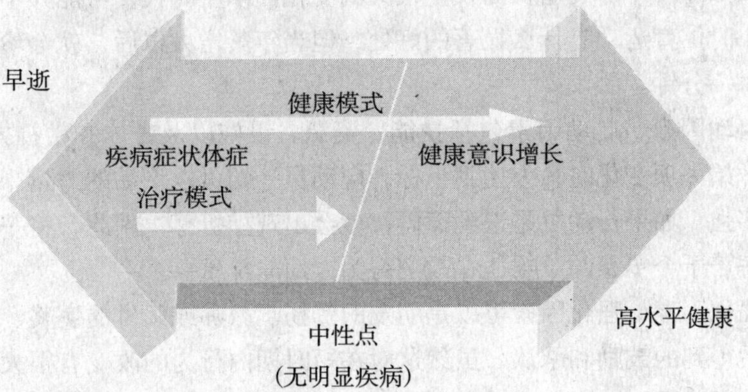

图 3–6　健康—疾病状态模式

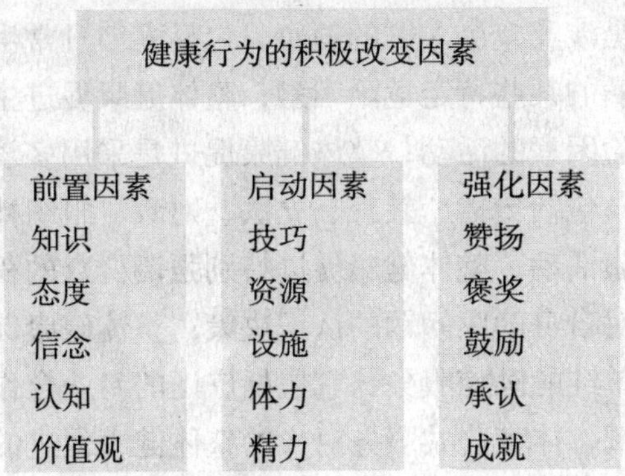

图 3–7　塑造积极健康行为的因素

前置因素　前置因素包括知识、态度、信仰、认知和价值观。但是，知识并不足以使大多数人改变其行为。例如，人们完全清楚吸烟的恶果，但常常一如既往地喷云吐雾。不管是喜欢或是不喜欢的态度都不足以改变行为。一个人可能不喜欢香烟的气味，但仍然吸烟。信念的力量比知识和态度更强大，人们对健康的重视程度对于改变行为有着重要作用。很多人认为自己健康而不关心自己的健康。如果人们能明白健康对生活的其他方面也有帮助的话，就会促使

①樊炳有. 对整体健康内涵及其促进理论的探究［J］. 四川体育科学，2001，（94）2：55–59.

不良行为的改变，并能持之以恒。认知是人们从自己的独特角度对事物的看法。认知随着年龄的增长而发生很大的变化。学生时代，可能并不认为多进行几个小时体育运动有什么显著的好处，但当年龄增大以后，就会珍视生命所增加的每一分钟。

启动因素　启动因素包括技能、资源、设施以及身体和精神方面的能力。当你开始一项变化时，为达到目标，应动员一切可以调动的力量。不管你的动机有多强，如果行动总是遇到障碍，就会出现挫折感。因此，将一项任务或目标分解若干个步骤的策略，在改变行为方面非常重要。

强化因素　强化因素可以是朋友的赞扬、教师或父母的褒奖、或者是达到目标后得到的鼓励和承认。虽然这对在短时期内行为的改变有很大的帮助，但是持久的改变并不依赖外界因素，而要靠内心的决心和成就感。为了有所改变，强化必须来自内心。

③体育公共服务与人的整体健康促进

整体健康促进是涉及整个人群的健康，包括人们日常生活的各个方面，而不是仅限于造成疾病的某些特定危险因素；整体健康促进主要是直接作用于影响健康的病因或危险因素的活动；整体健康促进是采用多学科、多手段的综合方法促进群体健康，包括传播、教育、立法、财政、组织社会开发及当地群众自发性参与维护健康活动；整体健康促进特别强调群众的积极参与，要求进一步启发个体和群体对自身健康问题的认识决策；整体健康促进主要作用于卫生和社会领域，而非单纯的医疗服务，它包括广泛的专业合作。体育公共服务是公众参与的重要领域，体育公共服务对人的整体健康促进的意义不言而喻。

整体健康促进概念涉及广泛内容，实质内涵主要包括健康教育及其能促使行为与环境有益于健康改变的一切支持系统，其中环境包括社会的、政治的、经济的和自然的环境。整体健康促进的目的在于促使个体、家庭、社会各自的健康潜能，其中包括培养有利于健康的生活方式和行为，促进社会的、经济的、环境的、以及个人有利于健康因素的发展。整体健康促进的发展不仅取决于个人行为，家庭与社会对个人行为的选择和干扰也起到重要作用，社会与经济政策也是如此。同时也强调非卫生部门的积极参与对促进健康发展的作用。

第四章　体育公共服务发展理念及目标

严格意义上讲的体育公共服务，是指向全国各地的居民提供在使用价值形态上大体相同水平的基本公共服务之一。当前此目标距离我国现实情况还比较遥远，是不可能一蹴而就的。体育公共服务的不同发展阶段，对政府责任的具体边界需要做合理的动态掌握，按照一个正确的大方向，循序渐进，既尽力而为，又量力而行，才能取得意愿方向上的较好效果。科学的发展理念和目标，有助于体育公共服务的良性发展，因此制定合理的发展理念及目标就显得尤为重要。

理念是指独立存在于事物与人心之外的一般概念，它是事物的原型，事物不过是理念的不完善的“摹本”或“影子”。事物之所以存在，是因为他们“分有”了理念，理念是永恒不变的、绝对的，是唯一真实的存在[①]。理念本质特征首先是事物的共相。理念是通过对事物的抽象而形成的普遍共相，亦即事物的类概念或本质。其次，理念是事物存在的根据。个别事物是由于分有了理念而成为这一事物的，离开了理念就没有事物。再次，理念是事物摹仿的模型。理念是事物之完满的模型，事物则是理念的不完满的摹本，事物是因为摹仿了它的理念而成其为事物的。最后，理念是事物追求的目的。理念是事物的本质，事物存在的目标就是实现它的本质，从而成为完满的存在。

目标是个人、部门或整个组织所期望的成果。在现实生活中，任何组织的任何一项改革都需要在认清改革规律的基础上明确发展目标，用以设计改革的方案，引导并协调组织成员的改革行为，从而使各项改革朝向目标而努力。我国体育公共服务的发展，也需要确立适宜的发展理念和发展目标。

①撒穆尔·伊诺克·斯通普夫，詹姆斯·菲泽. 西方哲学史：从苏格拉底到萨特及其后［M］修订8版. 匡宏，邓晓芒，等. 译. 北京，世界图书出版公司，2008，12.

一、体育公共服务理念的演变过程

（一）体育为人民服务，彰显公共服务理念

从新中国成立起，党和国家始终把普及群众性体育活动、改善和提高全民族的健康水平、增强人民的体质作为我国体育事业发展的基本国策。1949年9月，新中国成立的前夕，中国人民政治协商会议在《共同纲领》中明确提出要“提倡国民体育”。新中国成立后26天，即1949年10月27日，朱德总司令在中华体育总会筹备委员会第一次全体会议上就提出了“体育一定要为人民服务”的思想。1952年6月10日，毛泽东同志为中华全国体育总会题词：“发展体育运动，增强人民体质。”这个题词成为我国开展体育运动的根本任务所在。1953年，毛泽东同志在中共中央讨论体育工作时指出：“体育是关系6亿人民健康的大事。”1954年1月8日，中共中央在批转中央体委关于加强人民群众体育运动的报告中明确指出“改善人民的健康状况，增强人民体质，是党的一项重要政治任务”。1954年政务院颁发了“在每天上午和下午的工作时间中各抽出10分钟做广播体操”的通知。

由于新中国一成立，党和国家就把群众体育纳入了国民经济发展计划中，使我国群众体育进入了一个快速发展时期，特别是到了1956年团中央发出了《创新纪录的群众体育竞赛活动的通知》。随着中央体委颁发了《劳卫制》，举国上下掀起了锻炼身体，达标创纪录的热潮，经过短短的10年努力，我国人民群众的体质普遍增强，人均寿命大大增加，到了1959年，人均寿命达到了55岁，比解放前的35岁增加了20岁。毛泽东同志关于“发展体育运动，增强人民体质”的题词，不到10年就产生了效应，结出了丰硕的成果[①]。从20世纪50年代末开始的“反右”“大跃进”到3年自然灾害期间，我国群众体育事业的发展遭受了挫折，特别是1966年开始的“文化大革命”，使我国群众体育事业的发展陷入了低谷。

这一时期发展历程表明，群众体育的发展不是孤立的，它始终受到社会的政治、经济、文化、体育政策以及其他体育形态的深刻影响，发展群众体育必

①琚柏林. 半个世纪的历程——新中国群众体育发展回顾［J］. 中国群众体育，1999（10）：4-6.

须从国情出发，遵循客观规律。“体育一定要为人民服务”的思想，是当今体育公共服务在我国产生的萌芽，也应该贯彻到当今体育公共服务的实践之中。

（二）普及与提高相结合，体现把人民群众利益放在第一位的公共服务理念

改革开放后我国群众体育的发展随着“文革”的终结，和其他各行各业一样恢复了活力，逐渐焕发生机。1978 年 5 月 12 日，国务院批转国家体委 1978 年全国体育工作会议纪要中指出：“坚持普及与提高相结合的方针，进一步广泛开展群众体育运动，重点抓好关系两亿青少年健康成长的学校体育工作，积极地有步骤地开展军事体育，大力加强专业和业余训练，增强人民体质，迅速赶超世界先进水平，以迎接经济、文化建设的新高潮，适应四个现代化的需要。……发展体育运动，是增强人民体质，振奋革命精神，进行共产主义教育，增进与世界各国人民团结友谊的重要手段，是一项重要的政治任务。各地应加强对体育工作的领导，列入议事日程，一年抓几次，努力把体育工作抓好。”党和国家对体育事业的关心和支持成为我国群众体育事业迅速发展的动力。从此以后，学校体育逐步走向规范、制度化的道路，职工体育也随着 1979 年第 2 届全国工人运动会的召开掀起了热潮。

在这次运动会的推动下，全国经常参加体育锻炼的工人增加到 4000 万人，成为改革开放初期我国群众体育的主力军。与此同时，农村体育也有所突破，从 1985 年起，在全国范围内开展的争创体育先进县活动，把农村体育的发展落到了实处，极大地调动了基层工作的积极性，使农村体育设施建设有了长足的进步。1989 年中国农民体育协会成立，使全国 9 亿农民兄弟有了自己的体育组织。1988 年首届全国农民运动会的召开，对农村群众体育的发展起到了推波助澜的作用，农民群众参加体育活动的人数急剧增加，出现了良好的发展势头①。在整个 20 世纪 80 年代这一段时间里，国家体育事业发展的总体思路是普及与提高相结合，重点是抓提高，也就是要优先发展竞技体育运动。随着经济体制改革的深入和人民群众生活水平的提高，人们参与体育的意识不断增强，这时候，竞技体育与群众体育同步协调发展的战略方针逐渐浮出水面。国家体委积极筹划全民健身计划，并于 1991 年起对全国各地群众体育工作进行

①陈立农. 改革开放后我国体育事业发展历程回眸［J］. 湖北体育科技，2001（4）.

评估，使全国群众体育工作逐步走上科学发展的轨道。

1993 年 12 月，作为我国第一个事关广大社会体育工作者权益的法规制度《社会体育指导员技术等级制度》正式颁布，自此，社会体育工作者这支“业余”队伍的建设被纳入规范化、制度化发展的轨道。这一举措填补了我国群众体育人员管理的空白，使社区体育迅速崛起。

1995 年 3 月 15 日，当时的国务院总理李鹏同志在第八届全国人民代表大会第三次会议上所作的政府工作报告有关体育事业发展的论述中指出：“体育工作要坚持群众体育与竞技体育协调发展的方针，把发展群众体育，推行全民健身计划，普遍增强国民体质作为重点。”这是党和国家第一次在政府工作报告中把群众体育的发展作为重点，标志着我国群众体育的全面振兴已经开始。

1995 年 4 月 25 日，国家体委下达了《关于公共体育场馆向群众开放的通知》，提出体育场馆原则上免费向群众开放，体育场馆设施也可实行有偿服务①。在群众体育活动的经营方面，一改过去国家单一拨款的形式，鼓励社会多元投资，实行股份制和有限责任制等多种形式，加快了群众体育设施和娱乐场所建设以及体育人才的培养，满足了大众多层次健身娱乐的需要。

1995 年 6 月 20 日，《全民健身计划纲要》正式启动。这一举措表明了增强 12 亿多人民的体质，已成为我国体育事业发展的根本宗旨。为了切实落实全民健身计划，向广大群众提供科学、简便有效的体育健身方法，国家体委从 1996 年开始在全国征集体育健身方法的工作，共征集各类民间功法和传统锻炼项目 3000 余种，精选其中 200 余种分 4 卷隆重推出。作为进一步推动城市体育快速发展的一项新举措，体育先进社区评定工作于 1998 年在全国全面推出。

《全民健身计划纲要》的出台，竞技体育与全民健身协调发展战略思想的形成，标志着国家把体育工作重心逐渐转移到关注全体中国人的健康上来。群众体育不再受行业的限制，非公有制经济的积极介入，大大推动了群众体育的发展，以生活区域为单位的社区体育格局开始形成，各种福利型或盈利型的体育俱乐部如雨后春笋般建立起来，实现体育与经济的真正契合。

1998 年 8 月，历时一年半的《中国群众体育现状调查与研究》圆满完成，它是我国体育系统首次全国性的社会调查，也是迄今为止在体育领域层次最

---

①国家体委. 关于公共体育场馆向群众开放的通知 [M]. // 中国体育年鉴. 北京：中国体育年鉴社. 1996.

高、规模最大的一次调查。调查显示，我国体育人口占全国总人口的31.4%，高于发展中国家的平均水平①。我国群众体育向“生活化、普遍化、社会化、科学化、事业化、法制化”为改革目标的“六化六转变”方向逐步深入。随着体育市场的迅速繁荣和成熟，健身休闲市场、彩票市场、人才交流市场、信息市场等使我国群众体育成为一种新的产业，并且具有“公益性”和“经营性”的双重特点，具备了自我完善和自我更新的运行机制，使我国群众体育的发展迈上了新的台阶。在大规模调查研究基础上，修改了《中国体育锻炼标准》、制定出《中国学生体质综合评价标准》《中国成年人体质测定标准》，并建立国家、省、地市监测中心及监测点四级监测网络。

在20世纪80年代这一段时间里，国家体育事业发展的总体思路是普及与提高相结合，重点是抓提高，也就是要优先发展竞技体育运动。随着经济体制改革的深入和人民群众生活水平的提高，人们参与体育的意识不断增强，竞技体育与群众体育同步协调发展的战略方针逐渐浮出水面。使全国群众体育工作逐步走上科学发展的轨道，体现了公共服务追求的理念，把人民群众的利益放在第一位。

社会必须是一个统一的整体而不是原子式的个体的聚合，社会作为一个有机体，必然有着某些共同的利益要求、公共生活的场所和公共生活的秩序。这些东西是无论个体还是某个集团都无法提供，正是社会本身的这种缺陷才导致了政府存在的必然性②。

公共利益是全体公民都可以共享的利益，具有可以为社会所有成员共同分享的特性。公共利益从层次上可以分为全人类共同利益、国家利益、政府利益、地区利益不同层次的利益要求，但是公共利益与个人利益和集团利益相比，它所代表的是大多数人的利益要求，是多数人的福利的体现。我国综合实力的增强离不开国民素质的增强，国民整体素质的提高离不开国民身体素质的提高，全面建设小康社会离不开广大群众身体的健康。人民群众的健康问题，就是人民群众的最大利益，保证和提高广大人民群众的健康水平和体能素质，始终是体育工作的立足点和归宿。关注广大人民的健康问题，就是关注人民群众利益的最好体现。

①中国群众体育现状调查课题组. 中国群众体育现状调查与研究［M］. 北京：北京体育大学出版社，1998.

②谢金林. 公共利益：公共政策伦理精神的核心［J］. 云南财贸学院学报：社会科学版，2007（6）.

（三）公共服务作为政府工作职能，体现服务而不是掌舵的理念

政府职能是政府在一定的时期内，根据国家和社会发展的需要，依法对国家和社会公共事务管理的职责和功能，它反映了国家行政管理活动的实质与方向。我国2003年10月召开的中共十六届三中全会首次明确提出将提供公共服务作为政府职能之一，温家宝总理在十届人大二次会议的政府工作报告中强调："各级政府要全面履行职能，在继续加强经济调节和市场监管的同时，更加注重履行社会管理和公共服务职能。"这个概念的提出，标志着我国行政改革的进一步深化和政府管理发展中一个重要转折的来临。

在《中共中央关于完善社会主义市场经济体制若干问题的决定》中，政府主要职能被概括为"经济调节、市场监管、社会管理和公共服务"四个方面。"公共服务"作为其中之一，职能范围与其他三个方面有所区别和侧重。这就是说，作为政府职能的"公共服务"应当从微观和具体的层面来把握①。

近年来，我国政府体育机构改革取得了较大进展，但在改革的深度和广度方面仍需加强。如北京体育大学黄亚玲博士曾指出，计划经济条件下，中国体育政府部门拥有"无限权力"，承担着从宏观到微观几乎全部的体育事务，这是体育政府部门机构膨胀的原因。改革开放以来，体育政府部门几经改革，但都是在国家体委旧的权力格局和管理体制的基础上进行，总体上只是简单的裁并，没有从根本上触及体育政府机构与社会组织这一权力关系的神经。且当前并没有发挥体育社团应有的作用。我国著名经济学家胡鞍钢也曾指出：政府的（体育）职能就是提供体育领域的公共物品，在未来的几年中，体育管理部门要重新思考和定位，不是抓几个项目，出几块金牌，而是通过政府的作用来繁荣体育市场，刺激广大人民的体育健身消费。因此，在市场经济条件下，政府不能再简单地统管包办，而是针对体育的特性有区别地对待②。

《2001—2010年体育改革与发展纲要》明确提出了中国深化体育体制改革的目标："进一步明确政府和社会的事权划分，实现政事分开，管办分离，把不应由政府行使的职能和社会能够办的事逐步转移给事业单位、社会团体和社

①马庆钰．公共服务的几个基本理论问题［J］．中共中央党校学报，2005（1）：59．

②白晋湘．从全能政府到有限政府——市场经济条件下政府体育职能转变的思考［J］．体育科学，2006（5）．

会中介组织。体育行政部门要把工作重点转移到贯彻国家体育方针，研究体育事业发展规划，制定体育行业政策，加强管理和提供服务上来。强化体育行政部门的宏观调控、社会行政和行业管理职能。”在具体的政府体育职能定位上要处理好几个关系，包括政府与市场的关系、政府与运动协会的关系、政府与中华全国体育总会等社会体育组织的关系等。

实践表明，现代政府体育职能及其角色的改变，主要体现在政府对社会体育公共服务管理职能的转变。在当前社会体制转型过程中，市场经济要求现代政府在性质上从政治权力的统治者转变为社会公共事务的管理者；而在政府职能的结构上，则要求它从维护政治统治转向全面履行社会公共管理的职能。政府最核心的内容就是为公众服务，这一核心内容的合理、合法是由我国的国家性质决定的。

二、体育公共服务发展理念确立的依据

（一）科学发展观理论

科学发展观提出后之所以得到社会和学界的热烈拥护和高度评价，首先是因为有“以人为本”的理念。胡锦涛同志曾经对“以人为本”的内涵作过精辟阐释：坚持以人为本，就是要以实现人的全面发展为目标，从人民群众的根本利益出发谋发展、促发展，不断满足人民群众日益增长的物质文化需要，切实保障人民群众的经济、政治和文化权益，让发展的成果惠及全体人民①。依据这个阐释来理解“核心是以人为本”，其至少包括三层含义：一是“以人为本”成为科学发展观的核心目标。落实科学发展观、实现科学发展的根本目的是不断满足人民群众日益增长的物质和文化需要，促进人的全面发展。实现人的全面发展是马克思主义关于建设社会主义新社会的本质要求，也是科学发展观终极的、核心的目标。这个目标的实现是一个漫长而艰巨的过程，在这个过程中要始终不渝地坚持以人为本的科学发展观，不断为实现人的全面发展创造条件。二是“以人为本”构成科学发展观的核心内容。科学发展观内涵丰富，核

①胡锦涛. 高举中国特色社会主义伟大旗帜，为夺取全面建设小康社会新胜利而奋斗［R］. 中国共产党第十七次全国代表大会报告，2007-10-15.

心内容是以人为本，也就是把实现、维护、发展最广大人民的根本利益作为谋求发展的出发点和落脚点，努力解决人民最关心、最直接、最现实的利益问题，使发展成果更多体现到改善民生上。这个核心内容影响和制约着科学发展观中的其他内容，其他内容都是围绕这个核心内容来展开的。三是“以人为本”体现科学发展观的核心价值。我们党之所以要提出和贯彻落实科学发展观，就是要实现发展为了人民，发展依靠人民，发展的成果由人民共享，也就是要把党的全心全意为人民服务的根本宗旨体现到发展当中去。离开以人为本的“发展”，不是我们所需要的发展。

还应当指出的是，科学发展观还实现了由以社会为本的发展观到以人为本的发展观的转变。所谓社会发展，主要指社会经济、政治、文化的发展；人的发展则指人的知识、能力、素质等的发展。这两者既是统一的，又是相矛盾的，是对立的统一。一方面，社会的发展为人的发展提供环境和条件；另一方面，人是社会的细胞，社会是人的社会，没有人的发展也就没有社会的发展。根据上述观点，人的发展比社会的发展更具根本意义，因为人的发展是社会发展的终极目的，人的发展状况决定着社会发展状况。党和国家的发展观开始实现由以社会为本到以人为本的转变。这个转变，以实现人的全面发展为目标，把最广大人民的根本利益作为党和国家一切工作的出发点和落脚点，从实现好、维护好、发展好最广大人民的根本利益出发谋发展、促发展，做到发展为了人民、发展依靠人民、发展成果由人民共享。这个把以人为本作为核心的科学发展观，将以往提出的全心全意为人民服务的思想、始终代表中国最广大人民根本利益的思想、培育“四有”新人的思想，以及关于社会主义生产的目的等问题的认识，都提升到一个新的理论高度。坚持“以人为本”的科学发展观、构建社会主义和谐社会理论，既反映了我们党对中国特色社会主义事业发展规律的新思考，也反映了我们党对执政规律、执政能力、执政方略、执政方式的新认识。也为现行体育公共服务发展理念的确立提供了理论依据。

（二）和谐社会建设的价值目标追求

和谐社会的价值理念要通过价值目标设置来具体展现。如果说价值理念属于对和谐社会的概念诠释和意义界定的话，价值目标则属于和谐社会建设的行动主旨和预期效用。构建社会主义和谐社会是当代中国人民的共同需要和共同理想，这一共同需要和理想赋予和规定了和谐社会建设的基本价值目标追求。

和谐社会的价值目标是人们在和谐社会建设过程所要达到的理想目的、所要实现的理想目标以及所要取得的理想效果，它关联国民的价值需要与价值理念，属于和谐社会建设的根本性价值定位与价值归宿。和谐社会所追求的价值目标是一个能够满足人民的现实需要与整体长远利益、体现社会主义现实普惠性与长期先进性的完整体系，其中最主要和基本的包括富裕、文明、公平、协调、民主、自由和幸福诸方面的基本内容和要求①。

社会主义和谐社会作为现实社会形态不仅是一种社会结构和制度安排，而且也是一种价值文化体系，其中包含着深刻的价值理念规定和价值目标追求。和谐社会的主导性价值理念主要应是人本价值理念、科学价值理念、道德价值理念和审美价值理念，而其价值目标则主要由富裕、文明、公平、协调、民主、自由和幸福构成。价值理念和价值目标是和谐社会的精神实质与内在灵魂，对和谐社会建设具有重要的定性定向、理性规范和精神激励作用，要健康持续地推进和谐社会建设必须正确认识和把握其价值理念主导与价值目标追求。

（三）服务行政理念

服务行政理念还包涵三个方面的定位。第一，政府服务过程的责任取向定位。政府服务过程中的责任定位，主要指政府服务过程中的责任控制，这种责任控制有两种：一种是内部控制，一种是外部控制。内部控制虽然重要，但根据权力产生的本性，它来源于社会，又凌驾于社会，成为一种高高在上的统治社会的异己力量，因此必须对其进行制约。而服务行政对权力进行制约的一个重要特色就是在服务行政领域里引入“服务绩效管理”理念。“服务绩效管理”理念的引入具有重要的深刻含义，它改变了传统行政学把研究的重点放在组织机构（尤其是结构和过程）的考量上。传统公共行政比较强调只重视过程、投入，不重视结果，往往导致形式主义、官僚主义，而服务行政则引入服务绩效管理与评估，有助于实现和落实政府的服务责任。第二，政府服务评估以绩效为中心的结果取向定位。传统的行政，人们总是想当然地认为自己是在为人民服务，而对人民的真正的需要和利益往往视而不见。而服务行政则强调工作的实际结果，预算与绩效并重，通过明确的绩效标准奖励成功，并从失败

①王忠武．论和谐社会建设的价值理念主导与价值目标追求［J］．东南大学学报：哲学社会科学版，2008（2）．

的经验教训中继往开来。它以实际的结果为工作重心，建立以结果为导向的管理体制。第三，服务行政决策中的公民参与取向定位。服务行政也是公民决策参与式的行政。“参与式决策模式”认为，更好的政策取决于公民参与而不仅仅是依靠官僚人员或技术专家。同时，“参与式决策模式”还主张“开放式行政”，即政府制定政策的相关信息应该更多地让公众知道，公民如果认为政府服务不佳或制度运作不当，则有权提起申诉。如英国制定的《公民宪章》规定了公民可以对公共行政部门提供的服务进行监督，如果服务没有达到标准，公民可以申诉并得到赔偿。“参与式决策模式”抛弃了精英治国论和技术统治主义的行政原则，保证政府行为沿着“民意”的方向发展①。

服务行政理念主要体现在以下几个方面：从管制行政到服务行政、从权力行政到服务行政、从全能行政到有限行政、从暗箱行政到透明行政、从政府本位到公民本位。服务行政是政府公共部门在运行和发展中遵循“顾客至上”理念、以回应“公民需求”，实现“公民”公益为目标的新型治理模式。服务行政与传统行政最大的区别在于它的服务性、公民本位和社会本位。

（四）价值理论

中国 30 年改革开放的社会主义实践中，逐步形成了以“发展才是硬道理”为核心的价值理念。这个价值理念是社会主义的本质的体现，并具体地表现为以发展为目标的价值理想、以发展为方向的价值导向、以发展为基础的价值规范和以发展为尺度的价值标准②。“发展才是硬道理”的价值理念，不仅仅是把价值理念定位在“发展”上，而且首先是把发展的价值理念定位在人们的创造性的实践活动之中。它所蕴含的一个极为重要的实践意义，在于它承诺“发展”只能是以“非平衡”发展为前提，或者说，只有通过“非平衡”的发展才能实现“全面”的发展。

改革开放 30 年来中国共产党的执政理念的发展始终贯穿着与时俱进的理论品质。因此，中国共产党的执政理念也是中国化的马克思主义的重要内容。同时中国共产党坚持与时俱进地推进执政理念的创新，改革开放 30 年执政理念的发展正是将马克思主义与执政经验相结合不断探索创新的理论成果。

---

①崔运武，高建华.服务行政：理念及其基本内涵［J］. 学术探索，2004（8）.

②孙玉祥. 发展：当代中国的价值理念［J］. 长白学刊，2001（2）.

中国共产党的执政理念具有与时俱进的理论品质。这不仅体现在随着时代的发展增添或扬弃了一些理念之外，还表现在理论上的彻底的革命精神和大无畏的气概，表现在将长远目标和近期目标的结合，充分照顾到实现发展的可能性，注意理论的导向作用，既不降低标准又引导着群众正确认识我国发展所处的历史方位，在动员群众的同时也注意团结群众与党一起奋斗。

三、体育公共服务的发展理念

从公共服务的社会实践来看，它从最初的社会民间和宗教组织零星的自发行动，发展和演化为以政府为主的公共组织系统的自觉行动和法定职能，期间经过了漫长的历史过程。借鉴发展历程所得的经验，体育公共服务设计理念有如下几个方面。

（一）体育公共服务的出发点：以人为本，体现人文关怀

“以人为本”意味着人的全面发展。马克思主义认为，社会发展的动力来源于人自身，社会发展的目的是为了实现人的全面而自由的发展。马克思明确指出，共产主义是以“每个人的全面而自由的发展为基本原则的社会形式”。坚持以人为本，谋求人的全面发展，必须创造有利于人的全面发展的社会环境。

“以人为本”意味着所有人的福祉得到保障。要使所有人成为社会发展成果的支配者与享用者，人人都成为体育公共服务的对象，不因地域、城乡、身份的差别而受到冷落。

“以人为本”意味着人得到最大限度的尊重。人的生存权、生命权、劳动权、自由权、发展权得到最大限度的尊重和保障。

“以人为本”意味着保持人的持久活力。过度的福利是对人的尊严和生命活力的贬损，体育公共服务使人获得体育权利，保持人的持久活力和良好的精神状态、具有较强的凝聚力。人丧失活力意味着社会失去活力，社会活力的枯竭意味着体育公共服务没有了基础。

对于现代政府来说，“以人为本”的本质是“以民为本”——把人民的利益作为政府活动的出发点和落脚点，一切为了人民，一切依靠人民，不断满足人民的多方面需求和促进人的全面发展。“以民为本”的政府应当是无私的政

府、负责任的政府、有效的政府、法治的政府和低成本的政府。

（二）体育公共服务的价值基础：诚信与正义

体育公共服务的价值基础，不能单纯从政治、经济或社会的层面上来看待，还应该从伦理道德和正义、诚信的角度来观察分析体育公共服务。尤其需要了解，能够长久地支撑体育公共服务发展的潜在精神力量或价值基础。

现代社会，既需有以诚信为基本道德修养的公民，更需有以诚信为道德基础的政府。体育行政的诚信是指体育行政对公众在委托契约中赋予的期待和信任的责任感及其回应。如果体育行政不能回应公众的期待和信任，就会产生信任危机，即政府信用问题受到怀疑。

公共服务作为一种旨在保护公民公共利益的平等共享权的社会存在，同样应以正义为其价值基础。正义（Justice）的词根 Jus 来自拉丁语，包含着应得或权利和法度的意思。在西方，正义概念自其发源至今，虽历经诸多变化，但“应得”和“法度”始终是其基本语义①。正义在于应得或权利，实现和维护应得或权利就是实现正义，相反，干涉、破坏他人的应得或权利便是不正义。可见，在消极意义上，不干涉、破坏他人的应得和权利也是维护正义。正义的另一层含义即“法度”，现代公共服务的价值基础必须具备两个方面的功用：一是能够为公共服务制度的合理性与正当性做出论证；二是在此基础上，使其成为公共服务中一条人人尊奉的具有强制性意义的制度准则。正义正是由于具有上述两方面的性质，使其构成了公共服务制度的价值基础。

（三）体育公共服务的追求目标：团结与凝聚

民族能不能团结，社会是否能够凝聚人心，要害在于政府治理理念中有没有以人为本和以民为本以及在这种理念下的公共服务制度和质量。国家必须以具体的实在的行动，让在其中生活的公民获得基本的依靠感、可靠感和安全感。不管因为何种原因，在公民处于生活的困境时，他能够从国家政府所建立的一套制度中获得肯定的必要的帮助，这才是国家凝聚力的来源。民族的团结和社会稳定是任何民族追求的目标，民族凝聚力是指一种特有的凝聚观念形态

①熊玲君. 正义——现代公共服务的价值基础［J］. 中南林业科技大学学报：社会科学版，2007（3）.

蕴藏在民族成员之中，其核心是为国争光的爱国精神。我国体育公共服务渗透体育精神，提供体育精神的巨大魅力，它能够增强民族凝聚力，进而提高人的素质和综合国力。建立在群体性认可基础上的团结一致并进而形成巨大的凝聚力，是一个大国所应具备的国民精神最基本的内核。

（四）体育公共服务的发展动因：以需求促供给

公共服务是伴随着经济发展、社会进步和市场化演进逐步提出来和发展起来的。经济发展激发了公共服务需求的生产，并为之提供了物质基础；社会进步基于对人的自身发展的关注，是公共服务享有逐步被视为一种权利；市场演进为这种需要的满足催生了必要的特定制度安排，同时又伴随着市场机制的进一步发展推动其变革和创新。

经济发展、社会进步和市场化的演进，促进了体育公共产品的发展与繁荣，进而决定了体育公共服务的发展与繁荣。但是，目前我国体育公共服务还不够成熟和规范。从供给方面看，体育公共服务整体规模较小，能够真正进入体育公共服务领域的项目数量还不多。从实践看，体育公共服务消费市场还处于初级阶段，因此消费能力和水平相对较低，消费结构不合理。我国应大力发展体育需求市场和供给市场，因此，深入研究体育公共服务的需求与供给，对我国体育公共服务健康、稳步及可持续发展有重要意义。

（五）体育公共服务发展的均衡点：公平与效率之间的大众共享

大众共享就是要维护和实现文化公平，努力避免和主动解决由于文化问题而引起的人民内部矛盾，切实保障最广大人民的文化权益，使全体人民共享文化成果。保障广大人民群众享有基本的体育公共服务是政府的承诺。但是，我国正处于社会主义初级阶段，我们建设的小康社会只能说是刚刚跨过小康的门槛，是一个偏重于物质消费的小康，侧重点在解决温饱、提高物质文明水平的小康，是一个发展不均衡的小康，政府能够提供的基本体育公共服务只能走低标准、全覆盖之路[①]。关注民生，构建和谐社会，就要坚持把改善人民生活作

①鲍明晓．经济学视野中的群众体育［G］．//国家体育总局政策法规司．群众体育战略研究．北京：北京体育大学出版社，2005.

为正确处理改革发展稳定关系的结合点，从而为体育公共服务发展找到了一个具体的支点。今天的改革，就是要以构建和谐社会要求为标准，加大政府对体育公共产品和服务建设的投入，优先安排和提供与人民群众体育需求相吻合的基础性产品和服务，加快建立覆盖全社会的公共体育服务体系，在公平与效率之间寻求均衡点。

（六）体育公共服务实现的基础：完善的体育公共服务体系

只有建立完善的体育公共服务体系，才能保障公民拥有享受体育公共服务的权利。公民享有体育公共服务的权利的前提与基础，是体育公共服务事业发达，体育公共服务产品充足和服务完善。构建体育公共服务体系的核心目标之一，就是实现为广大人民群众提供数量多、水平高的体育文化产品，不断满足人民群众日益增长的需求。人民群众不仅享受体育公共服务带来的福利，而且还要参与到各项文化活动中去，以获得精神文化的更多满足并促进自身发展。为广大公民提供良好的社会环境和更多的自由空间，这体现了保障公民文化权利的更深层次要求。

四、体育公共服务发展目标

目标是人们通过努力所希望达成的一种状态或者结果。在现实生活中，任何组织的任何一项改革都需要在认清改革规律的基础上明确发展目标，用以设计改革的方案，引导并协调组织成员的改革行为，从而使各项改革资源朝向目标而努力。体育公共服务目标的建立，就是科学发展体育公共服务的理论依据。

（一）体育公共服务发展目标确定的依据

提高全民健康水平是党的十七大确定的全面建设小康社会的奋斗目标，必然成为体育公共服务的基本目标。体育公共服务建设发展目标必须以社会发展目标为依据，以《体育事业“十一五”发展规划》为指导，科学定位，合理构建才能顺利地实施。社会发展目标和体育事业发展目标为体育公共服务目标建设提供了背景和依据，社会发展目标决定了体育公共服务发展目标的基本定位。

党的十五大对本世纪的前50年的目标进行了展望：到2010年，“促使小康生活更加宽裕”；到“建国100周年时，基本实现现代化，建成富强民主文明的社会主义国家”。

党的十六大提出了“我们要在本世纪头20年，集中力量，全面建设惠及十几亿人口的较高水平的小康社会，使经济更加发展、民主更加健全、科教更加进步、文化更加繁荣、社会更加和谐、人民生活更加殷实”。

党的十六届五中全会提出了《中共中央关于制定国民经济和社会发展第十一个五年规划的建议》（以下简称《建议》）。在《建议》中提出了要将我国建设成为“全面小康社会”“和谐社会”“资源节约型、环境友好型社会”“学习型社会”①。

十七大将“围绕人民群众最关心、最直接、最现实的利益问题，进行全面规划，做出战略部署，继续全面推进社会主义经济建设、政治建设、文化建设、社会建设，继续全面推进党的建设新的伟大工程”。

我们清楚地看到：在2000至2020年之间，在“小康社会”和“全面小康社会”之间还要建设一个中间状态的社会——“更加宽裕的小康社会”，这一社会在2010年一定要实现，即在“十一五”完成之时要实现；“全面小康社会”与“和谐社会”是包涵和被包涵的关系。曾培炎同志在《深刻理解〈建议〉的基本思路　全面贯彻落实科学发展观》一文中，把“和谐社会”和“全面小康社会”的关系讲得更加明确：“构建社会主义和谐社会，是全面建设小康社会的重要目标。”②

这就是说，“全面小康社会”是我国社会发展的目标，“和谐社会”是这一目标中的目标，而且是其中很重要、更具体的目标。由此可见，“和谐社会”不仅是“全面小康社会”目标中很重要、更加具体的目标，而且建设“和谐社会”是建设“全面小康社会”的必要条件和保障。社会实践证明，无论是“和谐社会”，还是“小康社会”，都离不开体育事业。促进人的全面发展是科学发展观的基本内容，人的全面发展包括人的身体的全面发展，人的身体的全

①中共中央关于制定国民经济和社会发展第十一个五年规划的建议［M］. 北京：人民出版社，2005.

②曾培炎. 深刻理解《建议》的基本思路 全面贯彻落实科学发展观［G］. // 中共中央关于制定国民经济和社会发展第十一个五年规划的建议（辅导读本）. 北京：人民出版社，2005.

面发展离不开体育。体育公共服务，就是要把增强人的体质，提高人的健康水平，从一种号召变为人们的一种具体的社会实践。

因此，《体育事业“十一五”发展规划》指出，“十一五”时期体育事业发展的总体目标是以举办和参加2008年奥运会为契机，广泛开展群众体育活动，提高竞技运动水平，发展体育事业，不断满足群众日益增长的体育文化需求。以改革促发展，努力提高体育工作的整体水平，实现体育事业全面、协调、可持续发展。在全民体育方面提出，要在“十一五”期间基本建成具有中国特色的全民健身体系，提高群众的健康素质，在全社会营造浓厚的健身氛围。加强城乡社区体育设施建设，除继续实施“全民健身路径工程”“雪炭工程”外，还将重点实施农民体育健身工程，争取到2010年全国有1/6的行政村建有符合规划标准的公共体育场地设施。

（二）制定体育公共服务发展目标基本原则

1. 公平享有

人人享有基本体育公共服务，这是核心所在，政府部门应首先明确这一点，并采取措施，提高公平享有的体育公共服务水平。一是扩大覆盖面，提高居民参与率；二是提供场地设施，以就近、方便的原则，尽可能满足需要；三是建立活动站点，提供基层体育活动场所；四是增加公共财政投入，尽可能保障体育公共服务的支出。

2. 满足不同层次的需求

由于经济社会发展不平衡，体育公共服务需求在不同经济实力人群、不同地区发展不平衡的状况必将长期存在。为满足不同层次的体育服务需求，应采取积极的扶持政策。基本政策应是提供基本体育公共服务产品，保障基本体育需求，激活多层次体育健身市场。提供基本公共体育服务产品，属全社会体育公共类服务，如建设公共体育场馆、开放公共体育场地等，这类体育服务政府应给予拨款，维护体育公共服务；保障基本体育需求，根据社会经济发展财政支付能力，界定体育公共服务范围，建立较为系统的基本体育公共服务提供体系，保障基本体育公共服务体系的正常运转，为居民提供基本体育健身服务；激活多层次体育健身市场，鼓励多种形式、多层次办体育，以满足不同层次的健身需求。

3. 加强政府宏观调控

体育公共服务必须是政府主导，是服务政府、责任政府、法治政府的职责所在。一是体育公共服务是民生工程，人人享有基本体育公共服务是必须面对的问题；二是体育公共服务资源不对称，城乡二元结构在体育内部以特殊的形式存在，而且短期内难以消除；三是公共场地设施向社会开放不够；四是体育公共服务质量有待提高。正因为体育公共服务的特殊性，政府必须加强监管。这样，政府应充当体育公共服务的采购者，基本体育公共服务的资助者，多层次体育健身市场的监管者。

体育公共服务的采购者是指政府在体育公共设施、公共场地开放等方面的公益性体育服务，惠及全社会，又无法确定具体消费，应由政府出资，支付相关费用，可向社会相关体育机构购买服务或者直接由政府承办解决体育公共服务。

基本体育公共服务的资助者是指政府在力所能及的条件下，对基本体育公共服务项目采取补贴的形式，使基本体育公共服务以较低廉的价格供给公民，对全社会弱势群体提供基本体育公共服务援助。

多层次体育健身市场的监管者是指政府对体育健身市场，以满足不同层次体育需求为目标，对体育健身市场实行合理规划、制定准入标准、监控服务质量、保持有序竞争的监管能力。随着人民生活水平明显地提高和体育公共服务需求的增加，以科学发展观为指导，与时俱进，深化改革，提高体育公共服务水平。

4. 完善体育公共服务体制

体育公共服务具有城乡一体化的体育公共产品供给制度，形成多元化的体育公共产品供给模式和机制。从根本上改变公共产品城乡二元供给制度，建立城乡统筹的体育公共服务供给制度。根据公共产品的类别、层次，合理界定各级政府提供体育公共产品的责任范围，做到事权和财权的对等。财政支出必须坚持以人为本，把更多财政资金投向体育公共服务领域，尤其要确保新增财力主要投向社会事业发展的薄弱环节，投向农村地区。构建多元化的体育公共产品供给机制，引入民间资本，动员社会各方力量，形成以公共财政为主体、社会各方共同参与的体育公共产品供给机制。

（三）我国体育公共服务发展的总体目标

体育公共服务总体目标是：以满足社会成员的基本体育需要为目的，着眼于提高居民身体素质和生活质量，既给居民提供基本的体育文化享受，也提供并保障社会生存与发展所必需的体育环境与条件的体育公共产品和服务。

建立完善科学的体育公共服务管理体系，包括公共政策决策机构、机制：高效的体育公共服务提供主体，包括政府行政部门和主要由公共财政提供经费的公益性体育服务机构；合理的公共财政、土地、城市空间、人力资源等体育公共资源配置；提供种类齐全、服务质量稳定，能满足不同社会群体基本体育需求的体育公共产品和服务；科学的体育公共服务绩效评估制度。

要实现这个总目标，必须做到：围绕一个宗旨（体育为大众服务），提供两种保障（体育设施环境系统、体育公共服务融资系统），制定三步战略（短期、中期、长期），做好四个协调（纵向和横向之间的协调、地区之间协调、城乡之间协调、不同利益群体之间协调）。具体来说：

坚持体育为人民服务，为社会主义现代化建设服务的方针，开展全民健身活动，增强人民体质，是体育工作的根本任务，是功在当代、利在千秋的事业。把“在运动中寻找健康，在健康中获得快乐”作为追求的目标，使“参与、健身、娱乐”的大众体育理念深入到百姓心中。

健身设施提供采取多元化方式，以体育彩票公益金作为引导资金，各级政府及社会力量共同投资的方式，配建室内外相结合的体育健身设施，使全民健身设施建设的投资渠道由体育彩票公益金投入逐步转为企业投入。

应根据国民经济和社会发展水平、人口结构、环境条件，配置公共文化体育设施的数量、种类、规模、布局以及文化体育事业发展的需要，统筹兼顾，优化配置，并符合国家关于城乡公共文化体育设施用地定额指标的规定。

采取结合型体育公共服务融资模式。结合型融资模式是强调政府对体育公共服务的投入，其他活动经费来源由体育部门自行筹集，必要时政府从法令制度上给予支持。资金筹集过程中居民的积极参与，有利于大众体育活动的开展，增加了民众参与体育活动的机会和权利。

成熟的体育公共服务状态，表现为不同区域之间、城乡之间、居民个人之间享受的基本体育公共服务水平一致。当前我国体育公共服务程度还很低，因此，应首先将工作重点定位于实现区域体育公共服务进程，同时加快城乡公共服务均等化、兼及居民体育公共服务均等化。

（四）我国体育公共服务发展的阶段目标

根据党的十七大政府报告的基本精神，提高全民健身水平，完善体育公共服务体系，是体育公共服务的两大根本问题。在借鉴国外政府公共服务职能的经验教训基础上，我们要进行全面、辩证、系统地分析我国体育公共服务阶段目标的确立。第一，谨防确立目标完全依靠政府过度提供社会福利方式的思路，而在一定程度上影响经济发展的教训；第二，谨防国外政府忽视公共服务职能而严重影响经济社会发展的深刻教训。在研究和吸收国外政府公共服务职能的基础上，结合我国经济发展的具体阶段、经济增长的不同形态和社会发展的不同结构进行客观的分析。按照国际惯例，以人均 GDP 发展水平确定公共服务的发展目标。即人均 GDP 处于 1000 美元、4000 美元、8000 美元以上这几个经济增长的特殊时期，经济结构、收入结构、技术结构、社会结构会处于不同的发展水平，增长的水平和运行方式会体现出截然不同的特点[①]。

从我国的国情来看，体育公共服务要经历不同的阶段，在每个阶段上，其具体重点、目标及表现是不同的。本文分为三个发展不同时期、四个发展阶段阐述体育公共服务发展目标（表 4-1）。

1. 体育公共服务近期发展目标

体育公共服务的近期发展目标，主要是针对一个时期的突出问题，需要集中力量解决体育公共服务供需矛盾集中的问题、体育公共服务的热点和难点问题而言。我国目前人均 GDP 已进入超过 3000 美元的时期。国际经验告诉我们，这一阶段公共需求会快速扩张，呈现出增长迅速、主体多元化、结构复杂化、需求多样化的特点。在加快工业化的进程中，人民群众对物质文化的需求不断提高，但是，由于公共财政体制尚未最终建立，公共支出机构还不合理，这导致政府提供公共产品和公共服务的能力较弱，具体表现为公共服务覆盖面低，公共服务投入不足等问题。这一时期的主要特点是建立全面覆盖的、完整的社会保障制度和公共服务制度。体育公共服务发展目标是：体育公共服务以政府投入为主，逐步向多主体、多中心、社会化投入的过渡阶段。体育公共服务这一阶段发展目标更侧重于区域体育公共服务建设与发展，与经济发展特区建设模式类似，部分地区优先发展；主要表现为区域内、区域间的体育公共服务水平的差距明显缩小。

①唐铁汉. 中国公共管理的重大理论与实践创新［M］. 北京：北京大学出版社，2007.

表 4–1　我国体育公共服务目标体系

	目标层	领域层	阶段层	指标层	参与层
体育公共服务发展目标	近期发展目标	体育公共服务区域化发展：区域内自主创新阶段，主要表现为区域内、区域间的体育公共服务水平的差距明显缩小	第一阶段 体育公共服务发展方向和核心价值定位	1. 建立全面覆盖的、完整的社会保障制度和公共服务制度 2. 政府在体育公共服务供给中起主导、引导和协调、监督作用 3. 充分认识体育公共服务在经济、社会发展中的作用 4. 体育公共服务既是经济增长的产物、也是社会生活反思与文明变迁的产物 5. 体育公共服务是衡量社会发展水平、层次与阶段的基本标准	决策层、领导层和负责体育公共服务部门；地方体育公共服务管理部门
			第二阶段 制定体育公共服务的发展模式；服务模式；体育公共服务系统构建；体育公共服务政策	1. 体育公共服务模式与社会经济、历史传统有关 2. 体育公共服务结构决定体育公共服务资源的主要投向 3. 体育公共服务政策决定发展的价值目标的判断与发展方向的选择	
	中期发展目标	体育公共服务目标会更多地侧重于城乡体育公共服务差距缩小，主要表现为不仅在区域内，而且在各区域城乡之间的体育公共服务水平接近	第三阶段 体育公共服务体制与机制建立	1. 体育公共服务制度建设、设施建设和服务体系建设基本完备 2. 体育公共服务和体育公共物品政府投入与多主体、多中心社会化并存 3. 体育公共服务体制将逐步实现分权化、市场化、从单中心到多中心 4. 体育公共服务逐步采用的竞争机制、委托代理机制、公平机制	决策层、领导层和负责体育公共服务部门；地方体育公共服务管理部门、非政府组织

（续表）

	目标层	领域层	阶段层	指标层	参与层
体育公共服务发展目标	远期发展目标	实现全民体育公共服务均等化，主要表现为区域之间、城乡之间、居民个人之间的体育公共服务基本形成均等状态	第四阶段 体育公共服务法律完善；体育公共服务供给管理与市场化；体育公共服务监督管理	1.体育公共服务规范、运行、监管等一系列法律法规制定与完善 2.建立广覆盖、兼顾公平与效率的公共服务消费模式，多元化、社会化的公共服务供给模式 3.政府宏观调控的多元化与社会化格局，整个社会形成一种“多中心治理”的体育公共服务模式 4.政府主要控制提供公共服务的数量、提高公共服务的质量，公共服务模式和公共服务制度基本完备	决策层、领导层和负责体育公共服务部门；地方体育公共服务管理部门、非政府组织、居民

2. 体育公共服务中期发展目标

人均GDP向4000美元迈进的阶段，是社会经济增长阶段，是以公共服务为基础平台、经济与社会协调发展阶段，也是经济发展与经济增长最快的阶段。这一阶段政府全面、系统完善公共服务职能，强化公共服务基础设施建设，适度控制社会福利的增长水平。这一阶段体育公共服务制度建设、设施建设和服务体系建设基本完备，体育公共服务和体育公共物品政府投入与多主体、多中心与社会化并存，这一时期的体育公共服务目标会更多地侧重于城乡体育公共服务差距缩小，主要表现为不仅在区域内，而且在各区域城乡之间的体育公共服务水平接近。

3. 体育公共服务远期发展目标

确立发展战略，是一个国家、一项事业发展的基本定位、长远目标、资源配置、利益格局以及控制与平衡等重大问题。我国发展远景是人均GDP超过4000美元以上，开始进入高收入国家行列的阶段，是以提高生活质量为主要的发展阶段。这一阶段主要控制提供公共服务的数量、提高公共服务的质量，公共服务模式和公共服务制度基本完备。建立广覆盖、兼顾公平与效率的公共服务消费模式，多元化、社会化的公共服务供给模式。体育公共服务为提高生活质量的主要服务内容之一，广泛调动社会各界和各方面力量参与提供集体产品和体育公共服务产品的积极性，形成政府宏观调控的多元化与社会化格局，整个社会形成一种“多中心治理”的体育公共服务模式。远期体育公共服务目标是实现全民体育公共服务均等化，主要表现为区域之间、城乡之间、居民个人之间的体育公共服务基本形成均等状态。

五、实现体育公共服务发展目标的基本保障

（一）建立体育公共服务目标实践的监测系统

1. 体育公共服务的满意度监测

新公共管理运动中出台的美国国家绩效评审报告就具有这样一个目标：

“为顾客提供与企业的最佳服务相同的服务。”西方国家再造政府的改革过程中，政府极力试图按照受顾客驱使的方式进行运作，从而实现对顾客需要的满足[①]。政府自身制定了一系列最低的服务标准，并努力加以实现；当实际上没有达到标准时，政府甚至会给予当事人以补偿。针对体育公共服务，其提高顾客满意度的途径是：第一，从管理层面，不断提高体育公共服务产品的品质及降低公众获得的服务成本和增加体育公共服务的种类，强化服务提供的便捷性。第二，从价值层面，转换传统观念的束缚，从“政府本位”变为“公民本位”，树立“以民为本”“执政为民”的新时期行政价值观，使政府部门及其工作人员明确自己的服务对象，形成现代政府所应具备的“顾客意识”。第三，从制度层面，公布政府体育公共服务的流程、标准、效果，减少公众与政府之间信息不对称，从而建立以公众“满意度”为导向的一整套政府绩效评估体系，其主要包括政府目标责任制、公众评议政府制、公共服务承诺制、效能监察制等。

2. 体育公共服务的公共性监测

公共性即政府体育公共服务提供过程中的公共责任指向，意味着政府与公民之间横向的平等的关系，表明政府与公民一道来关心和解决公共利益问题，同时公共性也意味着体育公共服务的提供应以社会公平作为政策的首要价值。体育公共服务的公共性可以用责任性以及公正性两个维度来加以阐释。立足体育公共服务的公共性目标，一方面在体育公共服务的提供过程中，应坚持政府伦理。政府确保公众利益得到维护是其职能中的重要组成部分，对社会的公共利益要求做出负责任的回应。另一方面，政府提供体育公共服务应强调和倡导平等性。和谐社会政府治理是以服务为核心，以公共利益最大化为目标的服务行政，主张建立在保障行政效率的同时更加注重社会公平与正义的效率型、正义型政府。

3. 体育公共服务的效益性监测

人类的管理活动都在追求着效益，政府的公共管理活动也是如此。体育公共服务的效益性是指政府体育公共服务提供过程中的投入与所带来利益之间的关系，既强调客观效率上的低投入高产出，又追求主观效果上的目的与方法的

①方堃，杨毅. 公共服务营销策略及目标模式探析［J］. 理论月刊，2007(7).

竞合。体育公共服务的效益性目标包括经济性效益和社会性效益，要求政府提供高质量、多种类、有针对的体育公共产品，满足社会的公共需求。实现效益性目标，在管理实践中政府管理应当：首先，定位政府体育公共服务提供的职责，着眼于提供有益于社会整体而又无法通过市场提供的各种公共物品，竭力为社会的正常运转提供所必须的制度安排和政策规制；其次，增强政府体育公共服务输出的质量，要不断优化政府的整体能力，在不同层级和部门之间配置管理资源，提升政府部门运转的效率，进一步依法行政和完善行政监督。

（二）实现体育公共服务发展目标的基本策略

我国体育公共服务的研究和实践已经启动，但由于认识、经验、条件的局限，我国体育公共服务改革进展仍然比较缓慢，在如何有效地传递体育公共服务方面，仍然面临一些困境，突出表现在：公众对体育公共服务的需求日益强烈，而政府所能提供的服务却相对不足，质量低，供求矛盾尖锐；政府居高临下的指挥管理意识浓厚，“主导”情节严重，服务意识淡漠；政府垄断地位未能完全打破，竞争机制缺乏，服务效率低下；监督机制不完善；非政府组织不发达，社会自我组织、自我服务能力较差，未能充分发挥非政府组织的作用；对体育公共服务资金供给不足等。

鉴于实践中的问题，探讨如何结合中国实际，借鉴外国经验，以改善和提高政府的体育公共服务，就成为一项颇有意义的工作。实践的发展需要理论的指导，在我国，由于种种原因，对于体育公共服务的理论研究起步较晚，且主要集中对国外公共服务部门市场化改革的相关情况及经验介绍之上，对理论和机制具体操作研究还有欠缺。对于相关环节的界定不清晰，对于机制的设计探讨不深入，对于体育公共服务监督等重要领域涵盖不足。因此，在理论上进行系统地梳理，并着眼于现实问题，提出切实可行的发展策略，是目前学界亟待解决的问题。

1. 改变体育公共服务发展的价值与态度

为了改善体育公共服务，其中核心与关键是准确界定政府体育公共服务责任，改革体育公共服务融资以确保体育公共服务获得充足的资金保障，改善体育公共服务的提供与生产。从体育公共服务的历史发展来看，我国体育公共服务发展过程将是长期和渐进的，而不能根据某一蓝图采取“大爆炸”式的改革战略。而且，由于体育公共服务具有的极大的多样性，以及体育公共服务不同部门、不同地区处在发展的不同阶段的事实，体育公共服务的发展不大可能有一个普遍适用的统一模式，而需要依据体育公共服务各部门、各地区的特定情况而展开。

在体育公共服务政策制定的指导思想上，应坚决贯彻以人为本和可持续发展观念：强调集中城市化区域服务与乡村地区服务的衔接，将体育公共服务政策与环境保护政策统一，将国家经济安全与地方经济发展、地方社区居民生活协调统一。

在体育公共服务发展政策制定目标上，应以改善居民生活质量为主，更需要注重健康、持续发展；与此同时，体育公共服务的重点应当面向农村。

在体育公共服务发展政策制定原则上，应当坚持因地因时制宜与整体统筹协调原则。在贯彻基本理念的基础上，更应当分析地方的经济发展水平、特色，与居民生活质量统筹考虑，体育公共服务建设与经济建设统筹考虑，城市区域与郊区乡村统筹考虑。

借鉴体育公共服务发展的历史经验与教训，我国当前必须纠正与避免体育公共服务发展过程中的一些不良倾向。应当坚持与经济发展相协调与改善人民生活并重，多建实事工程；应当长远规划与近期实施并重，少主观设想，多方案比较；应当适度超前与经济可行并重，少单纯建设，多系统改善。

2. 确立体育公共服务的职责范围与重点

在当前的背景条件下发展体育公共服务，首先必须准确界定政府的体育公共服务职能，其核心在于确定提供公共服务的范围和重点。并不是所有体育公共服务需要政府干预。在决定政府提供体育公共服务的范围时，考虑可以获得的公共资源。

在确定体育公共服务的范围和重点之后，需要决定如何提供这些公共服务。体育公共服务的基础设施、体育公共服务法律体系必须由政府提供，明确中央和地方各级政府在体育公共服务提供上的职责，另一方面通过法律为体育公共服务发展提供财政预算保障。体育公共服务其他方面可以由政府直接生产，也可由市场或非政府公共部门生产、并由政府监管。

3. 合理安排不同阶层政府间的体育公共服务责任

从理论上讲，体育公共服务是有范围的，体育公共服务的范围可根据地理状况、服务人群的受益状况和投入成本以及管理范围来确定。体育公共服务的范围可确定为地理范围、受益范围、成本范围、管理范围等几个方面。

（1）体育公共服务的地理范围与政府层级间关系

从地理覆盖来说，体育公共服务的范围是有差别的，有些是小范围的，有些是大范围的。根据管理范围与地理范围一致的原理，管理单位的设置应该是根据体育公共服务的地理范围来设置。体育公共服务的管理单位应该是多范围的，而且是相互联系的。目前，我国体育公共服务的管理现状基本上是以行政区划为范围，而不是以体育公共服务的地理范围为管理范围的。

如果体育公共服务管理的范围超出特定的地理范围，就会导致管理范围过大的问题；如果体育公共服务管理的范围小于地理范围，就会导致管理范围过小的问题。

（2）体育公共服务的受益范围与政府层级间关系

不同的体育公共服务受益范围是不一样的。从理论上来说，所有的体育公共服务都是开放性的，向所有的公民，乃至国外的人开放。如健身场所、体育公共设施等。

体育公共服务的管理最好与体育公共服务的受益范围相一致。如果体育公共服务管理的范围超出特定的受益范围，就会导致体育公共服务需求与供给不对称的问题；如果体育公共服务管理范围小于受益范围，将会出现不同区域体育公共服务不均等的问题。根据这一原理，由于体育公共服务是多种多样的，其受益范围也是多种多样的。所以，体育公共服务的管理单位要与体育公共服务的受益范围相一致。从政府层级管理关系来看，每一级政府都有自己受益范围，对于这类体育公共服务，每一级政府都可以自己处理。如果是由上级政府来处理，就会出现管理范围过大的问题；如果本级政府不处理，而由下级政府来处理，就会出现管理范围过小的问题。

（3）体育公共服务的成本范围与政府层级间关系

体育公共服务的成本，也有一定的范围。体育公共服务的融资范围如何，直接关系到体育公共服务资源配置是否适当。当然，可能存在转移支付，或者捐助性的融资，但是辅助性的、基础性的融资范围是一定的。全国性的服务，往往是全国性的融资范围比较合适；地方性的服务，地方性的融资范围比较合适。

公共服务管理单位最好与公共服务的成本范围相一致。如果管理范围大于成本范围，则出现局部融资大范围受益的问题；如果管理范围小于成本范围，则出现局部受益大范围融资的问题。这都不利于长期融资激励。就转移性支付来说，中央给地方的转移支付资金，最好直接转移到受益单位，让受益单位直接接受中央的转移支付资金，而不要通过中间环节，否则容易出现管理范围和受益范围不一致的问题。

(4) 体育公共服务的管理范围与政府层级间关系

体育公共服务往往是通过组织来进行管理的。在计划经济时代，考虑体育公共服务提供时，往往是从政府能做什么入手，而不是讲政府服务作为对市场的补充，这种理念塑造了无所不能的大政府。而当前的改革核心是，精简政府职能，使政府撤出可以由市场调节的领域。因此，确定我国体育公共服务范围时，应主要着眼基本职能和中型职能，集中力量办好体育公共服务最基础最重要的项目。体现“立足国情，抓主放次”的发展策略。

4. 拓宽体育公共服务资金来源渠道

目前，我国体育公共服务资金主要来源是财政税收为主。这种单一的融资模式产生了两个弊端：第一，政府投资难以满足迅速发展的体育公共服务需求；第二，政府财政投入的效率和效果难以控制，各地差异较大。为弥补这一弊端，必须尝试多种融资渠道和融资方式，建立健全体育公共服务的多元投资体制，以较小的政府投入，引导和刺激私人投资者进入，更好地提供体育公共服务。

从体育公共产品与服务的资金来源的发展趋势来看，今后主要依赖于三种方式：即政府出资，服务收费及非政府公共部门参与。吸引更多的部门以慈善、福利方式参与体育公共服务是一种新的融资方式，当然，“慈善不足”也是社会公益事业融资过程中的普遍现象。体育公共产品与服务的健康与持续发展有赖于这三种融资方式的规范、有序与高效运行。

政府出资：要提高透明度。经济学家认为，政府应以公共利益和社会福利最大化为财政支出目标，在社会经济生活中，人们也都希望政府按公共需求及其重要性安排其各项开支。体育公共服务与产品作为人类社会特有的活动，就其本质而言，它是社会对大众施加有目的的影响，把他们培养成符合社会要求的人，从而促进人类个体发展和社会整体发展的一种精神生产活动。体育公共服务与产品领域不仅具有特定的生产和经济功能与价值，同时也具有十分广泛的社会、政治功能与价值。从这个意义上讲，政府对体育公共服务与产品的社会、政治价值的追求，以及满足社会或国家对这些政治、文化等价值与功能的公共需要，就成为政府为体育公共服务与产品出资的主要原因之一。

服务收费：需符合一定准则。服务收费是指由市场向居民提供特定服务或实施特定管理所收取的规费以及政府对其所提供的公共产品和服务而直接向使用者或受益者收取的使用费①。体育公共服务与产品有偿收费必须符合一定的准则。其一，按照受益的大小来确定收费标准，受益多则多收费，受益少则少收费。体育公共服务产品大多具有准公共产品特性，部分收益是外部化的，确定收费标准时，应以其私人收益为主要依据，而不应将体育公共服务所产生的社会收益，也纳入私人收益来确定其收费高低。其二，如果提供体育公共服务的是非政府部门，收费就是以非营利为目标的，此时绝不能把收费看作创收手段，收费就只是要收回体育公共服务与产品的全部成本或部分成本。其三，应对容易产生拥挤的体育公共服务与产品进行收费。

非政府公共服务部门：宗旨是福利、慈善与环保活动。非政府公共服务部门非营利性决定了它的活动领域——营利部门不愿涉足的领域，以福利、慈善和环保活动方式提供体育公共服务。面向企业、特定人群、弱势群体（包括贫困人口、外来务工人员、残疾人士等等）、自己的会员、一般公众等为服务对象。非政府公共服务部门作为中国刚刚兴起的一股社会力量，它的社会力量十分有限。无论是“社会合法性”问题，还是资金来源问题，都有一定的困难。随着政府改革深入和建立服务型政府工作的推进，非政府公共部门在体育公共服务领域可以获得更大的活动空间，非政府公共部门随着经济发展逐步发育成熟，并成为一种重要的社会力量。

5. 畅通体育公共服务需求表达

体育公共服务是对公众的服务，公众的需求是否得到满足，公众的利益是否得到保障，公众的愿望是否得到实现，是衡量体育公共服务是否成功，政府工作是否合格的唯一标准。因此，畅通公众需求表达渠道，使政府能够准确地知道公众需要什么，需要多少，是体育公共服务提供过程中最为重要的环节。

西方社会由于民主制度的确立，公民的声音和需求能够顺利地进入政府决

①刘立峰. 公共产品与服务的融资方式［J］. 中国投资，2008（6）.

策体系。英国工党执政以来，将扩大公民参与作为了政府行动议程的中心内容，通过各种途径为公民的民主参与创造新机会。英国政府较长使用的参与形式有以下 19 种，其具体频率如图 4–1 所示。公民需求表达，在西方国家已经完成了制度化过程，可以说，他们已经拥有健全严格的机制设计来吸取民意，体察民情。

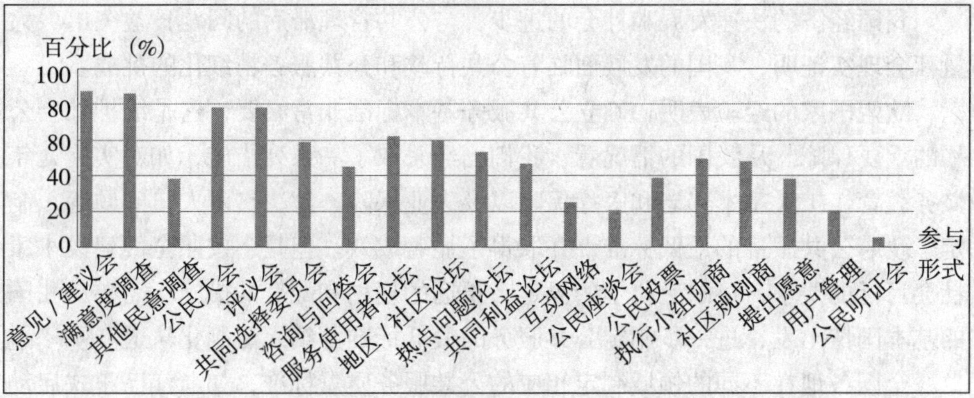

图 4–1　英国政府常用民主参与形式

引自：卢映川，万鹏飞，等. 创新公共服务的组织与管理. 北京：人民出版社，2007.

目前，我国体育改革中，一是体育公共服务表达机制缺失，各级政府“与民争利”及“替民做主”。这种“替民做主”的做法真实地反映了群众利益诉求渠道的缺失。二是体育公共服务领域改革中需求表达缺乏制度性保障。就我国现行政治体制来说，客观而论，并不是没有利益表达机制。如人大代表、政协委员会、各级党组织、工会组织等都是作为利益表达机制而成为我国政治体制的重要组成部分。虽然这种制度安排在我国政治生活中发挥着重要的作用，但在实际运作中明显地存在着诸多不足和缺陷。三是社会中弱势群体体育利益表达缺乏。因此，在促进我国体育公共服务供给过程中的公民参与和需求表达应该做到：第一，加强制度化建设和公民意识教育，保障公民的参与权利与提高参与能力；第二，大力培育基层民主与公民社会，为公民参与体育公共服务需求表达提供现实平台，进一步发挥扩大民众参与体育投入热情、反映民众诉求方面的积极作用，增强社会自治功能；第三，加强体育公共服务政策制定过程中的公民参与力度，为公民表达体育公共服务需求营造良好的民主环境；第四，强化政府体育行政组织及行政人员的民主行政观念与服务意识，确立公民的主体地位随着公民体育权利意识的增强，更多的公众越来越强烈呼吁体育公共服务建设力度；第五，增强政府体育行政部门对公众需求的回应意识与回应能力，强化公民参与的有效性，将公众满意度作为衡量体育公共服务供给效果的根本标准。

6. 制定体育公共服务标准，实现人人享有基本体育公共服务的目标

我国经济的快速发展和社会的进步，与公共管理滞后的问题日益突出。大量社会现实证明，我国的发展面临着公共行政和公共服务精细化的挑战。

欧盟国家的经验表明，确立公共服务基本标准非常必要，这是维护社会公平的重要保障。从我国的情况看，我们已经采取了一系列措施，如对实施九年义务教育、扩大基本养老和医疗保险以及失业保险、解决贫困人口问题等，制定了政府公共服务的最低标准，并取得了显著成效。但是，按照全面建设小康社会目标的要求，还缺乏科学的界定、长远的规划和配套的措施。需要从我国的基本国情出发，进一步制定公共服务的最低标准并纳入法制化轨道。

全国各地在不同的领域制定相应的公共服务质量标准，如浙江已正式启动全国首个《基本公共服务均等化行动计划（2008—2012）》，将努力实现基本公共服务覆盖城乡、区域均衡、全民共享，促进社会公平正义和人的全面发展。这份行动计划明确，通过 5 年努力，建立健全多层次、全覆盖的社会保障体系，配置公平、发展均衡的社会事业体系，布局合理、城乡共享的公用设施体系。为实现这一总体目标，要求到 2012 年，实现社会保障、社会事业、公用设施等三大方面的 14 项基本目标，在扩大基本公共服务覆盖面的同时，提高基本公共服务均等化程度。为实现这一目标，行动计划已规划在未来 5 年投资 2170 余亿元建设十大工程，分别是就业促进工程、社会保障工程、教育公平工程、全民健康工程、文体普及工程、社会福利工程、社区服务工程、惠民安居工程、公用设施工程、民工关爱工程，安排项目达 81 个[①]。

制定体育公共服务标准同时，我们还应该根据体育公共需求和经济社会发展水平，分类制定体育公共服务标准。以保护弱势群体为重点，扩大体育公共服务的覆盖面，从而实现使人人都享有基本体育公共服务的目标。

---

①苏靖. 浙江启动首个基本公共服务均等化行动计划［N］. 浙江日报，2008-07-13（1）.

7. 政府体育职能转变是实现体育公共服务目标的根本保障

（1）政府体育职能定位：体育公共服务与产品的提供者、管理者

2003年国务院颁布的《公共文化体育设施条例》规定：“国家有计划地建设公共文化体育设施。各级人民政府举办的公共文化体育设施的建设、维修、管理资金，应当列入本级人民政府基本建设投资计划和财政预算。”《中共中央、国务院关于进一步加强和改进新时期体育工作的意见》中也明确指出：“大力推进全民健身计划，构建多元化体育服务体系。构建群众性体育服务体系，要坚持政府支持与社会兴办相结合。政府重点支持公益性体育设施建设，群众性体育组织和体育活动以社会兴办为主，鼓励、支持企事业单位和个人兴办面向大众的体育服务经营实体，积极引导群众的体育消费，大力培育体育市场，加强规范管理，逐步形成有利于体育产业发展的社会氛围。”

建立公共体育服务型政府是我国政府体育职能转变的主要目标，而实现体育公共服务的社会化是实现这一目标的有效途径。体育公共服务的社会化，指的是将原来由政府提供的体育公共服务职能，大量地转移给非政府组织和私营部门，也就是说，由政府、市场和社会来共同承担提供体育公共服务的职能。体育公共服务社会化，使得政府不再是管理体育公共事务的唯一机构，许多非政府组织也加入到体育公共服务和产品的提供队伍中来，政府把精力致力于制定体育政策、法规的制定和监督执行层面上来；政府也采取分权或授权的方式下放给社会，要规范许可实施程序制度，完善申请、决定、送达等各个环节的工作规程；要认真执行听证制度；要建立对被许可人的监督检查制度、许可责任制度等。要通过这些制度的建立，规范体育部门的行政许可行为，转变工作方式和工作作风，提高办事效率，提供优质服务。

（2）政府体育本质职能是提供体育公共物品和服务

近年来，我国政府体育机构改革取得了较大进展，但在改革的深度和广度方面仍需加强。2008年北京奥运会后，政府体育职能重点应该转移到提供公共体育物品和服务上来，包括全民健身以及相应的公共体育设施的提供和保障，从而切实发挥体育在教育、国民健康领域的重要地位和作用。这就要正确处理金牌、教育、国民健康等之间的关系，正确处理国家投入和社会投入的关系，采取有力措施，着力解决有限的体育资源与人民群众不断增长的体育需求之间的矛盾，促进体育事业全面、协调、可持续发展，实现体育与经济社会的协调发展。

(3) 政府体育职能的转变是一个渐进过程，需政府与社会的共同努力与配合

有限政府还是一个与时俱进、不断变革的政府。随着我国体育的社会化和市场化的不断发展，必将出现许多以前政府没有遇到的，而又不能解决的新情况和新问题，这就要求政府体育职能转变采取一种循序渐进的方式，以确保政府积极作用的发挥。当然，这种渐进性转变首先是受我国社会体制大环境的制约。20 世纪 80 年代初，我国由计划经济向市场经济转轨，揭开了 30 年改革的帷幕。把我国的改革放到世界坐标上，与前苏联、东欧社会主义国家的改革相比，中国改革很重要的一个特征就是渐进性改革，而非突变性改革，在保证社会稳定的前提下，循序渐进地推动改革。这种渐进式的改革比较平稳，有利于保证社会的稳定。我国经济体制改革的渐进性决定了我国体育体制改革的渐进性，决定了政府体育职能转变的渐进性。从 1986 年的《国家体委关于体育体制改革的决定（草案）》到国家体育总局的《2001—2010 年体育改革与发展纲要》，基本可以描绘出我国体育体制改革的渐进性发展历程。

因此，包括政府体育职能的理顺、政府观念意识甚至社会观念意识的转变、市场主体与大众体育消费意识的培育都需要有一个在摸索中不断前进的过程。同时，渐进性转变也会产生许多新的问题，如体制转变中存在的双重体制问题、政府体育职能转变中主体利益冲突问题、运动项目管理中心和运动项目协会关系问题、社会体育公共服务的界定问题、政府在经济活动中培育市场与权力垄断的两难问题等①。这些问题的解决和处理都需要一个循序渐进过程，需要政府与社会的共同关注、共同努力和配合的一个过程。竞技体育提高民族凝聚力的影响力依然存在，何况任何改革都要与中国的政治、经济改革状况相匹配。

①白晋湘. 从全能政府到有限政府——市场经济条件下政府体育职能转变的思考 [J]. 体育科学，2006（5）.

第五章　体育公共服务的运行机制

在自然界和人类社会中，一切事物都是以系统的形式存在的，任何事物都可以看作是一个系统①。体育公共服务产生与发展，必然有若干相互联系、相互作用的组成部分，在一定环境中具有特定功能的有机整体，存在特定的结构功能以及自身独特的范式，内部存在必要的结构和张力，是一个构造完整的良性运行的系统，存在自身独特的运行机制。

体育公共服务的运行机制是指体育公共服务在人类社会有规律的运动中，影响体育公共服务各因素的结构、功能，及其相互关系，以及这些因素产生影响、发挥功能的作用过程和作用原理及其运行方式。是引导和制约决策并与人、财、物相关的体育公共服务的基本准则及相应制度、供给方式等，是决定体育公共服务行为的内外因素及相互关系的总称。各种因素相互联系，相互作用。要保证体育公共服务的目标和任务真正实现，必须建立一套协调、灵活、高效的运行机制。

体育公共服务的运行，有其特定的机制原理、系统内在的结构和功能、运行的支撑点及其动力关系，以及运行的保障系统。

一、体育公共服务运行的机制原理

体育公共服务运行是由理论系统和实践系统、支撑点、其动力关系及保障系统构成，其内部的良性理论构成了体育公共服务运行机制的原理。体育公共服务理论系统和实践系统由内部的各结构要素及其功能构成。体育公共服务发展的动力要素主要来自两个方面：一是政府自上而下的政策、供给方式的推动，二是居民自下而上的需求拉动，二者必须有机结合起来，才能形成体育公

①周三多，陈传明，鲁明泓. 管理学——原理与方法［M］. 4版. 上海，复旦大学出版社，2007:123.

共服务发展的整体动力。我国体育公共服务实际供给不足，除了主要与财政投入有关外，本质上的原因是体育公共服务主体构建、供给模式和保障机制问题。因此，新时期体育公共服务发展的支撑点就是体育公共服务体制与运行机制的健全与完善。体育公共服务系统结构根据政府体制、历史文化和服务内容的不同而不同（图 5-1）。

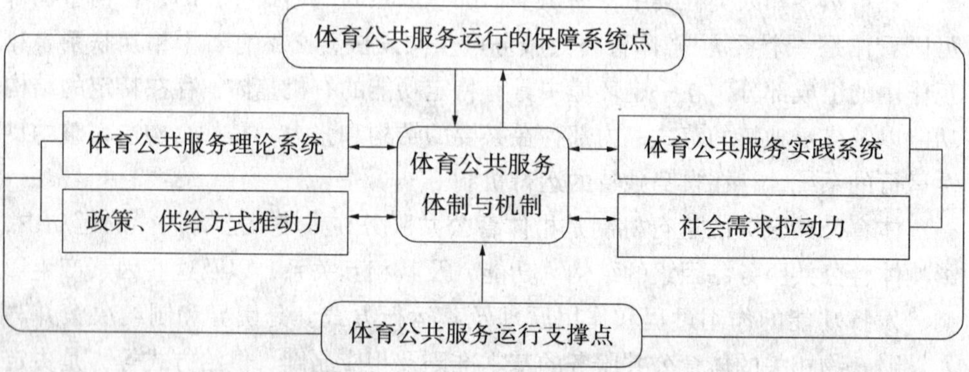

图 5-1　体育公共服务运行系统

（一）体育公共服务理论系统结构及功能

根据体育公共服务的内涵，结合体育公共服务的特性，体育公共服务可以通过公共部门直接提供，也可以是政府提供，或是政府提供资金支持而由私人部门来提供。因此，体育公共服务的理论系统应从体育公共服务定位，体育公共服务模式、结构与政策，体育公共服务体制与机制，体育公共服务管理等四个方面考虑分析体育公共服务理论问题。

1. 体育公共服务定位

从我国目前体育公共服务实际情况来看，体育公共服务定位问题重点在于强化政府公共服务职能，强化政府在体育公共服务体制中的主体地位和主导作用。体育公共产品内在的非竞争性和非排他性，决定了政府必须在体育公共服务供给中居于主体地位，这也是我国经济社会发展的必然。

2. 体育公共服务模式、结构与政策

体育公共服务模式与社会经济、历史传统有关。在当前的背景条件下发展体育公共服务，首先必须准确界定政府的体育公共服务职能，其核心在于确定提供公共服务的范围和重点，并不是所有体育公共服务需要政府干预。

体育公共服务结构决定体育公共服务资源的主要投向。体育公共服务的基础设施、体育公共服务法律体系必须由政府提供，明确中央和地方各级政府在体育公共服务提供上的职责，另一方面通过法律为体育公共服务发展提供财政预算保障。

体育公共服务政策决定发展价值目标的判断与发展方向的选择。体育公共服务政策形成过程，实际上是政策主体对复杂的利益关系进行调整的过程。

3. 体育公共服务机制与体制问题

体育公共服务实践运行机制主要强调在实践中如何保证体育公共服务的效率和公平，并确定什么样的机制来实现这一目的。

在体育公共服务发展政策制定原则上，应当坚持因地因时制宜与整体统筹协调原则。在贯彻基本理念的基础上，更应当分析地方的经济发展水平、特色，与居民生活质量统筹考虑，体育公共服务建设与经济可行性统筹考虑，城市化区域与郊区乡村统筹考虑。在体育公共服务发展政策制定目标上，应以改善居民生活质量为主，更需要注重健康、持续发展；与此同时，体育公共服务的重点应当面向农村。

4. 体育公共服务管理

从体育公共产品与服务的资金来源的发展趋势来看，今后主要依赖于三种方式：即政府出资，服务收费及非政府公共部门参与[①]。大力促进我国体育公共服务供给过程中的公民参与和需求表达，加强制度化建设和公民意识教育，保障公民的参与权利与参与能力；大力培育基层民主与公民社会，进一步发挥扩大民众参与体育投入热情、反映民众诉求方面的积极作用，增强社会自治功能。

---

①丁元竹. 非政府公共部门与公共服务——中国非政府公共部门服务状况研究［M］. 北京：中国经济出版社. 2005.

加强体育公共服务政策制定过程中的公民参与力度，为公民表达体育公共服务需求营造良好的民主环境；增强政府体育行政部门对公众需求的回应意识与回应能力，强化公民参与的有效性，将公众满意度作为衡量体育公共服务供给效果的根本标准。

（二）体育公共服务实践系统结构及功能

体育公共服务是一个系统性实践，整个系统至少包括体育公共服务管理系统、体育公共服务规划系统、体育公共服务融资系统、体育公共服务提供系统和体育公共服务绩效评估系统五个系统。

1. 体育公共服务管理系统

体育公共服务系统结构根据政府体制、历史文化和服务内容的不同而不同。体育公共服务管理系统分为总体统筹规划层、特定领域和部门管理层、具体服务单位层、以及需求回应性处理层四个层面。各层面职能主要是根据国情和某一个行政区域内的人口资源和财政能力来确定体育公共服务的总体目标、水平、策略、原则等。

2. 体育公共服务规划系统

体育公共服务的规划系统就是使整个执行获得清晰依据。系统规划包含至少五个环节：一是体育公共服务的环境规划；二是体育公共服务目标、标准的确定；三是选择工作方法；四是体育公共服务计划的执行和落实；五是根据监督和反馈对结果以及与结果相关的环境规划的进一步完善。完善的体育公共服务规划的最低要求具有对目标的说明、方法的选择、执行和落实的行动细节，以及评估标准。这样可以让体育公共服务管理清楚有序。

3. 体育公共服务融资系统

我国目前财政和税收体制实行的是“分税制为基础的分级财政”。中央政府只占总预算开支的30%左右，其余的在四级地方政府之间分配①。因此，我国中央和地方政府的权事划分及财政税收体制，决定了体育公共服务作为政府

①贾康. 财政体制改革的反思与对策（一）[J]. 审计与理财，2007（10）：5-6.

服务模式是有层次的，可分为中央、省（直辖市、自治区）、地级市（区）、县（市）、乡镇（街道）五个层次①。体育公共服务分级供给体制，进一步明晰了各级政府的责任和义务，即中央政府提供体育公共服务面向全国，地方各级政府提供体育公共服务面向本地区。体育公共服务融资系统基本格局是在各级政府权事划分的范围内统筹本地区，承担起本级的体育公共服务发展职责和投资，也就是说，要承担地方体育场地设施系统和信息供给系统的完善责任。

从体育公共产品与服务的资金来源的发展趋势来看，除依靠政府出资，服务收费及非政府公共部门参与外，吸引更多的部门以慈善、福利方式参与体育公共服务将是一种新的融资方式。当然，“慈善不足”也是社会公益事业融资过程中的普遍现象。

4. 体育公共服务提供系统

体育公共服务提供系统的核心是提供多少公共服务的问题。而关于公共服务产品的最优供给在财政理论中也是最活跃的，同时也是争议不断的领域。

根据我国体育公共服务现实和今后发展的趋势，体育公共服务将出现分权化、市场化和多中心化的供给方式。理由在于：第一，体育公共产品存在层次性、地区性，由地方政府提供能更好的反映特定的地区偏好，从而利于体育公共产品供给水平的确定；第二，地方政府相对中央政府在对地区性体育公共服务的提供上，具有信息优势，更贴近大众需要；第三，鼓励政府间竞争，从而提高体育公共服务效率，优化地方政府治理。

体育公共服务供给配置是一定时期内体育公共服务的提供主体在各种条件下有能力提供某种体育公共服务的数量。包括自我供给、非营利组织供给和公共部门供给。

5. 体育公共服务绩效评估系统

到目前为止，我国还没有对公共服务专门的系统绩效评估体系。我国政府领域的绩效评估尚处于初级阶段。体育公共服务绩效评估系统主要考虑两个方面：

第一，体育公共服务的绩效评估。虽然体育公共服务的效率不能像衡量普通产品生产效率那样用货币形式准确度量，但是，体育公共服务的效率即服务

①刘立峰. 公共产品与服务的融资方式［J］. 中国投资，2008（6）：36–38.

的投入和产出还是可以度量的。主要借鉴政府（公共服务）绩效评估几种主要方法，如：美国的“3E”评价法，评价体育公共服务的经济性（Economy）、效率性（Efficiency）、效果性（Effectiveness）并重的方法，从单一指标扩展到多重指标等；英国的绩效信息投入、产出与效果评估方法等①。既定的投入和成本带来产出和收益的变化，或者既定的产出和受益的投入和成本的变化，都反映体育公共服务的效率状况。对既定成本的某项体育公共服务，完全可以知道做了哪些事，使多少人受益；对既定收益的体育公共服务，完全可以知道投入了多少人力、物力和财力。

第二，体育公共服务的公平度评估。社会公平体现为三层含义：机会平等、规则平等和结果平等。机会平等是社会公平的前提，规则平等是社会公平的保障。但是，在体育公共服务领域，则既要注重机会平等和规则平等，更要注重一定程度上的结果平等。原因在于，体育公共服务以公共利益为目标、以满足公共需求为目的，必须强调一定程度上的结果平等或均平分配（目前国家强调的基本公共服务均等化理念），即所有地区和所有个人都应该享受到基准或同一水平以上的公共服务供给。当然，机会平等和规则平等并不是绝对的，机会和规则总是相对于一定群体的，如体育竞技某些项目是按年龄段、重量级、性别组来划分的。对所有人给予同样的机会、实行相同的规则，同样是不公平。公共服务的机会平等和规则平等同样具有相对性，群体间存在差异和区别对待不可避免。

（三）体育公共服务运行的动力关系

传统的体育公共服务体制基本上是“一元”的，在这样的体制中，政府综合消费者的偏好，组织和实现体育公共服务的生产，作为垄断的提供者向社会提供服务。传统的体育公共服务体制暗含着一系列极为重要的假设，这些假设包括：一是体育公共服务具有纯粹公共物品的性质；二是如果存在一个体育公共服务产业的话，也属于自然垄断行业；三是非竞争行业不可以市场化。

一般认为，体育公共服务其投资回报率低、资本系数高，不适宜民间力量的介入，政府机构应承担起体育公共服务提供和生产的全部责任。然而，随着

①陈昌盛，蔡跃洲.中国政府公共服务：体制变迁与地区综合评估［M］.北京：中国社会科学出版社，2007.

时代的发展，民间力量日益介入到原本属于政府的公共服务领域。作为公共服务提供机制的民营化的引入，突破了传统的公共服务体制的理论逻辑，上述三个假设都面临着严峻的挑战。

20 世纪 80 年代以前，西方一些发达国家的公共设施与服务领域一般都由政府或国有公司垄断经营，缺乏竞争的压力与动力，不仅本身经营成本高、效益差、价格高，且由于投资少、供给不足，满足不了日益增长的社会需要。20 世纪 80 年代以后，情况发生了变化，西方国家纷纷对公共设施与服务领域进行市场化改革，政府放松市场准入限制，大量民间资本投资兴办，供给量急剧增加。尤其是服务方面，凡是允许民营资本进入的公共行业，树立了以顾客为导向的新的市场原则和市场观念。在一些发展中国家，面对预算的限制及提供有效的基础设施的压力，也已经将他们的基础设施和服务部门向私营投资者开放①。可见，公共服务特性与市场机制没有根本冲突。

根据我国目前体育公共服务发展趋势，对体育公共服务发展的动力关系的理解，可简化为二元理论模式，即自上而下的政府宏观调控和自下而上居民体育服务需求的拉动。

1. 至上而下的宏观调控

自上而下的政府宏观调控是政策上的倾斜、经费上的投入，体育公共服务环境的改善，体育公共服务供给方式的有效合理，切实解决体育公共服务发展的关键问题，主要表现为：

第一，确保体育公共服务的充足供给。体育公共服务的充足供给是我国体育公共服务发展的首要目标，它标志着我国体育公共服务普及的成效，尤其是在政府社会管理范围扩大、人们的需求多元化导致相应的体育公共服务多样化的情况下，体育公共服务总量需求急剧提升，而体育公共服务的数量供给能否满足这一需求是体育公共服务供给水平高低的重要评价标准。

第二，确保体育公共服务的高质量供给。体育公共服务供给质量的高低与否是衡量政府体育公共服务供给能力的重要方面。当前，我国正处于社会主义初级阶段，体育公共服务的供给权主要依靠政府，政府与政府部门、社会组织、私人团体间有关公共服务供给分工不明确，各项关系交织在一起，直接导致了体育公共服务的数量虽然逐年有所增加，但是其质量并不能保证，再加上

①冯云廷. 城市公共服务体制：理论探索与实践［M］. 北京：中国财政经济出版社，2004：56-57.

很多服务部门求政绩不求质量，求投入不求效用，也导致众多低劣体育公共产品的出现。体育公共服务质量的高低是衡量体育公共服务水平能力的必要条件。只求数量不求质量的体育公共产品无法接受市场的检验，不能获取公众的认可，只能浪费大量的人、财、物而不能促进社会经济的发展。

第三，确保体育公共服务的供给满足公众需求。体育公共服务能否满足公众的需求是体育公共服务供给中顾客导向思想的直接体现。自20世纪90年代以来，以顾客为导向、重视民众对体育公共服务评价的意识在西方国家就已出现。体育公共服务的组织、生产等都应以公众为最终目的。公众是体育公共服务的最终消费者，他们对服务的提供、生产状况最有发言权，应当是体育公共服务的评价主体。体育公共服务对公众需求的满足是体育公共服务生产的直接原因和根本目的，是社会主义市场经济条件下体育公共服务绩效评价的根本价值取向。

2. 至下而上居民体育公共服务的需求

自下而上是以体育公共需求增长、居民精神文化发展的内在需求增加，主要表现在：

第一，体育公共需求的全面快速增长与体育公共服务不到位已经成为我国突出的社会矛盾，这对建立体育公共服务体制提出了越来越迫切的现实要求。近几年我国城镇居民的总需求中，一是个人体育公共需求年均提高的比重，并且近两年的增幅更大；二是体育公共需求主体快速扩大，广大农民和城镇中低收入者逐步成为体育公共需求的主体；三是体育公共需求的结构变化迅速，不同层次的人群体育公共需求越来越成为全社会普遍关注的焦点。面对城乡居民全面快速增长的体育公共需求，我国体育公共产品供给远不能适应这个变化趋势。总的来说，由于政府转型的滞后，各级政府对强化体育公共服务职能缺乏深刻的理解和紧迫感，体育公共产品供给的体制机制尚没有建立起来，这使得政府的体育公共服务功能相对薄弱。

第二，居民体育公共服务的需求是内在的，是精神文明建设的结果，是对体育公共服务发展起决定性作用的内因，是原动力。从马斯洛的需求理论来分析，精神激励对人的作用更加明显。因为这些人的生理需要、安全需要等较低层次的需求已经得到满足，他们所需要的是社会需要、尊重需要、自我实现需要等这些更高层次的需求。随着社会的发展，社会环境的改变，富裕情况下对精神生活的追求和向往不断增强，必将对体育公共服务的发展起着推动作用。

（四）体育公共服务运行的支撑点

1. 体育公共服务供给不足的根本原因在于体制不健全

体育公共服务供给不足的原因在于体制问题，而非仅仅是供给主体的缺位。具体表现为：一是没有形成体育公共服务领域规范的分工和问责制，在事实上造成了体育公共服务指标的软化；二是没有形成可持续的财政支持制度，我国财政在一定程度上仍然是经济建设型财政；三是体育发展战略指向竞技体育的国际舞台，大众体育的较少光顾。深层次来看，以竞技体育为中心的金牌战略，忽略大众体育的发展和百姓的需求，尽管全民健身工程有所成效，但是全国人均来看与发达国家存在较大差距。

2. 解决体育公共服务供求矛盾既需要财力支持，更需要体制创新

缓解体育公共服务供求矛盾不仅需要财政投入，更需要解决体制方面的问题。体育公共服务水平取决于两个变量，一是经济能力，二是制度安排。改革之初我国财政收入只有 3000 亿元，我们寄希望于通过财政收入增加来解决公共服务矛盾与问题。2008 年全国财政收入 61330.35 亿元，比 2007 年增加 10008.57 亿元[1]。但公共服务供求矛盾甚至比以前更加突出。由此看来，目前体育公共服务领域的供求矛盾问题，根源上有体育公共服务的经济能力问题，但主要在于缺乏合理的制度安排。

体制创新核心在于，以提升政府体育公共服务能力为着力点，以探寻基层政府强化体育公共服务能力为最佳途径与有效办法。政府体育公共服务能力提供对于我国理论界及基层政府实践来说是一个必须面对的新课题。基层政府体育公共服务能力提供是从中国行政管理体制改革开始的，并伴随着整个改革过程不断深化。从发达国家经验来看，基层政府职能从以经济性公共服务为主，逐步扩展到以社会性公共服务为主的阶段。对于社会性公共服务的发展，发达国家普遍经历了物质财富普遍匮乏和最低限度的公共服务供给阶段，然后是物质财富快速增长但公共服务供给水平相对提高不快的阶段[2]。

---

①谢旭人. 国务院关于 2008 年中央决算的报告（R）. 2009 年 6 月 21 日第十一届全国人民代表大会常务委员第九次会议.

②王楠英，王忠国.基层政府公共服务的体制创新［J］. 党政干部学刊，2008（7）：32-33.

3. 体育公共服务建设中自身运营机制的完善

体育公共产品供给需要合理的体育公共服务运行机制，需要合理划分政府与市场的基本边界。由于市场在公共领域存在失灵现象，应充分发挥政府这只“有形的手”的作用，提供基本而有保障的体育公共服务。

一方面，市场应该在体育公共服务领域供给中扮演重要的角色，体育公共产品的提供既可以通过政府买单、补贴等方式进行，也可以采取市场运作的方法提供。体育公共服务供给主体的多元化、供给渠道的多样化，是体育公共服务供给的发展趋势。对部分竞争性、经营性的体育公共产品，可以由企业及非赢利性组织提供，同时允许民间资本和外资进入，实现总量增长和效率提高。

另一方面，要防止体育公共服务过度市场化。建立“体育公共服务领域引入市场化机制”，在政府引导下充分发挥市场的积极作用，明确界定政府与市场的职责，防止体育公共服务“泛市场化”的倾向。

4. 体育公共服务体制建设基本思路

我国体育公共服务体制建设是一项庞大的系统工程。要顺利推进，必须统筹规划，从制度层面出发，注重不同制度安排之间的联系，找准切入点，实现重点突破，提升体育公共服务供给水平。

(1) 建立体育公共服务体制必须考虑优先次序，实现重点突破

我国体育公共服务供求矛盾在不同地区、不同人群等方面表现并不一致。从体育公共服务种类和构成来看，应该解决社会成员急需的体育公共服务供给问题。从地区差异来看，要突出解决中西部和贫困地区体育公共服务的供给问题。从城乡二元结构体制来看，体育公共服务应该以农村体育公共服务体制建设为突破口。农村、贫困群体和西部地区，提供基本而有保障的体育公共服务，是建立体育公共服务体制的重中之重。

(2) 建立体育公共服务体制必须注重法制保障

从体育公共服务的角度看，法制保障主要包括制度保障、管理保障、监督保障等。

制度保障指通过制度创新，健全体育法规制度，形成依法治体的局面，保障体育公共服务的稳定要在现有体育法规制度的基础上，加快体育立法的速度，以保证体育公共服务体系的有序发展。从制度层面看，基层体育组织的培

育与支援制度、体育设施建设管理制度、社会体育指导员培养制度等都是当前迫切需要解决的课题。建立统筹协调、规范高效、分类管理、分级承担的体育公共服务管理体制。制定和完善体育公共服务的地方性法规、规章，正确反映和妥善协调各方面的利益关系，促进社会公平和正义。规范政府和其他社会力量在体育公共服务中的角色、作用和行为。完善相关政策、制度，通过实行分类管理，鼓励和支持社会力量参与体育公共服务。

管理保障指体育的法治管理应以保护市民体育权益为重点，资源配置的公平及对自主性活动的支持等方面是管理的重点。各级政府部门编制并发布实施体育公共服务领域的专项规划，明确各级政府提供基本体育公共服务和推进体育公共服务改革等方面的目标和任务，提出政策措施和项目建议。

监督保障指通过监督来纠正依法治体过程中产生的偏差，保证体育公共服务体系向预定方向前进。从当前情况看，监督主要从三个方面进行：一是对权力运用的监督，即对是否滥用行政委托的管辖权及是否权力过分集中等问题的监督；二是通过对体育管理人员及体育组织骨干的考核，监督其在服务活动过程中的守法行为；三是通过增加服务过程的透明度来监督体育服务，如公布年度服务计划和经费额度、财务公开等。

各级政府制定并发布体育公共服务分类管理标准，实施体育公共服务分类管理。明确政府职责，引导各类社会力量参与提供体育公共服务。加强对体育公共服务设施投资、建设、运营等标准的研究制定工作，提高资金的使用效率和设施的运营效率。组织制订或指导各级部门体育公共服务有关服务标准。加强对标准执行情况的检查管理，接受社会监督。

（3）推进体育公共服务体制建设，必须建立高层次的改革协调机制

体育公共服务体制建设涉及到各方利益关系。我国当前改革已经进入重大利益关系调整为特点的攻坚阶段，中国面临空前的社会流动和社会变革，使传统计划经济时代相对简单的社会结构逐步演变为市场经济条件下相对复杂的社会结构。社会结构的变化，伴随着利益关系调整、利益主体多元化等深层次的问题。当前的突出问题是城乡差距、贫富差距持续扩大，困难群体增多，财富总量的增长与民生问题突出并存①。新时期利益关系的变化增加了改革发展的复杂性，对基本体育公共服务供给和体育公共服务体制创新提出更为现实的要求，需要建立高层次的改革协调机制，统筹规划体育公共服务体制改革。

①迟福林. 推进制度建设 加强基本公共服务［J］. 当代经济：上半月版，2008（5）：6-7.

二、体育公共服务供给模式

（一）体育公共服务的供给主体、工具和过程

在体育公共服务中，政府必然要发挥主导核心作用，但这并不意味着政府是唯一的提供者，也不意味着都要政府来直接提供，而在于确保体育公共服务得到提供，扮演好多重角色。作为决策者，政府的决策应体现社会成员的需求和意愿。作为组织安排者，政府应对体育公共服务融资和预算、数量和质量做出安排，并选择最合适的主体和工具来提供服务。作为直接提供者，政府应直接向社会成员提供所负责的体育公共服务。作为管理者，政府制定体育公共服务规则和标准，并加以严格的监管。因此，强化政府体育公共服务职能，涉及到体育公共服务的提供主体、工具和过程三个方面（图 5–2）。

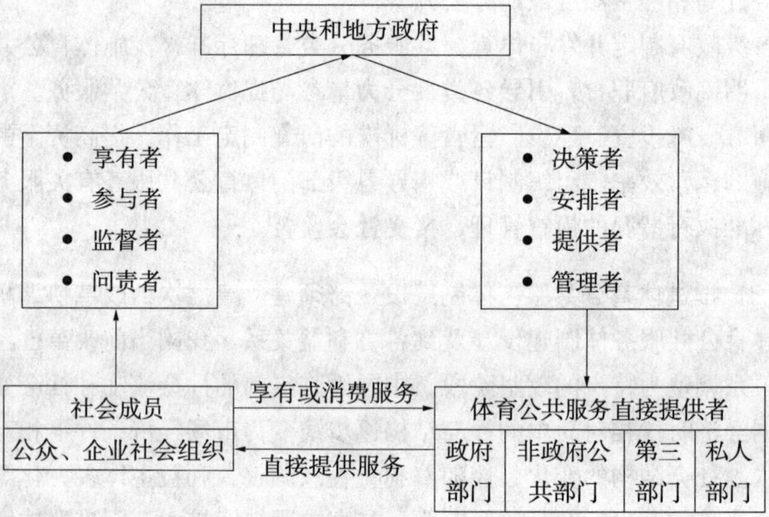

图 5–2　体育公共服务主体、工具及过程框架

依据：沈荣华《公共服务制度安排：增加投入、扩大参与和改善过程》一文中“公共服务的分析框架”改编整理.（中国（海南）改革发展研究院. 聚焦中国公共服务体制. 北京：中国经济出版社，2006：290.）

1. 体育公共服务的提供主体

体育公共服务的提供主体是指直接参与体育公共服务提供或生产的实体。按照性质不同，可将提供主体分为政府部门、非政府部门、非盈利部门、私人部门。

政府部门包括直接向社会公众提供服务的各种政府职能机构。非政府公共部门是指我们通常所说的那些非营利部门。以政府、企业、各类特定人群、会员、一般公众等为服务对象，实际上他们在很大程度上承担着公共服务的职能。中国非政府公共部门基本提供无偿服务、有偿服务和补偿服务（补偿经费不足）①。第三部门包括行业协会、慈善机构、志愿者组织和社区等非盈利民间组织。私人部门包括各种以盈利为目的的私人健身场所和健身俱乐部等。

2. 可供选择的提供工具

提供工具是指政府采取什么手段或方法来提供体育公共服务，如运用财政资金、公共权力、政府信息、特许经营授权等工具提供服务。西方国家政府常采用的工具：一是政府直接提供，即政府通过财政税收和公共支出向社会直接提供体育公共产品和服务，通常是免费的或收取部分成本费用，非政府公共部门通常也被列入政府提供的范畴。二是政府生产，即政府通过所属公共企业来生产和出售体育公共产品或服务，消费者必须付费，谁付费谁使用。三是政府补贴或购买，即政府通过财政资金来资助或购买私人部门、第三部门的体育公共产品或服务，提供给公众使用，政府本身并不是最终消费者。四是政府管制，即政府运用法律手段，行政强制手段禁止、限制或者准许某些体育公共服务行为，以对体育公共服务进行规范和监管②。

3. 提供体育公共服务的过程

体育公共服务的过程是一个社会公众、政府和各种直接提供者的互动过程，包括社会需求和意愿表达、政府决策和组织安排、直接提供者向社会成员提供一线服务、体育公共服务问责等环节。从国外体育公共服务过程来看，良性的体育公共服务提供过程应具备以下特点：公开透明；社会参与；高效、方

---

①丁元竹. 非政府公共部门与公共服务——中国非政府公共部门服务状况研究［M］. 北京：中国经济出版社，2005:2–3.

②孙晓莉. 中外公共服务体制比较［M］. 北京：国家行政学院出版社，2007：279–281.

便、及时、可得；公平、公正；惠及贫弱群体；可问责①。

（二）体育公共服务供给模式

要从根本上改变我国目前体育公共服务供给不足和低效率的原因，就必须从问题的源头入手，改革政府高度垄断的体育公共服务供给体制，引入其他能有效提供体育公共服务的市场主体。当然，我国体育公共服务供给体制不能脱离特定的国情和具体的体育环境。我国市场经济还不够成熟，市场机制和规则还不够完善，第三部门的力量还比较弱小，发展不够成熟。所以，我国的体育公共服务体制不能照搬西方市场经济成熟的国家，全面市场化，而是循序渐进，在一定范围内允许和鼓励私营部门进入和提供体育公共服务的领域，逐步建立起以政府为主，其他供给主体共同参与的新型体育公共服务供给体制（图 5–3）。

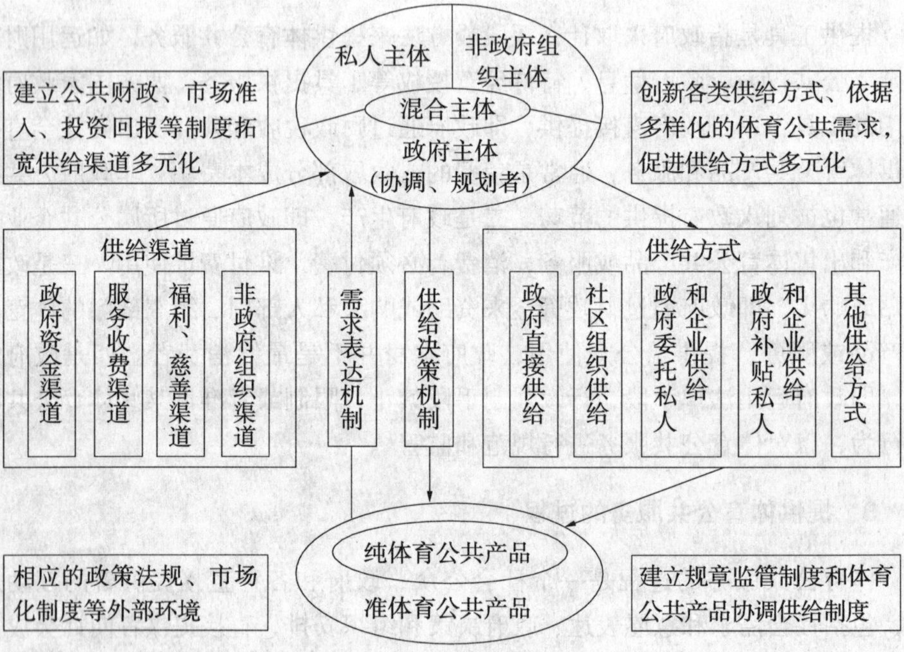

图 5–3　体育公共服务供给模式

依据：毛腾飞《农村公共产品供给模式》改编整理.（中国（海南）改革发展研究院. 聚焦中国公共服务体制. 中国经济出版社，2006：238.）

①沈荣华. 公共服务制度安排：增加投入、扩大参与和改善过程［G］// 中国（海南）改革发展研究院. 聚焦中国公共服务体制. 北京：中国经济出版社，2006:289–291.

1. 体育公共产品供给主体多元化

国外相关理论研究和实践操作经验已经证明体育公共产品供给市场化的现实，而供给市场化首先是供给主体多元化。体育公共产品供给主体是指体育公共产品的提供者，政府主体无论是过去、现在和将来，其主体地位是无可替代的。政府供给体育公共产品是“天然”的，具有不可替代的责任和不可推卸的义务。今后发展趋势来看，体育公共产品供给主体包括政府主体、私人主体、非政府组织主体，这些主体之间可以形成组合，使得体育公共产品主体多元化结构更加丰富。

私人主体是随着制度条件和经济水平的变化，体育公共产品完全可以按照“谁投资，谁受益”的原则进行私人供给。

非政府组织主体充分发挥了桥梁和纽带作用，提供了大量的市场信息、制度规范等非实物体育公共产品，促进了专业化合作和规范化经营。

政府、非政府组织和私人混合主体共同承担体育公共产品的供给，不仅可以缓解政府提供体育公共产品的财政压力，而且还可以有效的引入市场竞争机制，提高体育公共产品供给效率，实现经济效益与社会效益的均衡。体育公共产品供给主体多元化，是建立体育公共产品供给模式创新的重要取向。

2. 体育公共产品供给渠道多元化

体育公共产品供给渠道多元化主要是指体育公共产品资金来源渠道的多元化。体育公共产品供给主体多元化，一方面拓宽了供给渠道，另一方面对供给渠道多元化也提出了更高的要求。当前我国体育公共产品供给资金渠道主要有政府出资、服务收费及非政府公共部门参与，更多的部门以慈善、福利方式参与体育公共服务是一种新的融资方式。

3. 体育公共产品供给方式多元化

体育公共产品供给方式是指供给主体如何来组织体育公共产品供给的过程。体育公共服务需求多元化以及供给主体和供给渠道多元化，必然要求体育公共产品供给方式多元化。

政府作为供给主体之一可以直接提供属于本级职责范围的体育公共产品。社区自治组织作为供给主体之一，可以直接提供属于本社区范围的体育公共产品。

政府委托私人的供给方式，即政府可以将体育公共产品委托给私人来提供，主要指收费部分体育公共产品采用的供给方式。政府通过承包、租赁、托管等方式和私人企业间签订合同，私人或企业按照政府意图或合同来提供体育公共产品。

政府补贴私人或企业的提供方式主要是政府为了提高效率或弥补财力不足，可以通过直接补贴或间接补贴的方式，来鼓励和帮助私人或企业提供体育公共产品。

其他供给方式范围比较广，比如送文化进社区，体育三下乡活动等等。

（三）体育公共服务供给主体转变趋势

借鉴西方发达国家的经验，以及我国政府职能的转变，体育公共服务供给模式由政府垄断供给到多元化供给发展路径主要经历三个阶段：政府体育公共服务供给垄断单一模式－政府主导的多主体供给模式－市场主导的多主体供给模式。

1. 政府垄断供给模式

政府体育公共服务供给垄断的单一模式是植根于传统的“大政府”职能，即认为市场机制不能够有效解决体育公共物品供给中的“市场失灵”问题，政府能够负担一切具有公共性的社会供给。这种模式的理论来源是公共利益理论，认为政府是“仁慈”和“全能”的，能够代表公众利益，防止私人竞争带来的价格歧视和供给不足等问题。这种模式下政府严格控制一切公共资源配置和定价权，限制和禁止社会组织和资金参与公共服务的供给，由于缺乏有效的管理和激励，常常可能导致公共服务水平的低下和数量短缺。

2. 政府主导多主体供给模式

政府主导的多主体供给模式是政府仍然控制大部分公共资源的配置和定价权力，但是对于具有竞争性的部分公共物品可以利用合同、政府购买或者替代等方式扩大供给范围，也允许部分私人和社会组织参与公共物品供给某些环节。通过政府主导的管制策略来确保公共服务供给能够适当提高效率和降低成本。这种供给模式下政府对于公共服务管制仍然比较严格，只是在政府缺乏足够的财政资金和经营机构的前提下才会考虑引入社会资本和力量。因此，政府主导的多元化模式伴随着较为严格的政府管制体系。

3. 市场主导多主体供给模式

市场主导的多元化模式是政府通过重新设计权力配置和职能边界，除了承担一部分具有很强公益性和外部性的纯公共物品供给之外，充分利用私营部门的组织体系和管理能力，将以前政府承担的大部分公共服务供给外包或者出售给社会组织。公共部门由聚合转向分化，引入绩效管理策略，将政府从繁琐的实际事务中解脱出来，进一步提高政府通过有关管制措施确保市场主导的多元化模式下的公共物品公共性目标和市场化取向之间的平衡，促进社会整体活力和社会公平性的提高。

（四）体育公共服务运行的基本保障

1. 确立政府在体育公共服务供给中的主体地位

创新公共服务体制、实现基本公共服务均等化，重点在于强化政府公共服务职能，强化政府在公共服务体制中的主体地位和主导作用。体育公共产品内在的非竞争性和非排他性，决定了政府必须在体育公共服务供给中居于主体地位，这也是我国经济社会发展的必然。当前，我国民间组织参与程度低，多元公共治理结构尚未有效形成，因而需要发挥政府在体育公共服务领域中的“趋势作用”，而不仅是“拾遗补缺”。政府在体育公共服务供给中的基本职能：一是政府站在消费者的角度，制定体育公共服务政策；二是监管体育公共服务的生产与提供；三是付费，政府通过“付费”保证基本体育公共产品和实现体育公共服务的均等化；四是直接生产和提供某些体育公共服务。

2. 构建体育公共服务的多元参与机制

我国基本体育公共服务供给不足的另一个重要原因是缺乏社会协同，特别是公众参与不充分，这导致充裕的社会资源未得到有效利用。政府对体育公共服务负有主要责任，但这并不意味着政府是提供体育公共服务的唯一主体。在体育公共产品供给过程中需要建立包括民间组织在内的多元参与机制，应把一些公益性、服务性、社会性的体育公共服务职能转给具备一定条件的民间组织，在政府和民间组织之间建立起一种取长补短的平衡关系和合作关系。

3. 充分发挥社会体育组织的积极作用

政府作为体育公共服务供给的主体，并不排斥体育公共服务提供主体与方式的多元化。国际经验表明，多元化的参与主体与方式，有助于提高体育公共服务的总量与效率。随着社会主义市场经济的逐步确立，政府应该把更多的职能以多种形式转移给社会非政府、非营利性组织团体承担。这些组织不仅可以提供公共服务，而且应该承担部分社会公共事务的管理。中共中央国务院2006年颁布的《关于构建社会主义和谐社会若干重大问题的决定》中明确指出："健全社会组织，增强服务社会功能，发挥各类社会组织提供服务、反映诉求、规范行为的作用。"①

在体育公共服务供给中，避免单纯依靠政府发展公共服务的模式，以社会资源的动员和参与弥补政府在公共服务产品提供中的某些不足。因此，需要通过培育各类社会组织，完善社会化服务网络，形成社会服务的合力，做到既适应市场经济环境，又能及时回应和满足群众多元公共服务需求，构建政府负责、社会协同、公众参与的体育公共服务管理的新格局。

4. 建立体育公共服务体系多元化的治理结构

与政府公共服务中定位相对应，体育公共服务治理机制有政府的主导治理、政府参与治理和政府不参与治理等形式。这种多元治理结构不再是以前那种以政府为主导的网络，而是由公民、社会以及私有部门和非政府组织共同参与的，必须将政府机构内部决策、执行、监督等制衡机构与外部的监督与互动机制有机结合起来。

三、体育公共服务实践探索的路径选择

建立统一、平等和有效的体育公共服务体制，是我国行政管理体制改革与发展的一个战略目标。目前我们必须思考和探索的侧重点则要放在实现这一战略目标的步骤和策略上，这就是近期我国体育公共服务的制度建设和实践路径

①编写组. 中共中央关于构建社会主义和谐社会若干重大问题的决定［M］. 北京：人民出版社，2006：11-12.

选择的主要任务，也应该是学界探讨的主要问题。从本质上来讲，体育公共服务体制改革是通过政府、企业、第三部门、社区自治组织等多种角色的重新安排，优化它们的功能互补。在体育公共服务领域中引入竞争机制，打破传统的政府垄断地位，构建一个体育公共服务供给方面的多元竞争和新秩序，寻求我国体育公共服务体制改革的解决方案，已成为我国政府治理变革的现实需求。

（一）体育公共服务供给主体多元竞争机制

体育公共服务供给的多元主体在市场化的环境中，怎样合理地发挥其积极的作用，是运行层次上的模式问题，是竞争与互补机制。

1. 多元主体间的竞争层次

第一个层次是政府各单位的竞争。这种竞争通常也称为“公公竞争”，是“政府单位或机构之间为了提高体育公共服务效率和质量而打破传统的官僚主义作风，在政府内部引入市场机制而展开的竞争”。“公公竞争”的目的在于打破体育公共服务垄断性的集中配置、划片服务，实行体育公共服务的分散化，这就迫使提供“同质”体育公共服务的不同政府单位间的竞争。“公公竞争”的实质是要把提供体育公共服务的政府部门进行“公司化”改造，将效益第一、优胜劣汰的管理理念赋予公共部门，强化政府的内部市场竞争。

第二个层次是政府单位与盈利企业之间的竞争。这种竞争通常也称为“公私竞争”，准公共服务产品和许多私人产品，可以由政府提供，也可以由企业提供。市场化进程的推进，就是要发挥两者的竞争效果。“政府可以将传统的由政府垄断的体育公共服务推向市场，打破政府垄断格局，让企业等多种市场主体参与进来，形成多家竞争的局面”。政府可以通过“特许经营”等形式吸引一些优秀的盈利企业参与体育基础设施建设或提供某种特定的体育公共服务。

第三个层次是盈利企业间的竞争。这种竞争通常也称为“私私竞争”，它是指由政府确定体育公共服务项目的数量和质量标准，然后对外向私营部门招标承包，盈利企业之间围绕争夺招标而展开激烈竞争，中标的承包商按照与政府签订的合同提供体育公共服务。

第四个层次是第三部门与政府单位、盈利企业间的竞争。随着社会的发展和文明的进步，人们越来越有愿望和能力组织起来做一些事情，这些事情恰恰是政府和企业在提供体育公共服务时均难以顾及和不易解决的，例如关注弱势群体、自愿捐助和志愿服务等方面，而第三部门往往有着公益、自愿、专业的特点，也因此成为极具竞争力的体育公共服务提供者。我国第三部门由于现实的力量尚未完全成熟，所以目前第三部门对政府和企业的竞争领域主要在体育咨询中介等方面。

第五个层次是社区自治组织与政府单位、盈利企业间的竞争。社区自治组织作为一种群众自己的组织，往往对于群众日常生活方面的体育公共服务有着比政府和企业更强的竞争力，这种竞争是在局部的、微观的操作层次上。一般而言，体育公共服务供给成本高，一些企业不愿承担，而社区自治组织的自愿、公益和互惠特性使其具有承接政府转移出来的体育公共服务职能的能力和动力，而且相对于政府提供的容易僵化的体育公共服务和企业容易私利化的运作，社区对于老百姓的吸引力更大。

2. 多元主体间的优势互补

（1）政府和企业间的互补

政府组织在提供非竞争性和非排他性的纯体育公共产品时，有着自己的优势；企业组织在提供私人产品和准公共产品时有着更好的效果。政府组织有自己的权威影响力和执行力，企业组织有自己的激励机制和灵活性。政府权威制度最大的功能优势是通过公共选择的过程来制定公共政策，提供体育公共物品及服务，最大的劣势是难以实现资源的有效配置。市场交换制度的最大优势则是实现资源的有效配置，最大的功能劣势是难以消除外部效应和保证社会公平。政府权威制度与市场交换制度的内在结构决定了其各自的功能优势与功能劣势，这是不以人的意志为转移的。然而，政府失灵和市场失灵都常常出现在我们的社会经济生活当中。也就是说，政府和企业任何单独的一方都不足以提供最有效的体育公共服务。作为现时的体育公共服务产品的主要提供者，政府和企业有责任和义务以优势的互补来供给更优质的体育公共服务，这是两者的属性和本质特征所决定的。

（2）第三部门和政府、企业间的互补

对于企业而言，由于体育公共物品具有“外部性”，回报与付出无法对应，企业在体育公共服务的供给方面往往会处于“搭便车”问题的困境，另外企业在提供私人物品时也有一些功能缺陷，这就造成了政府和企业的“夹缝地带”，即两者都不能有效的供给体育公共服务。而第三部门作为非营利组织，具有数量众多、形式多样、功能发达且覆盖面广、渗透性强、灵活机动等优点，因而较适于填补这个空白地带。社会信息的沟通传播、技术行业标准的提供、大量烦琐的信息咨询服务等等都是第三部门的优势所在，并且它在监督政府和企业方面也将发挥重要的作用，是体育公共服务主体的第三支生力军。

(3) 社区自治组织与政府、企业、第三部门组织的互补

政府、企业、第三部门组织往往从宏观或全局的层次上来提供公共服务，关注的是整个社会层面上的多数人的需求。而在微观或局部的层次上，社区作为社会的基本组成单位之一，提供的体育公共服务对政府、企业、第三部门来说，都是不可企及或难以有效提供的，例如面向本社区居民的便民利民体育服务、丰富多样的体育文化娱乐活动、美化家园、社区整合，社区自治组织在这些领域的供给优势，有效地弥补了政府和其他组织在提供体育公共服务时的不足。同时，成熟、发达的社区自治组织是政府转变公共服务职能、进行公共服务体制改革的不可或缺的社会基础。然而从目前的情况来看，我国的社区自治组织还不适应发展社会主义市场经济、转变政府公共服务职能的迫切要求。

（二）体育公共服务引入市场机制

有关公共服务领域引入市场化机制的探讨并没有停留在理论层面，改革开放 30 年来行政改革已经进行大量的实践探索，并积累了相当多的经验与教训。如何看待体育公共服务引入市场机制，理论界也有不少的争论，争论至今仍在继续。对于一项深刻的、系统的社会变革来说，30 年的时间远远不够的。因此，需要从体育公共服务引入市场化机制的含义、推动力以及引入市场机制的方式进行分析，揭示体育公共服务引入市场机制的复杂性和艰巨性。

1. 体育公共服务市场化改革的含义

关于公共服务市场化的具体含义，皮埃尔（Jon Pierre）归纳为：第一，利用市场标准去配置公共资源，并利用市场标准去评估公共服务生产者和供给者的效率；第二，是新公共管理的一部分，强调移植私营企业的管理经验，强

调以结果为本；第三，个体可以在不同的服务供给者之间进行选择①。

我国学者结合以往的研究做了进一步总结：第一，决策与执行分开。制定政策是政府职责，政策执行可由公共部门、私营部门、非政府部门共同承担；联合决策与执行的就是市场机制。第二，公共服务部门的供给者并存，竞争发展。公共服务的提供者是私营部门不一定就会带来效率，关键在于提供者需竞争共存，以竞争取代垄断才能获得效率。第三，消费者对公共服务的选择权利。公共服务的消费者有选择权利及可供选择的资源。

依据公共服务引入市场化的基本观点，我们认为，体育公共服务引入市场机制主要在以下两个方面：

(1) 从体育公共服务市场化目标来看，体育公共服务市场化，首先意味着在体育公共服务领域重新界定政府与市场的功能，以解决体育公共服务“提供什么”的问题，主要表现是政府逐渐撤资即逐步淡出；其次，它意味着政府决策机制更加民主化，鼓励人们显示自己的需求偏好，以解决“提供多少”的问题，其主要表现是决策权利的下放等；再次，它意味着在确定政府承担提供体育公共服务责任前提下，把私人部门的管理手段和市场激励结构引入体育公共服务之中，以追求体育公共服务提供者的有效性，主要表现形式是企业管理方法的引入（绩效评估、全面质量管理、标杆管理、成本核算制度等）、政府委托授权（合同外包、特许经营等），以及内部引入竞争实行内部市场等。

(2) 从体育公共服务市场化方式方法来看，体育公共服务市场化至少包含了以下几层含义：

①总的理念的认同：相信市场的优越性；

②市场价值的肯定：竞争、成本、顾客、收益等价值取向出现在体育公共服务运行之中；

③市场纪律及市场激励的建立与作用的发挥：市场中风险与收益并存，参与者必须遵守其运行规则，并独自承受优胜劣汰的竞争结果；

④市场机制的引入：竞争、多样化；

⑤市场技能的借鉴：借鉴私营部门的管理方法来改造公共部门；

⑥市场主体的介入：让私营企业、非盈利组织、志愿者参与到体育公共服务中来；

⑦市场资源的利用：特许经营的方式借助市场资本提供体育公共服务。

---

①句华. 公共服务中的市场机制：理论、方式与技术［M］. 北京：北京大学出版社，2006.

2. 体育公共服务市场化改革的推动力

体育公共服务市场化改革的推动力是多元的、复杂的，各国的情况不同，其推行市场化的动机也不同，而且随着时间的推移而不断变化。

(1) 现实压力

就我国体育公共服务现状而言，一方面体育公共服务的提供呈单一化，缺乏灵活性，不能满足公众的实际需求；另一方面，政策缺乏明确的服务对象，忽视实际效果，资源浪费严重，造成体育公共服务供给质量和效率低下。通过引入市场机制，挖掘社会一切可以利用的资源来提高政府提供体育公共服务的能力，利用市场化方式来解决体育公共服务资金紧缺、供给不足、效益不高等问题不失为明智之举。

(2) 经济推动力

经济增长不仅整体提高了中国人的福利，而且从总体上讲，增长甚至改善了中国社会中大量最穷困群体的生活质量，使绝对贫困趋于下降。改革开放30年来，中国在生产和消费迅速增长的同时减少了贫困，说明经济增长对中国生活质量的影响非常显著。由于经济的日益富裕，人们能够自己提供各种服务，因而更乐于接受市场化的服务，减少对政府的依赖。

(3) 意识形态动力

作为“服务型”政府，权力的“有限”和责任的“无限”并不矛盾。因为，政府的基本性质就决定了政府权力的“有限”性和服务责任的“无限”性。政府规模过大，对完全可以由市场解决的且效果好的领域干预过多。在经济全球化趋势下，我国要真正跻身于世界经济强国，就必须精简政府，提高行政效率。政府将自己的职能定位于“掌舵”而不是“划桨”。其对社会的管理应定位于保证法律公平、公正的执行上；对经济的管理应定位于政策引导和产业扶持等宏观调控上；对社会服务的管理定位于监督职能上，而体育公共服务市场化正是实现这些定位的一种有效途径。

(4) 商业动力

改革开放后，我国政府支出比率下降的外部原因是经济管理体制的变化带来的。经济体制改革，改变了过去高度集中的计划管理体制，政府重新确定自己的职能，原有包办一切的工作方式已经得到了一定程度的改变。体育公共服务进行市场运作，运用私营部门、国有企业和国有资产可以得到更好的利用，将会产生更多的商机，获得更多社会效益和经济效益。

（5）平民主义

公众应拥有更多的体育公共服务选择权，他们应被赋予确认和满足共同需求的权利，减少对高高在上的官僚机构的依赖，更多的依靠家庭、邻里、社区组织和自愿团体，从而树立社区归属感，追求更好的社会生活。市场化将会提供公众自由选择的空间，体育公共服务将会走进公众的生活。

（三）公共服务引入社会化机制

20 世纪 80 年代，为了克服体育过分集中于国家包办的弊端，发动全社会办体育，国家体委提出了“体育社会化”的方针，其主要涵义是：“尽可能调动全社会参与体育的积极性与潜力，包括参与体育活动，参与兴办各项体育事业，参与、占有与分享属于全民财富的社会主义体育。”①尽管随着体育社会化的发展和研究的逐渐深入，研究者对体育社会化的内涵提出过一些新的见解，但体育社会化实质包括体育的社会性（即体育对社会的适应性）和社会办体育（即社会对体育的全面参与和占有）的观点，已经成为主流共识，并赋予“体育公共服务社会化”以相同的涵义。由于种种原因，体育公共服务领域社会化改革的效果，尤其是社会对体育公共服务的全面参与至今未如人意。党的十六届六中全会提出了到 2020 年我国构建社会主义和谐社会的目标和任务，并把“基本公共服务体系更加完备，政府管理和服务水平有较大提高”纳入其中。同时明确要求“必须创新社会管理体制，整合社会管理资源，提高社会管理水平，健全党委领导、政府负责、社会协同、公众参与的社会管理格局，在服务中实施管理，在管理中体现服务”②，为深化我国体育公共服务社会化改革指明了基本方向。

1. 体育公共服务社会化改革的含义

体育公共服务的性质定位问题，将决定社会化改革发展方向和所采用的管理体制与运行机制，也将决定政府和社会组织在其中的角色和作用。体育公共

①课题组. 我国体育社会科学研究状况与发展趋势［M］. 北京：人民体育出版社，1998.

②中共中央关于构建社会主义和谐社会若干重大问题的决定［M］. 北京：人民出版社，2006：5-14.

服务是事业还是产业？看法大致有三：一是产业论，即体育公共服务就是体育产业（或体育服务业）；二是事业论，即任何时候体育公共服务都是有别于体育产业的事业；三是复合体论，即体育公共服务是以公益性事业为主、以经营性产业为辅的复合体，其中少量能进入市场的部分为产业，大部不能进入市场的部分则为事业。与此对应，也有三种运行机制的主张：完全市场化、不能市场化、部分市场化——实行“事业”部分的非市场机制和“产业”部分的市场机制相结合的运行机制。这些年来，在国家加快发展第三产业和大力推进体育产业的大背景下，我国体育公共服务的性质始终未能准确定位，一度出现按照“产业论”进行市场化运作的倾向。但各领域的改革实践证明，将公共事业不恰当地按“产业化”要求全部推向市场，全面实行企业化经营的做法是行不通的，医疗卫生改革如此，教育改革如此，文化改革如此，体育改革也同样如此①。“以前我们以为，体育事业单位在市场经济条件下，都要走向市场，都要努力创收，依靠自由生存发展，也就是变事业为产业。现在看来，体育事业还是事业，只有其中一小部分可以变成企业”②。因此，当务之急一是统一认识，明确体育公共服务的“复合体”性质和社会化的内涵，准确甄别各类体育服务及其兴办主体的“事业”或“产业”属性，从而为社会化改革中的分类指导、分类管理提供基础平台；二是准确定位现阶段社会化改革的目标任务，明确政府和社会服务组织在提供公共体育服务中的角色和作用。

2. 体育公共服务引入社会化机制的理论依据

（1）对社会物品分类标准的重新解读为体育公共服务社会化改革提供理论支持

经济学以消费上是否具有竞争性和排他性作为标准，把社会物品作公共品、准公共品和私人品三类划分，业已为人所知，但却鲜有人推敲这种常用分类的标准是否存在重新解读的必要与可能。笔者对所涉资料的有限研究表明，国内外现有的社会物品分类标准，其提出的逻辑起点都是物品的“分配和消费环节”，并非“生产或提供环节”，即是针对该物品被生产出来后如何分配、如何消费、被谁消费以及消费效果如何构建。

①李静. 试论体育公共服务体系建设［J］. 南京体育学院学报：社会科学版，2009，23（1）.

②韩丹. 论我国体育基本上还属于公益事业［J］. 广州体育学院学报，2004（2）：4-6.

众所周知，生产、分配和消费在经济学中是内涵不同的特定环节。社会物品该如何分类虽然与分配和消费环节关联密切，但并不直接涉及生产性环节中其由谁生产、由谁提供的问题。因此，根据这种针对“分配和消费环节”提出的标准对社会物品进行分类时，人们是不能推断某类物品在“生产环节”上应该或不应该由谁来生产、由谁来提供的，因为这既不符合逻辑又缺乏充足的理由。比如多年流行的“公共体育服务属于公共物品，因此只能由也必须由政府负责提供和管理”的说法，现在看来是有失偏颇的。究其缘由，一是体育公共服务虽属公共物品，具有消费上的非排他性，但并不具有生产和提供上的排他性；二是非排他性的体育性的生产和排他性的生产都可提供出非排他性的体育服务消费。对社会物品分类标准的重新解读，无疑为我国体育公共服务社会化改革，尤其是实现政府“一家兴办”向政府与社会相结合的多元兴办的转变，提供有力的理论支持。

(2) 公共管理对象和管理内容动态变化的观点有助于拓展社会化改革思路

所谓公共管理，是指为了公益目的，由社会上发展起来的多元管理主体以及它们组成的网络结构，综合运用公私部门所提供的有效方式，在公民广泛参与、制约下，对公共事务所进行的管理活动。贺新宇的《重塑公共管理的基本职能》指出：公共管理以公共利益为核心，公共利益的非排他性、非竞争性、非盈利性是永远不变和恒定的。但是由这些性质决定的公共利益的内容，则随着不同时期、不同阶段在不断地变化着。也就是说，某个时期被认为是公共管理的内容，到另一个时期却不是公共管理的对象。“昨天的公共产品到今天可能变为私人产品，而今天的公共产品到了明天也可能发展演变为私人产品。”[①]由于国情、地区、民族、文化、经济发展水平等差异，一个国家、一个地区和一个民族特定的公共管理内容，对另一个国家、地区和民族来说，也可能不被列为公共管理的对象，甚至完全有可能形成不同或完全相反的结果。因此，我们不能一成不变、静止僵化地沿袭过去的观点看待今天的体育公共服务的社会化改革，诸如在服务理念、服务对象、服务内容、服务的生产提供方式等方面墨守成规，不敢超越和只唯书唯上、不唯实的思想方法，都是滞后于形势发展而应当摒弃的。公共管理对象和管理内容动态变化的观点，有助于突破传统思维的桎梏，丰富思路。它对于开拓体育公共服务社会化改革的崭

①贺新宇. 重塑公共管理的基本职能［M］. 北京：中国社会科学出版社，2006：4-9.

新局面，具有一定的方法指导意义。

3. 体育公共服务社会化的动力：市场、社会与政府的驱动

在全球体育公共服务社会化的浪潮中，中国的体育公共服务有没有必要和可能推进体育公共服务社会化，这也许是人们认识并不一致的问题。中国虽然从整体上仍属于发展中国家，经济社会发展总体水平与当代发达国家有较大的差距，但不意味着发达国家走过的发展道路，包括许多弯路，中国也必须重走一遍。因此，在体育公共服务社会化方面，借鉴发达国家的经验，少走弯路。我国发展市场经济的时间不长，目前的整体水平也不高，但这并不应该成为影响体育公共服务社会化的理由，相反我们应该紧紧把握市场经济改革进程，不失时机地推进体育公共服务社会化。

从中国当前改革与发展的实际状况看，不是我们要不要推进体育公共服务社会化的问题，而是如何不断创造条件加快体育公共服务社会化的步伐问题。因为大量事实证明，在市场经济条件下，政府如果不积极推进体育公共服务社会化，不仅政府难以适应民众对政府提供的体育公共服务日益增长的需要，而且还会带来一系列严重后果。推进体育公共服务社会化不仅是市场经济发展的必然要求，而且也是政府自身管理现代化的客观需要。

4. 体育公共服务社会化目标和内容：构建一个有竞争力的体育公共服务管理系统

作为一个正在建立市场经济体制的国家，中国的体育公共服务社会化只能根据中国国情，有选择、有步骤地进行。

第一，在体育的基础设施和公共项目的建设中，要引入市场机制大力推进社会化进程。在体育公共服务社会化领域，至少有两方面的事情可以大有作为：一是国家要有计划地逐步开放一些体育公共服务领域的项目，允许民间资本的进入，适当降低准入的门槛，充分发挥国有资本的作用，减少国家在这方面的投资压力，通过一系列具体政策规范非国有资本进入这个领域的经验行为，使体育公共服务领域的投资主体朝着多元化投入的方向发展。二是在所有的国家投资新建的体育基础设施和公共项目中，要坚持公开、公正的招标制度，面向社会公平竞争，公开操作，实行社会化管理。在体育基础设施和公共项目建设中，体育公共服务社会化是大有作为的。

第二，政府职能外移，发挥社会自身在体育公共服务中的作用。就是将可以由社会承担的职能尽量转移出政府，交由社会组织来承担。一是解决政企不分的关系问题，把政府原来承担的那些本属于企业的权利不折不扣规划给企业，使企业能够真正地轻装上阵，充分发挥其市场主体作用。二是政府不仅可以精简政府的组织机构，减少开支，还可以有效地提高政府的管理效率。

第三，放松对市场的限制，扩大准入领域。推进体育公共服务社会化的一个重要内容就是要放松对市场的限制，不断扩大市场主体准入的领域。目前在市场准入方面依然限制较多，不利于这些行业的发展，容易导致垄断。

第四，推进事业单位的社会化。对国家兴办的单位要进行全面的改革，使其逐步走向社会化的道路，是体育公共服务社会化的一个独特内容，也是面临的一项艰巨任务。体育事业多年来一直是依靠国家投入，在“两个文明”中发挥重要的作用，但是目前存在的问题相对突出。只有体育事业单位社会化，体育公共服务社会化问题就会得到有效的解决。

四、体育公共服务均等化发展问题思考

2005 年 10 月 11 日中共十六届五中全会通过的《中共中央关于制定国民经济和社会发展第十一个五年规划的建议》要求，要“按照公共服务均等化原则，加大国家对欠发达地区的支持力度，加快革命老区、民族地区、边疆地区和贫困地区经济社会发展”。2006 年 10 月 11 日中共十六届六中全会通过的《中共中央关于构建社会主义和谐社会若干重大问题的决定》进一步提出，“完善公共财政制度，逐步实现基本公共服务均等化”。公共服务均等化问题已成为当前我国经济社会发展中的一个重要热点问题。

（一）均等化的涵义与标准

1. 均等化的涵义

“均等化”，就字面理解包含均衡、相等的意思，而均衡有着调节、平衡的过程，最后达到相等。当然，这里的相等，只能是大体相等，不可能绝对相等。均等的内容包含两个方面：一是居民享受公共服务的机会均等，如公民都有平等享受教育的权利。二是居民享受公共服务的结果均等，如每一个公民无论住在什么地方，城市或是乡村，享受的义务教育和医疗救助等的公共服务，

在数量和质量上都应大体相等①。

2. 均等化的标准

有三种理解：一是最低标准，即要保底。"一个国家的公民无论居住在哪个地区，都有平等享受国家最低标准的基本公共服务的权利"②。"这个均等化我们理解就是要托一个底，是政府应该提供的诸如普及义务教育、实施社会救济与基本社会保障这类东西，对其应该保证的最低限度的公共供给，必须由政府托起来"③。二是平均标准，即政府提供的基本公共服务，应达到中等的平均水平。三是相等的标准，即结果均等。这三个标准并不完全矛盾，实际上这是一个动态的过程，在经济发展水平和财力水平还不够高的情况下，一开始首先是低水平的保底，然后提高到中等水平，最后的目标是实现结果均等。当然，要做到结果大体均等，政府的供给成本就不能是均等的。

公共服务均等化，或者说基本公共服务均等化的终极目标是应当使人与人之间所享受到的基本公共服务的均等化。由于个人总是处于某个地区或城市和乡村，为了实现这一终极目标，可以阶段性地通过实现地区之间和城乡之间基本公共服务的均等化，进而实现人与人之间的基本公共服务的均等化。

本文观点是从地区之间和城乡之间的体育公共服务均等化的角度来考虑的，因此，体育公共服务均等化应当包括地区之间的均等，城乡之间的均等和人与人之间的均等。

（二）现实状况：体育公共服务发展机制还无法实现均等化目标

我国建国之初就推行以工业为主导的非均衡发展模式，从而形成了城乡分割的二元结构。目前我国已经进入"以工辅农，以城带乡"的新阶段，虽然预算投入用于农村的数量在增量上略有增加，但是由于总量基数太小，在财政总支出大幅度增加的情况下，用于农村所占的比重还是很低，一头重（城市）一头轻（农村）的状态尚未根本改观。"随着我国法制不断完善，农民有权在体育福利上要求至少和城市居民同等的待遇"④。

①安体富，任强. 公共服务均等化：理论、问题与对策［J］. 财贸经济，2007（8）.

②楼继伟. 完善转移支付制度 推进基本公共服务均等化［J］. 中国财政，2006（3）.

③贾康. 区分"公平"与"均平"把握好政府责任与政策理性［J］. 财政研究，2006（12）.

④郇昌店，肖林鹏. 公共体育服务均等化初探［J］. 体育文化导刊，2008（2）.

1. 各级政府体育公共服务事权、财权不对称

1994年分税制改革后，财权上移成为中国政府间财政关系的一个明显趋势，地方财政的困难日趋扩大。现行分税制下，财权过于集中在中央，事权过于下放到地方，地方政府要负担大量的公共服务项目，却缺乏有效的融资渠道，造成地方巨额财政负担。1994—2002年期间中央财权平均为52%、地方财权平均为48%；中央事权平均为30%、地方事权平均为70%。地方政府，特别是广大农村地区，提供公共体育服务的能力很差。以江苏省为例，2000年江苏省的体育事业经费支出为34367万，用于全民健身工程为2815万，但真正用于全民健身工程不足1000万，这1000万，首先分布在市县城区，其次分布在乡镇。经费短缺已经成为制约农村体育发展的关键环节，根据陈仁伟对西北五省的农民体育调查，64.5%的人要求加大对农村体育的经费投入①。

2. 体育行政部门体育发展策略存在缺陷

按照公共管理的“分散化原理”，“每一项公共服务应该有它所能覆盖的最小地理面积上的政府来提供”。因此，地方政府提供地方性公共服务，中央政府提供全国性公共服务，是最具有效率的制度安排，这已经是公共部门经济学的一个基本原理。我国体育公共事业发展就属于这种模式，但是由于发展战略的问题，导致与公民密切相关的体育公共服务发展滞后。中央体育行政部门主要负责全国体育事业的规划和指导，同时负责执行“奥运战略”，有研究表明大量的体育经费用于发展竞技体育。地方体育行政部门为了出于自身利益，也大力发展“全运战略”，反而忽视了其他真正惠及全民的体育公共服务项目。中央和地方的“金牌战略”影响了体育公共服务建设，不利于体育公共服务均等化的实现。

3. 农村体育公共服务供给决策机制不规范

和城市体育公共服务的决策方式不同，我国农村体育公共服务供给主要采取“自上而下”的决策机制，公民被排斥在决策之外，有效的利益表达机制尚未形成。农村的体育公共服务供给在很大程度上取决于政府的偏好，政府官员根据政绩和利益的需要决定体育公共服务的内容、数量和质量。同时由于体育

①陈仁伟. 我国欠发达地区农村体育活动调查研究［J］. 武汉体育学院学报，2005（4）.

行政部门把竞技体育成绩作为体育工作的重要考核标准，形成了竞技体育产品在非意愿选择下的过分供给，其他体育公共服务项目的供给就显得力不从心。当前的情况下，地方体育行政部门大量发展竞技体育，兼顾发展其他体育公共服务项目的做法，将体育公共服务的消费主体排斥在决策之外，导致有限的体育公共资源严重浪费。

4. 体育公共组织不健全

由于我国多元化的体育公共服务供给模式尚未形成，大量的体育公共事务还是由各类公共体育组织（主要是政府和各种事业单位）负责，这种情况在体育发展相对落后的农村地区尤为突出。在我国制度转型的背景下，为了适应政府机构改革的需要，多数地方体育行政部门已经撤销或与其他部门合并，乡镇级文体站不存在或不能运转，导致农村现存的社会体育组织不能满足日益扩大的体育需求。

通过上述现实问题，我们进一步分析，体育公共服务供给可以从两个层面理解：一是从主体结构层面，就是谁来提供的问题；二是从供给过程的层面，就是怎么供给的问题；我国目前存在严重的供给不均衡事实。从结构上看，就是服务主体分为两个环节：供应和生产。供应的核心是投入资金和计划安排，生产的核心就是服务的产出，是技术性具体操作的环节。说到底，体育公共服务供给就是什么样的体制提供什么样的体育公共服务问题。现行体育公共服务发展机制还无法实现均等化目标。

（三）阶段发展：区域均等是体育公共服务发展的战略目标

1. 国家发展战略调整：体育公共服务区域发展的政策保障和依据

今后一个时期，中国将致力于重塑区域政策框架，而对区域间公共服务均等化的强调，将是其中一个重要的指导原则。这是国家发展和改革委员会宏观经济研究院副院长王一鸣在 2006 年 5 月 15 日开幕的“中国—欧盟区域经济发展研讨会”上所作的表述①。

这意味着，中国正在改变 20 世纪 90 年代以来偏重经济方面区域平衡发展的政策取向。从 20 世纪 90 年代中期开始，中国开始确立“坚持区域经济协调

①孙雷. 区域发展战略转向：强调公共服务均等化［N］. 21 世纪经济报道，2006-05-19（6）.

发展”的指导方针，并提出了一系列促进中西部地区加快发展的政策，进入本世纪以后又从区域开发战略着手，先后提出“西部大开发”“东北振兴”“中部崛起”等战略。

而国家发展和改革委员会地区经济司副司长王新怀在“中国—欧盟区域经济发展研讨会”上也表示，目前我国区域发展差距短时间内难以缩小。与此同时，由于区域政策偏重经济发展的区域平衡，对教育、卫生、文化等公共品供给的区域平衡关注不够也使得公共服务水平区域差距扩大。

我国“十一五”规划，改变了以往偏重于区域间经济平衡发展的取向，而更强调各区域公共服务的均等化和控制居民收入水平差距。要实现这一目标，就要求规范各级政府职能，政府从市场已经具备功能的经济调节领域退出来，转向主要提供公共产品和服务；财政资金从生产性和盈利性领域退出来，更多投向教育、医疗、社会保障、环保等公共事业。同时，随着财力的增长还要加大转移支付力度，加大对财力薄弱地区的财力支持。财政部正研究起草《财政转移支付法》，将规范政府间财政关系、责权划分等财政基本问题以法律形式固定下来。

对此，财政部为了匹配、落实区域间均衡的公共服务保障，财政部将结合政府职能改革，进一步明确各地政府基本公共服务的支出责任。

一是属于全国性和跨省（自治区、直辖市）的公共产品和服务由中央全额承担，以保证法治、法令统一。

二是属于面向本行政区域的地方性公共产品和服务的财政支出责任由省、市、县政府分别承担，以提高工作效率、降低管理成本。

三是属于不同级次政府共同管理的事务，要区别不同情况，明确各自的管理范围，分清主次责任，对具有跨地区“外部性”的公共产品和服务的财政支出责任，由相关地区与上级政府按照一定比例分别承担[①]。

这些战略和政策的调整，为体育公共服务区域发展提供了保障和政策依据，也为体育公共服务区域均等化提供了实现的可能。

2. 区域体育公共服务价值追求与区域经济、社会发展相适应

体育公共服务区域协调与共同发展的价值取向，与区域体育协调与共同发展，确立了一种新的体育发展观。它的产生是基于以下三个前提：一是协调与

①孙雷. 区域发展战略转向：强调公共服务均等化［N］. 21世纪经济报道，2006-05-19（6）.

共同发展追求人、社会、自然间的和谐，它要求人类生活遵从公平性、持续性、共生性等基本原则①；二是当前国内外体育思想的主流体现着以人的发展为本的趋向；三是承认体育发展的区域性，追求与区域经济、社会发展相适应的体育格局。

区域体育公共服务协调与共同发展的目标指向人的全面发展。人的全面发展一般是指自然赋予人的各种潜能的充分发展，人的自主、自觉、自为的本性和才能的充分发展以及人的社会关系的健康发展。区域体育公共服务协调与共同发展的实现有赖于体育价值观念的转变并付诸实践。《中共中央国务院关于进一步加强和改进新时期体育工作的意见》和《2001—2010年体育改革与发展纲要》中明确提出要实现区域体育的平衡、协调、共同发展的思想，区域政府、体育行政部门应根据这一指导思想来正确处理竞技体育与群众体育的关系，将区域体育结构调整的立足点放在区域体育公共服务政策结构调整上，建立符合协调与共同发展观的体育公共服务政策评价机制。

3. 区域体育公共服务发展应遵循的原则

区域体育公共服务发展是指在一定地域范围内对整个地域的体育公共服务进行总体的战略部署，以实现区域体育公共服务的可持续发展的规划。它从中观层面研究区域体育公共服务的状况并进行战略部署和规划，通过实现区域的体育公共服务发展来推动我国体育公共服务的发展。

（1）整体性原则

这包括两方面含义：第一，区域体育公共服务属于国家宏观体育公共服务的一部分，其发展必须符合国家的体育公共服务发展战略，即与国家的体育公共服务发展保持一致。第二，区域体育公共服务属于区域社会发展的分支，区域体育公共服务的发展要与区域社会、经济、文化的发展能够协调。从而形成区域发展的一体化，推动区域的政治、经济、文化、社会四位一体的全面发展。

（2）关联性原则

任何一个生态系统都是相互关联的，它们相互联系、相互作用、相互依赖。在对区域作体育公共服务发展规划的时候，必须坚持全面、联系的观点，

---

①张传奇. 论可持续发展的哲学基础［J］. 求是学刊，1998（6）：19-22.

即全面地分析该区域体育公共服务的内外环境因子，科学地把握它们之间的联系和区别，同时结合考察该区域的体育公共服务的演变历史，找出该区域对体育公共服务可持续发展的有利因素和限制因素，因地制宜、因势利导地做好长期规划。

（3）平衡性原则

在体育公共服务系统与社会系统进行物质、能量、信息交换中要保持一种有序性和持续性，形成体育公共服务系统与社会服务系统的动态平衡。它要求体育公共服务规划工作者对体育公共服务系统进行自觉调控，使体育公共服务与环境形成相互适应的局面，并确保体育公共服务系统的物质和能量输出、输入保持平衡。

（4）区域性原则

不同的区域之间存在着自然状况、地理条件、社会历史与文化环境等方面的诸多差异，地理环境影响了人类的遗传信息，造成了区域人种差异。不同人种具有不同的生物学特征，因而不同地域不同人种的发展在形态、机能、身体成分等方面具有不同的特点，使他们在某些运动项目上具有先天的偏好。因此，在发展区域体育公共服务时，要挖掘出该区域的比较优势，扬长避短，具体情况具体分析，结合区域发展的实际情况有步骤、有计划地发展具有区域特色的体育项目。

4. 建立区域体育公共产品和服务制度供给的基本构想

（1）完善区域体育公共产品供给的决策机制

区域范围内的公众是区域体育公共物品最直接的使用者和受益者，公共财政提供的区域体育公共物品是否符合区域内广大居民的实际需要，是衡量区域体育公共物品供给有效性的重要标志。因此，在决定区域体育公共物品供给的种类和数量时，公众最有发言权。现阶段公众对区域体育公共物品需求的特征有实用性、多样性、安全性、决策的参与性。而现行区域体育公共物品供给的特征有强制性、统一性、主观性等特征。显然，供给与需求之间很容易出现矛盾，不但体育公共物品的供给总量和结构不可能真正满足公众的实际需求，而且还可能超越公众的实际承受能力。因此，要提高体育公共物品供给的效率必须采用科学的办法。一是进一步完善区域管理委员会制度和区域民主决策机制，采用直接民主与代议民主相结合的方法，由全体区域组织和个人对本区域体育公共物品的需求和供给进行投票表决。二是通过民主选举约束，使区域管理委员会领导人在区域体育公共物品的供给决策中真正为本区域公民负责，把增进本地公民的利益放在首位，深入了解公民对体育公共物品的实际需求。三是实施区域公共管理中的“一事一议”制度，区域公共管理的各级组织应积极带领群众严格执行。

（2）建立区域体育公共产品和服务的多元治理制度

区域体育公共产品多元模式就是区域内政府、私人部门和民间组织等共同负责区域内体育公共产品的生产、供给和管理。在多元供给模式中，政府、私人部门和民间组织联合起来共同完成对区域体育公共产品的治理。三者之间的关系是相互补充、相互支持、相互监督的关系。它们依据不同的原则在区域体育公共产品的治理中分别发挥着不同的社会功能。政府是以国家利益和行政区域内的公共利益为取向，对体育公共产品的治理做出全面安排，它不仅要承担区域纯体育公共产品的直接供给，而且要确定可以由私人部门生产的体育公共产品项目，完成相应的政策设计和制度创新。政府还负责对民间组织进行扶持、引导和规范，使其在区域体育公共产品治理中更有效地发挥应有的作用。私人部门以追求利润最大化为取向，依据相应的制度安排参与区域体育公共产品的治理，发挥政府无法发挥的作用。民间组织以追求公益性为取向，扩大区域体育公共产品对公众需求的覆盖范围。由于民间组织同公众的联系最直接，对区域内体育公共产品的需求也最了解，可以补充政府和私人部门的不足。由于民间组织的参与，形成了有第三方介入的监督机制，更能够有效发挥监督机制的作用。民间组织一方面对政府进行监督，另一方面对私人部门进行监督。民间组织同政府和私人部门相比有自身的优势和特点。同政府组织相比民间组织更具有灵活性，这种灵活性带来的是低成本、高效率。民间组织独立于政府体系之外，可以摆脱政府组织结构的固定模式，形成自己特有的多样性和灵活性，形成平等的参与式的组织结构，在提供体育公共产品的过程中，可以创造出比政府更低的成本和更高的效率。

（3）建立区域体育公共产品均等化实现制度

所谓区域体育公共产品均等化，指的是区域内政府要为区域公众提供基本的、在不同阶段具有不同标准的、最终致均等的体育公共物品和服务，在主观上不存在对人的分级化，如农民与市民、体制内与体制外等歧视性供给。

建立区域体育公共产品均等化实现制度，实质在于政府要为全体区域内成员提供基本而有保障的体育公共产品和服务。就要实现区域体育公共产品的均等化，实现政府转型，建立服务型政府。我国现行政府有四大功能：经济调节、市场监管、社会管理、公共服务。区域政府也一样，但作为区域协调发展为目的的区域内政府，应当转变思维，切实转变职能，由先前凌驾于社会之上的、封闭的、自我服务的官僚机构转换为受“顾客驱动的政府”。致力于以“无缝隙”的公共管理方式，来满足公众的多样化和个性化的需求，提升体育公共产品和服务的价值。只有实现了政府转型，使其转变成为公共服务型政府，我们才能提供足额的体育公共产品和服务，真正满足群众的多样化需求。也只有在区域体育公共产品和服务足够充沛的基础上才能实现体育公共服务的均等化目标。

(4) 科学划分区域公共管理主体的财权和事权

建立区域体育公共产品财政管理体制，一是要根据区域合作体育公共产品的属性，明确划分各级政府的事权。应根据区域体育公共产品的层次性，按受益范围的不同，确立区域管理各层级责任主体的责任范围。二是要建立区域体育公共产品管理委员会的专项运作资金，以此来保证区域体育公共产品建设资金的独立性、公正性和权威性。区域体育公共产品管理委员会专项运作资金主要来源三个方面：第一方面是区域内政府提取一定比例的财政资金；第二方面是国家拨款；第三方面是从市场筹措。三是建立区域体育公共产品建设的转移支付制度。区域体育公共产品由于其自身的特殊性，建设资金短缺将是最为突出问题，但鉴于区域发展带来良好的社会效益，所以，我们一定要从国情出发，坚持以公共化为取向，坚持规范化为原则，不断健全公共财政体制，用财政转移支付的手段加强和改善体育公共服务，保证区域体育公共产品供给的平衡。

(5) 加强区域体育公共物品有效供给的法制保障

一个有秩序的良性运行的社会，必定是一个有着良好法治传统的社会。区域体育公共物品的有效供给也必须要有法律的保障。解决区域体育公共物品的有效供给，必须实现区域范围内体育公共物品的统筹供给。如果没有法律的保障，这个发展思路在实践中很难得到真正的贯彻和实施。因为区域公共管理问题无论在理论上和实践上都还属于一个新兴事物，尚缺乏可供参考和借鉴的理论依据和实践经验，各区域公共管理问题还处在摸索阶段，因此有必要据此制定相应的法律、法规进行引导和规范。只有通过法律的介入，使区域体育公共物品供给相关制度法律化、规范化，才能切实保障区域民众的切身利益。

（四）未来展望：体育公共服务的均等化，体制建设是关键

体育公共服务均等化，是扩大公共财政覆盖面，让全体社会成员共享改革发展成果的制度安排。新阶段公共需求快速增长的趋势，对体育公共服务制度创新提出了更为迫切的要求。目前中国体育公共服务存在着水平低、不均衡、体制建设滞后等突出问题，究其根源，都与体育公共服务制度缺失相关。例如，城乡体育公共服务的严重失衡，根源是城乡二元的体育公共服务制度安排不够合理；体育公共服务体系建设滞后，很大程度上反映出行政管理体制改革不到位的问题。因此，在未来发展中体育公共服务的制度建设尤为重要。

1．尽快建立城乡统一的体育公共服务制度

城乡体育公共服务供给的失衡，已成为新阶段统筹城乡体育发展的突出问题。长期以来，农村体育公共产品的供给主要不是靠公共财政，而是靠农民自己，由此造成城乡居民基本体育权利和发展机会的不平等，加剧了城乡结构失衡，这种差距在1.2亿农民工群体上得到集中体现。在快速工业化、城镇化的背景下，为农民工提供基本而有保障的体育公共服务，已成为缩小基本公共服务城乡差距和区域差距的焦点问题。从某些现实条件来看，当前改变城乡二元体育公共服务制度的条件已经成熟，建立城乡统一的体育公共服务制度势在必行。

2．加快建立政府体育公共服务绩效评价体系

近年来，关注民生、保障民生已成为各级政府的重要任务，但由于体育公共服务缺乏严格的考核评价体系，其在执行中大打折扣。事实上GDP的政绩观还在发挥作用，一些官员仍然习惯于抓经济总量、抓投资项目，而缺乏体育

公共服务的概念。必须尽快建立体育公共服务绩效评价体系，从而约束、引导政府部门和官员的行为，提高公共部门在体育公共服务供给方面的效率。具体而言应当尽快把体育公共服务数量和质量指标纳入政府绩效考核体系中，并且大幅度提高其权重，将体育公共服务绩效评估与干部选拔任用和内部激励相联系，在此基础上建立相应的问责机制。

3. 建立体育公共服务的社会参与机制

与市场力量相比大多数社会组织具有非盈利性的基本特征，其主要业务范围与体育公共服务项目具有许多相同或相似之处，而且社会体育组织还可以利用其组织形式灵活多样、活动具有自发性等优势，在体育公共服务供给环节起到更重要的作用。就现实情况看，中国社会体育组织的现状远不适应经济社会发展的实际需求。

4. 加大公共财政对公共服务领域投入力度

我国原来的财政制度主要是一种以经济建设为主的全能型财政制度。近几年情况有所改变，但是，经济建设支出在财政支出结构中依然占首位。以2005年为例，国家财政总支出3.39万亿元，其中第一位的仍然是经济建设费支出（9317亿元，占27.5%），超过社会文教费（26.4%）、国防费（7.3%）、行政管理费（19.2%）以及其他支出（19.7%）。特别是财政支出的一部分仍投向竞争性的国有经济部门①。下一步，财政体制要向公共财政体制转变，财政支出结构要进行重大的调整，财政支出要退出长期处于“与民争利”状态的竞争性项目，加大对目前比较薄弱的基本公共服务领域的投入。2007年前11个月财政各项重点支出来看，农林水事务支出3062.63亿元，增长29.7%；教育支出6822.41亿元，增长22.3%；医疗卫生支出1948.71亿元，增长37.3%；社会保障和就业支出5517.83亿元，增长33.7%；科学技术支出1448.32亿元，增长23.4%；环境保护支出830.8亿元，增长42.9%②。2008年财政收入增长或将呈现小幅回落，但在财政收入总体增加的情况下，建设支出比例将继续降低，社会性支出的比例的逐步提高，2008年财政支出更侧重民生。民生支出

①常修泽. 公共服务均等化亟须体制支撑［J］. 瞭望，2007（7）

②罗沙，韩洁.2008年财政收入预计突破6万亿元. 2009-01-05. 新华网 http://www.cs.com.cn/xwzx/03/200901/t20090105_1706422.htm

不仅有利于改善民生，同时还能够改善经济增长的结构③。

5. 建立城乡协调发展制度

体育公共服务均等化最突出的问题是机会不均等，尤其是城乡分割的体制使广大农民和进城的农民工没有享受到应有的“国民待遇”。为此，下一步需要加快建立有利于改变城乡二元结构的体育公共服务体制。政府应把体育基础设施和社会体育事业发展的重点转向农村，逐步加大对农村体育公共服务的投入。通过以上双向努力，最终建立覆盖城乡的体育公共服务体制。

①武文静. 2008 年财政支出更侧重民生［N］. 中国产经新闻报，2008-01-17（B03）.

体育公共服务理论框架及系统结构

樊炳有

摘　要： 结合体育公共服务自身独特的范式，内部存在必要的结构和张力，从体育公共服务的定位，体育公共服务的模式、结构与政策，体育公共服务体制与机制，体育公共服务管理四个层面构建体育公共服务理论分析框架。体育公共服务实践系统为：体育公共服务管理系统、体育公共服务规划系统、体育公共服务融资系统、体育公共服务提供系统和体育公共服务绩效评估系统五个系统结构。

关键词： 体育公共服务；理论框架；系统结构

最初的公共服务理论来自社会学的理论。由于在生产力不发达时期人民防御自然灾害的能力非常弱，防御灾害工程是社会个体和大多数组织所不能完成的，因此只能依靠国家集中全国的资源和人力来进行。随着历史的延续以及组织和管理技术的发展，公共事业逐渐产生并构成了政府的主要职能[1]。

随后的政治学理论发展了公共服务理论，认为现代国家的公共服务职能是基于社会契约的公共性理念上的公共活动。主权（公民权利）在民，巩固权利当然应该是为公众权利服务的公器[2]。

随着公共经济学中“公共产品”理论的提出，公共服务的研究成为整个经济学和财政学的主流和基础。基于公共产品理论，公共服务被认为是政府为了满足社会需要，而向它辖区内的居民提供公共产品的服务行为的总称。它可以由法律授权的政府和非政府公共组织以及工商企业部门生产，是为了全社会所有公民共同消费、所有消费者平等享受以体现公共利益的社会产品[3]。

体育公共服务的产生和发展是一个历史进程，在不同的国家及其不同的时期具有不同的形式和内涵。我国建国之初提法的主要理念是“为人民服务”。从提供公共工程的公共服务，到人民主权的公共服务，再从市场经济下的公共产品提供的公共服务，再到为顾客服务的公共服务，人们对公共服务的认识也随着公共服务的实践而深化。体育公共服务在这一发展历程中逐渐进入学界的视野，走进人们的生活之中。

1 中国的特殊背景下体育公共服务的含义

公共服务在我国由来已久。新中国成立后党和政府一直很重视公共服务的组织提供，只是在相当长的时期内没有正式形成明确的公共服务概念。从新中国成立以来的实践看，公共服务组织管理方式演变大体可以分为三个阶段：

第一阶段是新中国成立后到改革开放前高度集中的计划经济体制时期。这一时期尽管没有明确的公共服务概念，但公共服务不仅受到重视，而且作为社会主义制度优越性的重要体现，采取由政府全包、福利分配的供给方式，并在一些局部领域初步实现了低水平广覆盖。但存在严重的短缺和城乡分割问题，相当一些领域公共服务则为空白。

第二阶段是改革开放以来到 21 世纪初。这个时期是我国经济社会急剧变革的时期。经济体制转轨、对外开放扩展、经济持续快速发展、社会深刻转型，对公共服务的组织提供产生了多方面影响。一方面伴随经济发展水平的提升，公共服务的总体供给能力有了很大提高，一些空白被填补，服务体系初步形成。在组织管理方式上，比较单一的由政府包揽、福利分配模式被打破，逐步走向社会化、市场化。市场化的广泛引入对公共服务的供给模式产生了深刻影响。但出现了明显的不平衡问题，城乡发展不平衡、区域不平衡的矛盾变得突出。同时在运行体制机制上也暴露出一些问题。

第三阶段是进入 21 世纪后，特别是党的十六大、十六届三中全会以来，现代公共服务的理念全面确立，受到了各级政府的广泛重视。公共服务的公平享有成为社会关注的焦点，均等化问题被提出并被作为一个重要原则。党的十六届五中全会关于制定“十一五”规划的建议明确指出，

"各级政府要加强社会管理和公共服务职能，不得直接干预企业经营活动"，"健全扶持机制，按照公共服务均等化原则，加大国家对欠发达地区的支持力度"。各方面开始着力探索更好地履行政府公共服务职能、更为有效的服务组织管理方式。

胡锦涛总书记在十七大报告中对建设公共服务型政府的根本宗旨、目标要求、职能配置、管理方式、行为模式等作了明确的原则性规定，对我国各级政府推进行政管理体制改革，打造民主、透明、法治、以人为本的公共服务型政府，必须坚持以人为本，树立服务理念，实施多元化战略，构建公共服务型政府体系，"为市场主体服务，为社会服务，最终为人民大众服务"。

在我国现有国情的背景下，界定体育公共服务还要考虑以下三个维度。第一种思维角度：从物品的角度，即根据物品的特性来界定公共服务。第二种思维角度：从政府的角度，即根据政府的特性来界定公共服务。第三种思维角度：从服务的角度，即根据服务的特性来界定公共服务。

根据上述的考虑，本文提出：体育公共服务就是提供体育公共产品和服务行为的总称；包括加强体育公共设施建设，发展体育公共事业，发布体育公共信息等，为丰富社会公众生活和参与社会体育活动提供社会保障和创造条件。体育公共产品和服务是整个社会共同消费的，由政府和市场协调发展来提供。

2 体育公共服务理论解析与建构的必要性

由于体育公共服务与公共行政、公共管理紧密相联，因此它不是单纯财政的问题。某种意义上说，体育公共服务是经济问题，也是社会问题，同时又是政治问题。体育公共服务的属性在于它的公共性、普惠性和社会公平。体育公共产品和公共服务的提供，是政府调控社会群体之间收入差距、促进社会公平正义、保障社会安定有序的有效制度性手段和机制。我国体育公共服务的研究和实践已经启动，但由于认识、经验、条件的局限，我国体育公共服务发展仍然比较缓慢。因此，这个领域的研究需要对我国体育公共服务体系的演变、发展历程及政策背景作出说明，需要科学的发展目标、发展策略，面临着全面的理论创新。其必要性在于：

第一，构建体育公共服务理论体系是落实科学发展观，满足人民生活水平提高的需要。

科学发展观的提出标志着发展理念的深刻变化，要求我们正确理解和全面衡量发展，坚持以人为本，把促进人的全面发展作为根本目标；同时，不仅注重发展成果的创造，而且要注重发展成果的公平分享。目前影响社会不和谐的因素有很多，一个重要方面是公共服务尤其是基本公共服务配置不均衡，城乡差距、区域差距比较大。建设和谐社会需要从改变这种状况入手，使广大群众感受到变化，切实从发展中得到更多的实惠。

随着我国发展阶段跨越，人民生活总体达到小康。身体要健康，对体育公共服务产生了更多的需求，并且呈现出多样化、差异化特征，要求也越来越高。如何从我国的基本国情和现阶段发展实际出发，统筹考虑满足基本体育公共服务的需要和兼顾多样化需求，需要对现行组织管理方式进行必要调整和改革。依据全面建设小康社会背景，确立体育公共服务内涵，建立体育公共服务的发展目标，构建体育公共服务运行机制，使之成为完整的理论体系，是科学发展观在体育公共服务领域的具体实践。

第二，强化政府体育职能转变，更好履行政府体育公共服务职能的需要。

现在各级政府已经普遍认识到体育公共服务的重要性和责任。依法履行好体育公共服务职能，不仅需要强化责任意识，更重要的是提高履行体育职责的能力，使能力与责任相符。这就需要把握住关键领域和环节，从解决最为紧迫、突出的矛盾入手，使体育公共服务的指向更加明确、管理更加仔细，效果更加好。

第三，从体育公共服务贵在改善民生的角度来看，需要理论研究。

现阶段，民生问题已经不再是简单的衣食之忧，而是包括教育、就业、收入分配、社会保障、医疗卫生乃至公平正义等高层次的民生问题。政府将从更多关注经济指标的增长和本地区引资的多与少，转向到关注发展公共产品和提供公共服务是历史的必然。体育公共服务是解决上述问题必不可缺少的因素，是体现以人为本和弥补市场公共品供给失灵的重要制度安排。

第四，从体育公共服务面临的问题来看，需要理论说明。体育公共服务是社会体育发展的新的体育形态，它在成长中不可避免地遇到各种各样的问题。需要不断总结经验，给以理论说明，使之逐步完善，就成为一个现实的问题。

第五，从体育公共服务发展的态势和走向来看，需要理论指导。

全面建设小康社会，体育公共服务如何发展？这是体育界普遍关心的问题，对此作一些粗浅的前瞻性预测和研究是很有必要的。

第六，从全面建设小康社会进程来看，是缩小城乡差距的重要举措。体育公共服务体系的建立，是条件均等观念的具体体现，有助于维护社会政治稳定，是实现区域和谐发展的重要实践。对贯彻落实全面建设小康社会的宏伟目标具有十分重要的实践意义。

第七，从发展群众体育的视角看，体育公共服务广泛开展，提升了区域群众体育发展的水平，逐步形成良性的互动，有效地促进城乡体育事业的发展。

3　体育公共服务的理论分析框架

根据体育公共服务的内涵，结合体育公共服务的特性，体育公共服务可以通过公共部门直接提供，也可以是政府提供，或是政府提供资金支持而由私人部门来提供。因此，体育公共服务的理论分析框架应从体育公共服务定位；体育公共服务模式、结构与政策，体育公共服务体制与机制，体育公共服务管理四个方面考虑分析体育公共服务基本理论问题（图 1）。体育公共服务的理论问题是各国体育公共服务发展中都必须面对的问题，只是不同国家或地区，或是处于不同发展阶段使其主要问题处于不同的层次，或是主要问题处于同一层次但程度不同。

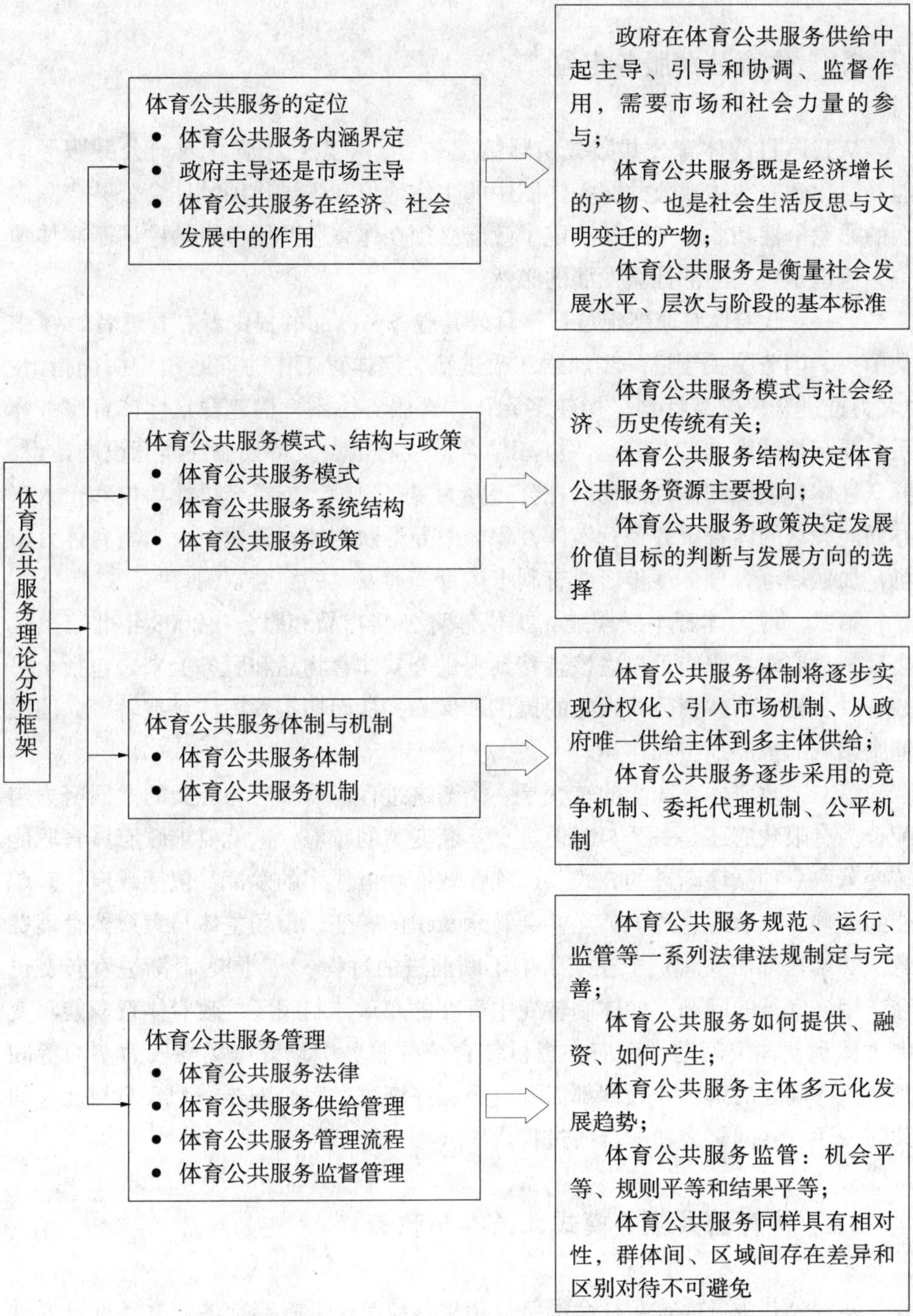

图1　体育公共服务理论分析模型

3.1 体育公共服务定位

从我国目前体育公共服务实际情况来看，重点在于强化政府公共服务职能，强化政府在体育公共服务体制中的主体地位和主导作用。体育公共产品内在的非竞争性和非排他性，决定了政府必须在体育公共服务供给中居于主体地位，这也是我国经济社会发展的必然。

第一，政府体育职能定位：体育公共服务与产品的提供者、管理者。《中共中央、国务院关于进一步加强和改进新时期体育工作的意见》中明确指出："大力推进全民健身计划，构建多元化体育服务体系，构建群众性体育服务体系，要坚持政府支持与社会兴办相结合。政府重点支持公益性体育设施建设，群众性体育组织和体育活动以社会兴办为主，鼓励、支持企事业单位和个人兴办面向大众的体育服务经营实体，积极引导群众的体育消费，大力培育体育市场，加强规范管理，逐步形成有利于体育产业发展的社会氛围。"

第二，政府体育本质职能：提供体育公共物品和服务。2008 年北京奥运会后，政府体育职能重点应该转移到提供公共体育物品和服务上来，包括全民健身以及相应的体育公共设施的提供和保障，从而切实发挥体育在教育、国民健康领域的重要地位和作用。

第三，政府体育职能的转变是一个渐进过程，需政府与社会的共同努力与配合。有限政府还是一个与时俱进、不断变革的政府。这就要求政府体育职能转变采取一种循序渐进的方式，以确保政府积极作用的发挥。包括政府体育职能的理顺、政府观念意识甚至社会观念意识的转变、市场主体与大众体育消费意识的培育都需要有一个在摸索中不断前进的过程[4]。同时，渐进性转变也会产生许多新的问题，如体制转变中存在的双重体制问题、政府体育职能转变中主体利益冲突问题、政府在提供体育公共服务中培育市场与权力垄断等问题。这些问题的解决和处理都需要一个循序渐进过程，需要一个政府与社会的共同关注、共同努力和配合的过程。

3.2 体育公共服务模式、结构与政策

体育公共服务模式与社会经济、历史传统有关。在当前的背景条件下发展体育公共服务，首先必须准确界定政府的体育公共服务职能，其核心在于确定

提供公共服务的范围和重点，并不是所有体育公共服务需要政府干预。在决定政府提供体育公共服务的范围时，考虑可以获得的公共资源。在确定体育公共服务的范围和重点之后，需要决定如何提供这些公共服务。

体育公共服务结构决定体育公共服务资源的主要投向。体育公共服务的基础设施、体育公共服务法律体系必须由政府提供，明确中央和地方各级政府在体育公共服务提供上的职责，另一方面通过法律为体育公共服务发展提供财政预算保障。体育公共服务其他方面可以由政府直接生产、也可由市场或非政府公共部门生产，政府监管。

体育公共服务政策决定发展价值目标的判断与发展方向的选择。体育公共服务政策形成过程，实际上是政策主体对复杂的利益关系进行调整的过程。因此，这一过程中就暗含着各种利益冲突，包括长远利益与短期利益、社会利益与经济利益、政府利益与社会利益等的矛盾。体育公共服务政策路径选择主要考虑：一是从体育事业发展与体育改革的结合上来规划。二是从财力与制度的结合上来操作。三是从体育公共服务供给与需求的结合上来实施。四是从政府与市场的结合上来运作。政府实现基本体育公共服务的提供可选择的方式：一是规制。政府可通过制定相关制度规则来提供体育公共服务。二是付费，即政府出钱买服务提供给居民。三是政府自己生产，即以所有制的方式来提供体育公共服务。

3.3 体育公共服务机制与体制

体育公共服务实践运行机制主要强调在实践中如何保证体育公共服务的效率和公平，并确定什么样的机制来实现这一目的，体育公共服务运行考虑以下几个因素：

第一，体育公共服务的地理范围与政府层级间关系。根据管理范围与地理范围一致的原理，管理单位的设置应该是根据体育公共服务的地理范围来设置。体育公共服务的管理单位应该是多范围的，而且是相互联系的。目前，我国体育公共服务的管理现状基本上是以行政区划为范围，而不是以体育公共服务的地理范围为管理范围的。

第二，体育公共服务的受益范围与政府层级间关系。不同的体育公共服务受益范围是不一样的。从理论上来说，所有的体育公共服务都是开放性的，向所有的公民，乃至国外的人开放。如健身场所、体育公共设施等。体育公共服务的管理最好与体育公共服务的受益范围相一致。根据这一原理，由于体育公共服务是多种多样的，其受益范围也是多种多样的。所以，体育公共服务的管理单位要与体育公共服务的受益范围相一致。从政府层级管理关系来看，每一级政府都有自己受益范围，对于这类体育公共服务，每一级政府都可以自己处理。如果是由上级政府来处理，就会出现管理范围过大的问题；如果本级政府不处理，而由下级政府来处理，就会出现管理范围过小的问题。

第三，体育公共服务的成本范围与政府层级间关系。体育公共服务的成本，也有一定的范围。体育公共服务的融资范围如何，直接关系到体育公共服务资源配置是否适当。全国性的服务，往往是全国性的融资范围比较合适。地方性的服务，地方性的融资范围比较合适。公共服务管理单位最好与公共服务的成本范围相一致。如果管理范围大于成本范围，则出现局部融资大范围受益的问题，如果管理范围小于成本范围，则出现局部受益大范围融资的问题。就转移性支付来说，中央给地方的转移支付资金，最好直接转移到受益单位，让受益单位直接接受中央的转移支付资金，而不要通过中间环节，否则容易出现管理范围和受益范围不一致的问题。

第四，体育公共服务的管理范围与政府层级间关系。体育公共服务往往是通过组织来进行管理的。在计划经济时代，考虑体育公共服务提供时，往往是从政府能做什么入手，而不是讲政府服务作为对市场的补充，这种理念塑造了无所不能的大政府。而当前的改革核心是，精简政府职能，使政府撤出可以由市场调节的领域。因此，确定我国体育公共服务范围时，应主要着眼基本职能和中型职能，集中力量办好体育公共服务最基础最重要的项目。体现“立足国情，抓主放次”的发展策略。

在体育公共服务发展政策制定原则上，应当坚持因地因时制宜与整体统筹协调原则。在贯彻基本理念的基础上，更应当分析地方的经济发展水平、特色，与居民生活质量统筹考虑，体育公共服务建设与经济可行性统筹考虑，城市化区域与郊区乡村统筹考虑。在体育公共服务发展政策制定目标上，应以改善居民生活质量为主，更需要注重健康、持续发展；与此同时，体育公共服务的重点应当面向农村。

3.4 体育公共服务管理

从体育公共产品与服务的资金来源的发展趋势来看，今后主要依赖于三种方式：即政府出资，服务收费及非政府公共部门参与[5]。大力促进我国体育公共服务供给过程中的公民参与和需求表达，加强制度化建设和公民意识教育，保障公民的参与权力与参与能力；大力培育基层民主与公民社会，进一步发挥扩大民众参与体育投入热情、反映民众诉求方面的积极作用，增强社会自治功能。

政府出资：要提高透明度。经济学家认为，政府应以公共利益和社会福利最大化为财政支出目标，在社会经济生活中，人们也都希望政府按公共需求及其重要性安排其各项开支。体育公共服务与产品作为人类社会特有的活动，就其本质而言，它是社会对大众施加有目的的影响，把他们培养成符合社会要求的人，从而促进人类个体发展和社会整体发展的一种精神生产活动。体育公共服务与产品领域不仅具有特定的生产和经济功能与价值，同时也具有十分广泛的社会、政治功能与价值。从这个意义上讲，政府对体育公共服务与产品的社会、政治价值的追求，以及满足社会或国家对这些政治、文化等价值与功能的公共需要，就成为政府为体育公共服务与产品出资的主要原因之一。

服务收费：需符合一定准则。服务收费是指由市场向居民提供特定服务或实施特定管理所收取的规费以及政府对其所提供的公共产品和服务而直接向使用者或受益者收取的使用费[6]。体育公共服务与产品有偿收费必须符合一定的准则。其一，按照受益的大小来确定收费标准，受益多则多收费，受益少则少收费。体育公共服务产品大多具有准公共产品特性，部分收益是外部化的，确定收费标准时，应以其私人收益为主要依据，而不应将体育公共服务所产生的社会收益，也纳入私人收益来确定其收费高低。其二，如果提供体育公共服务的是非政府部门，收费就是以非营利为目标的，此时绝不能把收费看做创收手段，收费就只是要收回体育公共服务与产品的全部成本或部分成本。其三，应对容易产生拥挤的体育公共服务与产品进行收费。

非政府公共服务部门：宗旨是福利、慈善与环保活动。非政府公共服务部门非营利性决定了它的活动领域——营利部门不愿涉足的领域，以福利、慈善和环保活动方式提供体育公共服务。面向企业、特定人群、弱势群体（包括贫困人口、外来务工人员、残疾人士等等）、自己的会员，一般公众等为服务对象。非政府公共服务部门作为中国刚刚兴起的一股社会力量，它的社会力量十分有限。无论是“社会合法性”问题，还是资金来源问题，都有一定的困难[7]。随着政府改革深入和建立服务型政府工作的推进，非政府公共部门在体育公共服务领域可以获得更大的活动空间，非政府公共部门随着经济发展逐步发育成熟，并成为一种重要的社会力量。

加强体育公共服务政策制定过程中的公民参与力度，为公民表达体育公共服务需求营造良好的民主环境；增强政府体育行政部门对公众需求的回应意识与回应能力，强化公民参与的有效性，将公众满意度作为衡量体育公共服务供给效果的根本标准。

4　体育公共服务的系统结构

构建体育公共服务系统最大困难不在于理论上是如何可能的，而在于实践上是如何可能的，体育公共服务自身独特的范式，内部存在必要的结构和张力。有必要把体育公共服务的范式、系统结构和张力揭示出来。体育公共服务是一个系统性实践，整个系统至少包括体育公共服务管理系统、体育公共服务规划系统、体育公共服务融资系统、体育公共服务提供系统和体育公共服务绩效评估系统五个系统结构（图 2）。

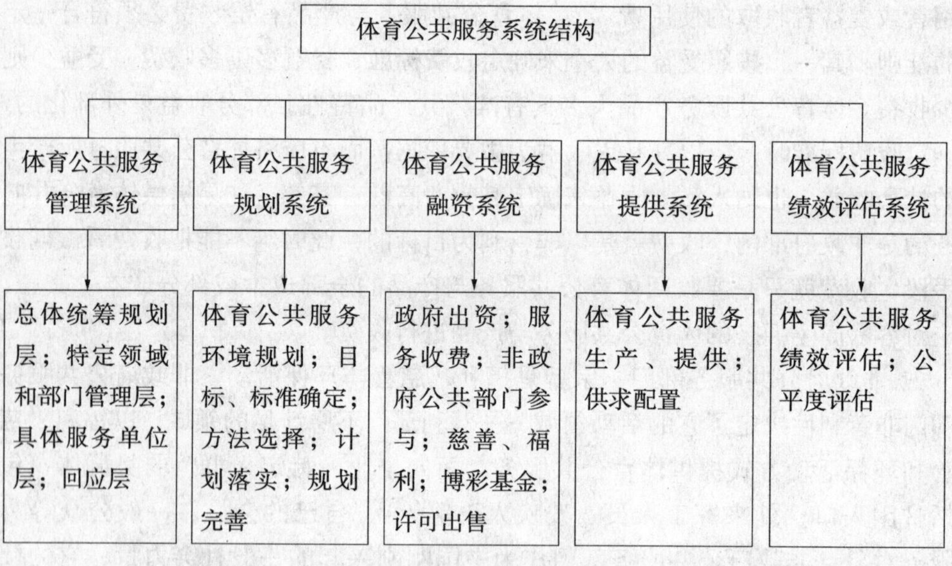

图 2　体育公共服务系统结构

4.1 体育公共服务管理系统

体育公共服务系统结构根据政府体制、历史文化和服务内容的不同而不同。本文认为，体育公共服务管理系统有总体统筹规划层、特定领域和部门管理层、具体服务单位层、以及需求回应性处理层构成。

第一个层面属于政府核心决策者以及宏观管理部门。主要是根据国情和某一个行政区域内的人口资源和财政能力来确定体育公共服务的总体目标、水平、策略、原则等方向性问题，并经同级权力机构批准实施。

第二个层面属于特定领域和部门的管理职能。比如社会保障部门、公共基础设施建设部门、群众体育管理部门等，要在政府公共服务的总体规划下，具体部署体育公共服务的目标、标准以及体育公共产品的生产与供给安排。

第三个层面属于具体服务单位的职责。比如体育局群体部门、街道文体管理机构、社区居委会、社区体育服务组织等，它们承担着体育公共服务的实施任务。

第四个层面是对特殊需求的回应性处理职责，即根据一个服务组织明确的承诺规定，通过一个反应途径对某种特别要求提供回应性服务，是百姓反映体育公共服务需求，解决实际困难的有效渠道。

4.2 体育公共服务规划系统

体育公共服务的规划系统就是使整个执行获得清晰依据。系统规划包含至少五个环节：第一，体育公共服务的环境规划；第二，体育公共服务目标、标准的确定；第三，选择工作方法；第四，体育公共服务计划的执行和落实；第五，根据监督和反馈的结果以及与结果相关的环境规划进一步完善规划。完善的体育公共服务规划的最低要求具有对目标的说明、方法的选择、执行和落实的行动细节，以及评估标准，这样可以让体育公共服务管理清楚有序。

4.3 体育公共服务融资系统

我国目前财政和税收体制实行的是“分税制为基础的分级财政”。中央政府只占总预算开支的30%左右，其余的在四级地方政府之间分配。因此，我国中央和地方政府的权事划分及财政税收体制，决定了体育公共服务作为政府服务模式是有层次的，可分为中央、省（直辖市、自治区）、地级市（区）、县（市）、乡镇（街道）五个层次[8]。体育公共服务分级供给体制，进一步明晰了各级政府的责任和义务，即中央政府提供体育公共服务面向全国，地方各级政府提供体育公共服务面向本地区。体育公共服务融资系统基本格局是各级政府权事划分的范围内，统筹本地区，承担起本级的体育公共服务发展职责和投资，也就是说，要承担地方体育场地设施系统和信息供给系统的完善责任。目前，我国体育公共服务的资金来源比较单一，今后将会出现各种形式。比如借贷、收费、公共认缴、经营剩余、自愿捐献、征集、许可证出售等等方式。非营利组织公共服务模式有助于填补政府公共服务模式资金不足、增加体育公共服务资源运用的透明度和合理性，也将是今后体育公共服务融资系统的重要因素。

4.4　体育公共服务提供系统

体育公共服务提供系统的核心问题是提供多少公共服务的问题。而关于公共服务产品的最优供给在财政理论中也是最活跃的，同时也是争议不断的领域。理论上一般假定公共产品的最佳供给条件是萨缪尔森条件，即公共产品对所有受益人的边际收益之和等于其产出的边际成本[9]。

根据我国体育公共服务现实和今后发展的趋势，体育公共服务将出现分权化、市场化和多中心化的供给方式。理由在于：第一，体育公共产品存在层次性、地区性，由地方政府提供能更好地反映特定的地区偏好，从而利于体育公共产品供给水平的确定；第二，地方政府相对中央政府在对地区性体育公共服务的提供上，具有信息优势，更贴近大众需要；第三，鼓励政府间竞争，从而提高体育公共服务效率，优化地方政府治理。

体育公共服务供给配置是一定时期内体育公共服务的提供主体在各种条件下有能力提供某种体育公共服务的数量。包括自我供给、非营利组织供给和公共部门供给。

自我供给服务是目前我国体育公共服务领域的主要表现形式，这类体育公共服务供给对他人和社会性设施和服务依赖较小。非营利性组织一般只向符合条件的人（如有同类兴趣爱好的会员）免费提供某些特定的体育公共服务。公共部门供给的体育公共服务一般都是纯公共产品或半公共产品，纯体育公共服务具有消费非竞争性和非排他性。体育公共服务产品的公共性质并不是政府免费供给的全部理由，因为政府并不是对所有的公共产品都会免费供给，只有当政府免费提供这类产品的社会收益高于社会成本时，政府才会免费供给。由此可见，我国体育公共服务供给具有公共服务模式和市场服务模式两种。体育公共服务模式主要面向社会公共需求，以公益性和非盈利性的方式运作，保障大众享有体育公共服务的权利。市场服务模式主要面向私人，采用市场化运作，满足私人的个性化需求和消费需求。

体育公共服务模式和市场服务模式是相互补充的，相互依存的关系，他们在体育公共服务上发挥着不同的功能和作用，随着社会政治、经济和文化的发展，人们服务需求的变化，二者将呈现出动态变化态势。

4.5　体育公共服务绩效评估系统

到目前为止，我国还没有对公共服务的专门和系统的绩效评估体系，我国政府领域的绩效评估尚处于初级阶段。体育公共服务绩效评估系统主要考虑两个方面：

第一，体育公共服务的绩效评估。虽然体育公共服务的效率不能像衡量普通产品生产效率那样用货币形式准确度量，但是，体育公共服务的效率即服务的投入和产出还是可以度量的。主要借鉴政府（公共服务）绩效评估几种主要方法，如：美国的“3E”评价法，即评价体育公共服务的经济性（Economy）、效率性（Efficiency）、效果性（Effectiveness）并重的方法，从单一指标扩展到多重指标等。英国的绩效信息投入、产出与效果评估方法等[10]，既定的投入和成本带来产出和收益的变化，或者既定的产出和受益的投入和成本的变化，都反映体育公共服务的效率状况。对既定成本的某项体育公共服务，完全可以知道做了哪些事，使多少人受益；对既定收益的体育公共服务，完全可以知道投入了多少人力、物力和财力。

第二，体育公共服务的公平度评估。社会公平体现为三层含义：机会平等、规则平等和结果平等。机会平等是社会公平的前提，规则平等是社会公平的保障。但是，在体育公共服务领域，则既要注重机会平等和规则平等，更要注重一定程度上的结果平等。原因在于，体育公共服务以公共利益为目标、以满足公共需求为目的，必须强调一定程度上的结果平等或均平分配（目前国家强调的基本公共服务均等化理念），即所有地区和所有个人都应该享受到基准或同一水平以上的公共服务供给。当然，机会平等和规则平等并不是绝对的，机会和规则总是相对于一定群体的，如体育竞技某些项目是按年龄段、重量级、性别组来划分的。对所有人给予同样的机会、实行相同的规则，同样是不公平。公共服务的机会平等和规则平等同样具有相对性，群体间存在差异和区别对待不可避免。

参考文献

[1] [3] 卢映川，万鹏飞. 创新公共服务的组织与管理 [M]. 北京：人民出版社，2007.

[2] 莱昂·狄骥. 公法的变迁：法律与国家 [M]. 沈阳：辽海出版社，1999.

[4] 白晋湘. 从全能政府到有限政府——市场经济条件下政府体育职能转变的思考 [J]. 体育科学，2006 (5).

[5] [7] 丁元竹. 非政府公共部门与公共服务——中国非政府公共部门服务状况研究 [M]. 北京：中国经济出版社，2005.

[6] [8] 刘立峰. 公共产品与服务的融资方式 [J]. 中国投资，2008 (6).

[9] [10] 陈昌盛，蔡跃洲. 中国政府公共服务：体制变迁与地区综合评估 [M]. 北京：中国社会科学出版社，2007.

（本文原载于《体育学刊》2009 年第 6 期）

我国体育公共服务供给制度及实践路径选择探讨

樊炳有

摘　要：我国体育公共服务要正确面对城市与农村二元体育公共服务体制的格局，在不同地区实行体育公共服务体制的梯度推进，明确划分不同层级的政府在体育公共服务中的职能权限，追求多中心治理的供求均衡范式是体育公共服务的制度安排。体育公共服务供给主体多元竞争机制、引入市场机制、引入社会化机制是体育公共服务实践路径的科学选择。

关键词：体育公共服务；供给制度；实践路径

建立统一、平等和有效的体育公共服务体制，是我国行政管理体制改革与发展的一个战略目标。目前我们必须思考和探索的侧重点则要放在实现这一战略目标的步骤和策略上，这就是近期我国体育公共服务的制度建设和实践路径选择的主要任务，也应该是学界探讨的主要问题，本文对此略作探讨。

1　我国体育公共服务供给的制度建设

1.1　体育公共服务体制的实践抉择

1.1.1　正确面对城市与农村二元体育公共服务体制的格局

我国城市和农村的二元结构问题，已经成为深化改革的一个热点问题。城市和农村的二元结构问题的存在，是我国历史发展的一般规律性原因，是在社会现代化建设过程中必然存在的过渡现象。改革开放以来，我国的社会发展政策，在一定程度上仍然在维持着城市和农村的二元结构。虽然“十一五”发展规划再次明确解决城乡二元结构的任务要求，但在经济建设和社会发展的具体政策选择上，基本上立足于城市和农村的二元结构这一现实基础上。所以，构建体育公共服务体制不能超越这一客观存在的社会条件。

应该承认，目前中国的公共财政能力还是相对不足，还无法为建立一个城乡统一、平等的体育公共服务体制提供必要的支持。坚持城市和农村二元体育公共服务体制格局，有利于在体育公共服务内容、体育公共服务标准以及体育公共服务方式等方面区别对待，有所侧重。

1.1.2 在不同地区实行体育公共服务体制的梯度推进

中国地大人多，区域发展不平衡是一个无法回避的客观问题，构建体育公共服务体制也必须直面这个现实。在实际构建过程中，就必须采取非均衡的发展策略，在不同地区实行梯度推进。根据中国社会发展的实际，至少应该划分发达地区、中等发达地区、欠发达地区和贫困地区等。在不同的区域制定出与社会发展的相适应的体育公共服务标准，采取不同的服务方式，整合体育公共资源。

在不同地区实行体育公共服务体制的梯度推进，需要特别关注和解决体育公共服务体制构建与市场经济发展的相适应问题。应该及时跟进配套的政策措施，防止体育公共服务体制成为地方保护主义重新泛滥的活动空间。

1.1.3 明确划分不同层级的政府在体育公共服务中的职能权限

体育公共服务体制的构建必须以政府为主体，以公共财政支出来支撑，这是不言而喻的。虽然“十一五”规划明确提出可减少行政层级的任务要求，但是在短期内，我们还看不到地方政府行政架构改革的成熟条件。所以，构建体育公共服务必须立足于中央政府和地方各级政府的共同努力。问题在于必须划分各级政府在体育公共服务体制中的职能划分，规范权责关系和行为方式，避免再出现上下一个样式，各级政府在做同样事情的不合理、无效率现象。

划分不同层级政府的体育公共服务职能权限，应着重做好中央、省（直辖市、自治区）和基层三级政府的任务分工。一般来说，中央政府应负责政策规划、转移支付和整体协调工作；省（直辖市、自治区）级政府负责体育公共服务标准、服务方式的选择以及体育公共服务行为的监督工作；基层政府（主要是县级政府）应该具体负责体育公共服务的提供和保障工作。划分不同层级政府的体育公共服务职能权限，必须同财政税收改革进行配套，除了应适度加大基层在公共财政支出额度和权限，也可以探索实行体育公共服务的专项经费，专款专用。

1.1.4 多中心治理：体育公共服务的供求均衡范式

体育公共服务体制的建构必须以政府为主导，以公共财政支出来支撑，并不意味着政府是体育公共服务的唯一提供者。现代治理理念和实践探索表明，动员社会力量参与体育公共服务活动具有深厚的物质基础和十分广阔的发展空间，关键在于要形成良好的运行机制和实行积极的政策引导，这也是政府不可推卸的重要职责。

实现体育公共服务行为主体的多样化，可选择的路径是很多的，现在应着力解决如何引导民营企业积极参与社会公益事业，如何规范社会体育组织和公民个人的自愿服务行为以及如何更有效地发挥家庭在体育公共服务上的作用问题。这些问题，重要的是搞好机制创新，特别是应探索并建立对企业、公民和家庭的激励机制，形成政府、企业、社团、家庭以及公民的稳定、积极、有效的互动机制。

1.2 体育公共服务的制度安排模式

1.2.1 命令与控制模式

命令与控制模式是各国供给公共服务的传统模式，主要是政府出资建立相应的机构直接生产公共服务。其管理模式主要是采用官僚制的组织体系与运行模式，我国目前的体育公共服务主要就是采用这一形式。

1.2.2 工商管理模式

工商管理模式是把企业的管理理念和方式借鉴到公共部门中来，吸收企业管理中的有效经验以实现政府的政策目标，目前它也是西方政府推行新公共管理运动的主要治理工具，也是我国体育公共服务主要应借鉴的模式。

1.2.3 社会化手段模式

社会化手段是指政府更多地利用社会资源，在一种互动的基础上实现公共服务目标，如社区治理、家庭自治、志愿者组织等。我国体育公共服务社会化手段是今后一个时期大力发展的主要问题。建立以政府体育公共服务为主体、社区为体育公共服务有效载体、居民参与投入自我服务的社会化手段模式。

1.2.4 市场化模式

市场化主要是指政府利用市场这一资源有效配置手段，来达到提供公共物品和服务的目的。其具体形式包括：用者付费、管制、合同外包、特许经营等。目前市场化是各国公共服务制度安排的最主要形式，它重塑了传统政府治理观点中服务供给与生产的认识理念。市场化强调公共服务是政府的“天职”，政府应该是一个供给者或称安排者，由它决定什么服务应该提供、为谁提供、提供多少以及由谁付费等。至于服务的生产完全可以通过合同承包、特许经营等市场化形式由私人部门或社会机构完成。可以说，市场化制度安排的核心是引入多种融资和供给模式，给消费者更多的选择。市场化模式是缓解目前我国体育公共服务供给不足，拓宽融资渠道的有效手段，在政策制定和条件许可方面，鼓励企业、第三部门、社区自治组织等供给主体参与体育公共服务的供给，并给予政策上的倾斜。

我国政府体育公共服务中的制度安排应坚持以下原则：以传统模式为主、以社会化运行为辅；在一定范围内大力推行市场化运行模式；借鉴工商管理的技术方法，转变政府职能，实现服务型政府建设目标。

2 体育公共服务实践探索的路径选择

从本质上来讲，体育公共服务体制改革是通过政府、企业、第三部门、社区自治组织等多种角色的重新安排，优化它们的功能互补。在体育公共服务领域中引入竞争机制，打破传统的政府垄断地位，构建一个体育公共服务供给方面的多元竞争和新秩序，寻求我国体育公共服务体制改革的解决方案，已成为我国政府治理变革的现实需求。

2.1 体育公共服务供给主体多元竞争机制

体育公共服务供给的多元主体在市场化的环境中，怎样合理地发挥其积极的作用，是运行层次上的模式问题，是竞争与互补机制。

2.1.1 多元主体间的竞争层次

第一个层次是政府各单位的竞争。这种竞争通常也称为“公公竞争”，是“政府单位或机构之间为了提高体育公共服务效率和质量而打破传统的官僚主义作风，在政府内部引入市场机制而展开的竞争”。“公公竞争”的目的在于打破体育公共服务垄断性的集中配置、划片服务，实行体育公共服务的分散化，这就迫使提供“同质”体育公共服务的不同政府单位间的竞争。“公公竞争”的实质是要把提供体育公共服务的政府部门进行“公司化”改造，将效益第一、优胜劣汰的管理理念赋予公共部门，强化政府的内部市场竞争。

第二个层次是政府单位与盈利企业之间的竞争。这种竞争通常也称为“公私竞争”，准公共服务产品和许多私人产品，可以由政府提供，也可以由企业提供。市场化进程的推进，就是要发挥两者的竞争效果。“政府可以将传统的由政府垄断的体育公共服务推向市场，打破政府垄断格局，让企业等多种市场主体参与进来，形成多家竞争的局面。”政府可以通过“特许经营”等形式吸引一些优秀的盈利企业参与体育基础设施建设或提供某种特定的体育公共服务。

第三个层次是盈利企业间的竞争。这种竞争通常也称为“私私竞争”，它是指由政府确定体育公共服务项目的数量和质量标准，然后对外向私营部门招标承包，盈利企业之间围绕争夺招标而展开激烈竞争，中标的承包商按照与政府签订的合同提供体育公共服务。

第四个层次是第三部门与政府单位、盈利企业间的竞争。第三部门组织作为独立的力量登上社会的舞台是在近四五十年内。随着社会的发展和文明的进步，人们越来越有愿望和能力组织起来做一些事情，这些事情恰恰是政府和企业在提供体育公共服务时均难以顾及和不易解决的，例如关注弱势群体、自愿捐助和志愿服务等方面，而第三部门往往有着公益、自愿、专业的特点，也因此成为极具竞争力的体育公共服务提供者。我国第三部门由于现实的力量尚未完全成熟，所以目前第三部门对政府和企业的竞争领域主要在体育咨询中介等方面。

第五个层次是社区自治组织与政府单位、盈利企业间的竞争。社区自治组织作为一种群众自己的组织，往往对于群众日常生活方面的体育公共服务有着比政府和企业更强的竞争力，这种竞争是在局部的、微观的操作层次上。一般而言，体育公共服务供给成本高，一些企业不愿承担，而社区自治组织的自愿、公益和互惠特性使其具有承接政府转移出来的体育公共服务职能的能力和动力，而且相对于政府提供的容易僵化的体育公共服务和企业容易私利化的运作，社区对于老百姓的吸引力更大。

2.1.2 多元主体间的优势互补

2.1.2.1 政府和企业间的互补

政府组织在提供非竞争性和非排他性的纯体育公共产品时，有着自己的优势，企业组织在提供私人产品和准公共产品时有着更好的效果。政府组织有自己的权威影响力和执行力；企业组织有自己的激励机制和灵活性。政府权威制度的最大的功能优势是通过公共选择的过程来制定公共政策，提供体育公共物品及服务；最大的劣势是难以实现资源的有效配置。市场交换制度的最大优势则是实现资源的有效配置；最大的功能劣势是难以消除外部效应和保证社会公平。政府权威制度与市场交换制度的内在结构决定了其各自的功能优势与功能劣势，这是不以人的意志为转移的。然而，政府失灵和市场失灵都常常出现在我们的社会经济生活当中。也就是说，政府和企业任何单独的一方都不足以提供最有效的体育公共服务。作为现时的体育公共服务产品的主要提供者，政府和企业有责任和义务以优势的互补来供给更优质的体育公共服务，这是两者的属性和本质特征所决定的。

2.1.2.2 第三部门和政府、企业间的互补

对于企业而言，由于体育公共物品具有“外部性”，回报与付出无法对应，企业在体育公共服务的供给方面往往会出现“搭便车”问题的困境。另外企业在提供私人物品时也有一些功能缺陷，这就造成了政府和企业的“夹缝地带”，即两者都不能有效地供给体育公共服务。而第三部门作为非营利组织，具有数量众多、形式多样、功能发达且覆盖面广、渗透性强、灵活机动等优点，因而较适于填补这个空白地带。社会信息的沟通传播、技术行业标准的提供、大量烦琐的信息咨询服务等等都是第三部门的优势所在，并且它在监督政府和企业方面也将发挥重要的作用，是体育公共服务主体的第三支生力军。

2.1.2.3 社区自治组织与政府、企业、第三部门组织的互补

政府、企业、第三部门组织往往从宏观或全局的层次上来提供公共服务，关注的是整个社会层面上的多数人的需求。而在微观或局部的层次上，社区作为社会的基本组成单位之一，提供的体育公共服务对政府、企业、第三部门来说，都是不可企及或难以有效提供的，例如面向本社区居民的便民利民体育服

务、丰富多样的体育文化娱乐活动、美化家园、社区整合，社区自治组织在这些领域的供给优势，有效地弥补了政府和其他组织在提供体育公共服务时的不足。同时，成熟、发达的社区自治组织是政府转变公共服务职能、进行公共服务体制改革的不可或缺的社会基础。然而从目前的情况来看，我国的社区自治组织还不适应发展社会主义市场经济、转变政府公共服务职能的迫切要求。

2.2 体育公共服务引入市场机制

有关公共服务领域引入市场化机制的探讨并没有停留在理论层面，改革开放30年来，体育行政改革已经进行大量的实践探索，并积累了相当多的经验与教训。如何看待体育公共服务引入市场机制，理论界也有争论，争论仍然会继续下去。对于一项深刻的、系统的社会变革来说，30年的时间远远不够的。因此，需要从体育公共服务引入市场化机制的含义、推动力以及引入市场机制的方式进行分析，揭示体育公共服务引入市场机制的复杂性和艰巨性。

2.2.1 公共服务市场化改革的含义

关于公共服务市场化的具体含义，皮埃尔（Jon Pierre）归纳为：第一，利用市场标准去配置公共资源，并利用市场标准去评估公共服务生产者和供给者的效率；第二，是新公共管理的一部分，强调移植私营企业的管理经验，强调以结果为本；第三，个体可以在不同的服务供给者之间进行选择[1]。

我国学者结合以往的研究做了进一步总结：第一，决策与执行分开。制定政策是政府职责，政策执行可由公共部门、私营部门、非政府部门共同承担；联合决策与执行的就是市场机制。第二，公共服务部门的供给者并存，竞争发展。公共服务的提供者是私营部门，不一定就会带来效率，关键在于提供者需竞争共存，以竞争取代垄断才能获得效率。第三，消费者对公共服务的选择权利。公共服务的消费者有选择权利及可供选择的资源[2]。

依据公共服务引入市场化的基本观点，我们认为，体育公共服务引入市场机制主要在以下两个方面：

第一，从体育公共服务市场化目标来看，体育公共服务市场化，首先意味着在体育公共服务领域重新界定政府与市场的功能，以解决体育公共服务“提供什么”的问题，主要表现是政府逐渐撤资即逐步淡出。其次，它意味着政府决策机制更加民主化，鼓励人们显示自己的需求偏好，以解决“提供多少”的问题，其主要表现是决策权利的下放等。再次，它意味着在确定政府承担提供体育公共服务责任前提下，把私人部门的管理手段和市场激励结构引入体育公共服务之中，以追求体育公共服务提供者的有效性，主要表现形式是企业管理方法的引入（绩效评估、全面质量管理、标杆管理、成本核算制度等）、政府委托授权（合同外包、特许经营等）、以及内部引入竞争实行内部市场等。

第二，从体育公共服务市场化方式方法来看，体育公共服务市场化至少包含了以下几层含义：(1) 基本理念理是相信市场的优越性；(2) 市场价值的肯定：竞争、成本、顾客、收益等价值取向出现在体育公共服务运行之中。市场纪律及市场激励的建立与作用的发挥主要表现为：市场中风险与收益并存，参与者必须遵守其运行规则，并独自承受优胜劣汰的竞争结果；(3) 市场机制是竞争、多样化；市场技能是借鉴私营部门的管理方法来改造公共部门；(4) 市场主体让私营企业、非盈利组织、志愿者参与到体育公共服务中来；(5) 市场资源的利用是特许经营的方式借助市场资本提供体育公共服务。

2.2.2 体育公共服务市场化改革的推动力

体育公共服务市场化改革的推动力是多元的、复杂的，各国的情况不同，其推行市场化的动机也不同，而且随着时间的推移而不断变化。

2.2.2.1 现实压力

就我国体育公共服务现状而言，一方面体育公共服务的提供呈单一化，缺乏灵活性，不能满足公众的实际需求；另一方面，政策缺乏明确的服务对象，忽视实际效果，资源浪费严重，造成体育公共服务供给质量和效率低下。通过引入市场机制，挖掘社会一切可以利用的资源来提高政府提供体育公共服务的能力，利用市场化方式来解决体育公共服务资金投入，缓解体育公共服务供给不足、效益不高等问题不失为明智之举。

2.2.2.2 经济推动力

经济增长不仅整体提高了中国人的福利，增长甚至改善了中国社会中贫困群体的生活质量，使绝对贫困趋于下降。改革开放 30 年中，中国在生产和消费迅速增长的同时减少了贫困，说明经济增长对中国生活质量的影响非常显著。由于经济的日益富裕，人们能够自己提供各种服务，因而更乐于接受市场化的服务，减少对政府的依赖。

2.2.2.3 意识形态动力

作为“服务型”政府，权力的“有限”和责任的“无限”并不矛盾。因为，政府的基本性质就决定了政府权力的“有限”性和服务责任的“无限”性。政府规模过大，对完全可以由市场解决的且效果好的领域干预过多。在经济全球化趋势下，我国要真正跻身于世界经济强国，就必须精简政府，提高行政效率。政府将自己的职能定位于“掌舵”而不是“划桨”。其对社会的管理应定位于保证法律公平、公正的执行上；对经济的管理应定位于政策引导和产业扶持等宏观调控上；对社会服务的管理定位于监督职能上，而体育公共服务市场化正是实现这些定位的一种有效途径。

2.2.2.4　商业动力

改革开放后，我国政府支出比率下降的外部原因是经济管理体制的变化带来的。经济体制改革，改变了过去高度集中的计划管理体制，政府重新确定自己的职能，原有包办一切的工作方式已经得到了一定程度的改变。体育公共服务进行市场运作，运用私营部门、国有企业和国有资产可以得到更好的利用，将会产生更多的商机，获得更多社会效益和经济效益。

2.2.2.5　平民主义

公众应拥有更多的体育公共服务选择权，他们应被赋予确认和满足共同需求的权利，减少对高高在上的官僚机构的依赖，更多的依靠家庭、邻里、社区组织和自愿团体，从而树立社区归属感，追求更好的社会生活。市场化将会提供公众自由选择的空间，体育公共服务将会走进公众的生活。

2.3　体育公共服务引入社会化机制

20 世纪 80 年代，为了克服体育过分集中于国家办的弊端，发动全社会办体育，国家体委提出了“体育社会化”的方针，其主要涵义是：“尽可能调动全社会参与体育的积极性与潜力，包括参与体育活动，参与兴办各项体育事业，参与、占有与分享属于全民财富的社会主义体育。”[3] 尽管随着体育社会化的发展和研究的逐渐深入，研究者对体育社会化的内涵提出过一些新的见解，但体育社会化实质包括体育的社会性（即体育对社会的适应性）和社会办体育（即社会对体育的全面参与和占有）的观点，已经成为主流共识，并赋予“体育公共服务社会化”以相同的涵义。由于种种原因，体育公共服务领域社会化改革的效果，尤其是社会对体育公共服务的全面参与至今未如人意。党的十六届六中全会提出了到 2020 年我国构建社会主义和谐社会的目标和任务，并把“基本公共服务体系更加完备，政府管理和服务水平有较大提高”纳入其中。同时明确要求“必须创新社会管理体制，整合社会管理资源，提高社会管理水平，健全党委领导、政府负责、社会协同、公众参与的社会管理格局，在服务中实施管理，在管理中体现服务”[4]，为深化我国体育公共服务社会化改革指明了基本方向。

2.3.1 体育公共服务社会化改革的含义

体育公共服务的性质定位问题，将决定社会化改革发展方向和所采用的管理体制与运行机制，也将决定政府和社会组织在其中的角色和作用。体育公共服务是事业还是产业？看法大致有三：一是产业论，即体育公共服务就是体育产业（或体育服务业）；二是事业论，即任何时候体育公共服务都是有别于体育产业的事业；三是复合体论，即体育公共服务是以公益性事业为主、以经营性产业为辅的复合体，其中少量能进入市场的部分为产业，大部不能进入市场的部分则为事业。与此对应，也有三种运行机制的主张：完全市场化、不能市场化、部分市场化——实行“事业”部分的非市场机制和“产业”部分的市场机制相结合的运行机制。在国家加快发展第三产业和大力推进体育产业的大背景下，我国体育公共服务的性质始终未能准确定位，出现按照“产业论”进行市场化运作的倾向。但各领域的改革实践证明，将公共事业不恰当地按“产业化”要求全部推向市场，全面实行企业化经营的做法是行不通的，医疗卫生改革如此，教育改革如此，文化改革如此，体育公共服务也同样如此[5]。“以前我们以为，体育事业单位在市场经济条件下，都要走向市场，都要努力创收，依靠自由生存发展，也就是变事业为产业。现在看来，体育事业还是事业，只有其中一小部分可以变成企业。”[6]因此，一是统一认识，明确体育公共服务的“复合体”性质和社会化的内涵，准确甄别各类体育服务及其兴办主体的“事业”或“产业”属性，从而为社会化改革中的分类指导、分类管理提供基础平台；二是准确定位现阶段社会化改革的目标任务，明确政府和社会服务组织在提供体育公共服务中的角色和作用。

2.3.2 体育公共服务引入社会化机制的理论依据

2.3.2.1 对社会物品分类标准的重新解读为体育公共服务社会化改革提供理论支持

经济学以消费上是否具有竞争性和排他性作为标准，把社会物品作公共品、准公共品和私人品三类划分，但这种常用分类的标准是否存在重新解读的必要与可能。笔者对所涉资料的有限研究表明，国内外现有的社会物品分类标准，其提出的逻辑起点都是物品的“分配和消费环节”，并非“生产或提供环节”，即是针对该物品被生产出来后如何分配、如何消费、被谁消费以及消费效果如何构建。

众所周知，生产、分配和消费在经济学中是内涵不同的特定环节。社会物品该如何分类虽然与分配和消费环节关联密切，但并不直接涉及生产性环节中其由谁生产、由谁提供的问题。因此，根据这种针对“分配和消费环节”提出的标准对社会物品进行分类时，人们是不能推断某类物品在“生产环节”上应该或不应该由谁来生产、由谁来提供的，因为这既不符合逻辑又缺乏充足的理由。比如多年流行的“体育公共服务属于公共物品，因此只能由也必须由政府负责提供和管理”的说法，现在看来是有失偏颇的。究其缘由，一是体育公共服务有公共物品的属性，具有消费上的非排他性，但并不具有生产和提供上的排他性；二是非排他性的统一性生产和排他性的生产都可提供出非排他性的体育服务消费。对社会物品分类标准的重新解读，无疑为我国体育公共服务社会化改革，尤其是实现政府“一家兴办”向政府与社会相结合的多元兴办的转变，提供有力的理论支持。

2.3.2.2 公共管理对象和管理内容动态变化的观点有助于拓展社会化改革思路

所谓公共管理，是指为了公益目的，由社会上发展起来的多元管理主体以及它们组成的网络结构，综合运用公私部门所提供的有效方式，在公民广泛参与、制约下，对公共事务所进行的管理活动[7]。公共管理以公共利益为核心，公共利益的非排他性、非竞争性、非营利性是永远不变和恒定的。但是由这些性质决定的公共利益的内容，则随着不同时期、不同阶段在不断地变化着[8]。也就是说，某个时期被认为是公共管理的内容，到另一个时期却不是公共管理的对象。“昨天的公共产品到今天可能变为私人产品，而今天的公共产品到了明天也可能发展演变为私人产品。”由于国情、地区、民族、文化、经济发展水平等差异，一个国家、一个地区和一个民族特定的公共管理内容，对另一个国家、地区和民族来说，也可能不被列为公共管理的对象，甚至完全有可能形成不同或完全相反的结果。因此，我们不能一成不变、静止僵化地沿袭过去的观点看待今天的体育公共服务的社会化改革，诸如服务理念、服务对象、服务内容、服务的生产提供方式等方面墨守成规，不敢超越和只唯书唯上、不唯实的思想方法，都是滞后于形势发展而应当摒弃的。公共管理对象和管理内容动态变化的观点，有助于突破传统思维的桎梏，丰富思路。它对于开拓体育公共服务社会化改革的崭新局面，具有一定的方法指导意义。

2.3.3 体育公共服务社会化的动力：市场、社会与政府的驱动

在体育公共服务社会化的浪潮中，我国的体育公共服务有没有必要和可能推进体育公共服务社会化，这也许是人们认识并不一致的问题。我国虽然从整体上仍属于发展中国家，经济社会发展总体水平与当代发达国家有较大的差距，但不意味着发达国家走过的发展道路，包括许多弯路，我国也必须重走一遍。因此，在体育公共服务社会化方面，借鉴发达国家的经验，少走弯路是发展路径的必然选择。我国发展市场经济的时间不长，目前的整体水平也不高，但这并不应该成为影响体育公共服务社会化的理由，相反我们应该紧紧把握市场经济改革进程，不失时机地推进体育公共服务社会化。

从当前我国改革与发展的实际状况看，不是我们要不要推进体育公共服务社会化的问题，而是如何不断创造条件加快体育公共服务社会化的步伐问题。因为大量事实证明，在市场经济条件下，政府如果不积极推进体育公共服务社会化，不仅政府难以适应民众对政府提供的体育公共服务日益增长的需要，而且还会带来一系列严重后果。推进体育公共服务社会化不仅是市场经济发展的必然要求，而且也是政府自身管理现代化的客观要求。

2.3.4 体育公共服务社会化目标和内容：构建一个有竞争力的体育公共服务管理系统

作为一个正在建立市场经济体制的国家，我国的体育公共服务社会化只能根据国情，有选择、有步骤地进行。

第一，在体育的基础设施和公共项目的建设中，要引入市场机制大力推进社会化进程。在体育公共服务社会化领域，至少有两方面的事情可以大有作为：一是国家要有计划地逐步开放一些体育公共服务领域的项目，允许民间资本的进入、适当降低准入的门槛，充分发挥国有资本的作用，减少国家在这方面的投资压力，通过一系列具体政策规范非国有资本进入这个领域的经验行为，是体育公共服务领域的投资主体朝着多元化投入的方向发展。二是在所有的国家投资新建的体育基础设施和公共项目中，要坚持公开、公正的招标制度，面向社会公平竞争。公开操作，实行社会化管理。在体育基础设施和公共项目建设中，体育公共服务社会化是大有作为的。

第二，政府职能外移，发挥社会自身在体育公共服务中的作用。就是将可以由社会承担的体育公共服务职能尽量转移出政府，交由社会组织来承担。就占有社会体育大部分的职工体育来说，近些年来，由于经济改革的逐渐深入，原有的职工体育运行模式已经不能适应新时代的要求，职工体育工作面临新的课题。这就要求在开展职工体育的工作机制、活动内容和方式方法上进行创新。现今职工体育开展得不理想，组织网络不健全也是主要因素之一。但在当前社会条件下，职工体育的内涵和外延都在不断地发生变化。职工既是单位人，同时也是社区人。过去职工体育有片面依附单位的倾向，而今职工体育需要单位和社区共管，这就需要一个协调与沟通。但如今两方面均有缺位。要解决此问题，一是改革职工体育竞赛办法，使之经常化、制度化，促进基层职工体育运动的蓬勃发展。有关各方相互合作，将职工体育竞赛当做一项重要工作来抓。二是健全职工体育组织网络。在加强各级职工体协、单项体育俱乐部和协会的基础上，充分发挥职工体协的作用，发展提供有力的组织保障。三是紧密围绕企业规模、生产性质和特点，努力扩大职工体育的普及面和覆盖面，最大限度地吸引更多的职工参与。四是加大对职工体育的投入，使得职工健身场地、健身活动有资金上的保障。

第三，放松对市场的限制，扩大准入领域。推进体育公共服务社会化的一个重要内容就是要放松对市场的限制，不断扩大市场主体准入的领域。目前在市场准入方面依然限制较多，不利于这些行业的发展，容易导致垄断。

第四，推进事业单位的社会化。对国家兴办的单位要进行全面的改革，使其逐步走向社会化的道路，是体育公共服务社会化的一个独特内容，也是面临的一项艰巨任务。体育事业多年来一直是依靠国家投入，在“两个文明”中发挥重要的作用，但是目前存在的问题相当突出。只有体育事业单位社会化，体育公共服务社会化问题才会得到有效的解决。

3 结 语

我国体育公共服务供给的制度安排面临的首要问题是体育公共服务体制实践抉择问题。正确面对城市与农村二元体育公共服务体制的格局，在不同地区实行体育公共服务体制的梯度推进。明确划分不同层级的政府在体育公共服务中的职能权限，遵循以政府供给模式为主、以社会化运行为辅，采用命令与控制、工商管理、社会化手段、市场化制度安排模式。采用体育公共服务供给主体多元竞争机制，体育公共服务引入市场机制，体育公共服务引入社会化机制，是体育公共服务实践路径的有益探索。

参考文献

[1] 句华. 公共服务中的市场机制：理论、方式与技术［M］. 北京：北京大学出版社，2006：54–55.

[2] 宋世明. 美国行政改革研究［M］. 北京：国家行政学院出版社，1999：101–102.

[3] 课题组. 我国体育社会科学研究状况与发展趋势［M］. 北京：人民体育出版社，1998.

[4] 中共中央关于构建社会主义和谐社会若干重大问题的决定［M］. 北京：人民出版社，2006：5–14.

[5] 李静. 试论体育公共服务体系建设［J］. 南京体育学院学报：社会科学版，2009，23（1）：62–65.

[6] 韩丹. 论我国体育基本上还属于公益事业［J］. 广州体育学院学报，2004（2）：4–6.

[7]［8］贺新宇. 重塑公共管理的基本职能［M］. 北京：中国社会科学出版社，2006：4–9.

（本文原载于《体育与科学》2009 年第 4 期，
被人大复印报刊资料《体育》2009 年第 10 期全文转载）

城市体育公共服务居民满意度调查分析

——以河南省10个城市为例

蔡景台 樊炳有 王继帅

摘　要：运用文献资料调研、问卷调查、数理统计等方法，对河南省10个城市的体育公共服务情况进行调查研究。结果显示：体育组织服务对城市体育公共服务居民满意度的贡献率最大；随着年龄与文化程度的增长，居民对体育组织服务和体育设施服务总体满意度上呈现上升趋势；而对体育指导服务、体育信息服务和体育活动服务满意度呈现下降趋势，其中在体育指导服务方面尤为明显。建议河南省政府加强城市体育公共服务制度建设，完善社会体育指导员培养机制，加强体育组织服务管理，大力提倡体育活动项目创新。

关键词：体育公共服务；城市居民；满意度；调查；河南省

重视公共服务的变革与效率是当今世界范围内的一个普遍性现象，并与市场经济下政府责任的有效履行、公民权利的保障、社会公平的维护以及持续发展的实现等许多社会经济现实问题的解决联系起来，进而成为衡量一个国家或地区发展水平和政府效能的最大尺度。在我国，随着改革开放深入和发展阶段的跨越，公共服务的均等与普及、水平与效率日益受到广泛的关注。体育公共服务也受到普遍的关注，并列入政府的议事日程。体育公共服务指的是通过整合社会资源，统筹、组织、协调、配置社会公共体育资源，向居民提供基本的体育公共服务及体育产品，以保障居民的体育权利的实现[1]。当前，我国体育公共服务管理面临的主要问题是群众日益增长的体育需求与国家和社会所提供的体育服务以及相关体育产品严重不足之间的矛盾[2]。作为一个发展中的内陆省份河南省，研究分析其城市体育公共服务居民满意度情况，对合理分配和整合社会公共体育资源，促使体育公共产品与服务的均等化，促进河南省的体育事业发展有着重要意义。

1　研究对象与方法

1.1　研究对象

对河南省的郑州、安阳、濮阳、新乡等10个城市的居民进行抽样调查，以10个城市的人口比例为参照标准发放调查问卷，以河南省城市居民的体育公共服务开展情况为研究对象。

1.2　研究方法

1.2.1　文献资料调研

查阅河南省体育政策法规、体育政策、公共文化服务、体育活动开展情况等相关资料，参阅有关公共服务著作5部，相关文献40余篇，并对其进行有效的检索、分析和利用。

1.2.2　问卷调查法

本研究紧扣体育公共服务内容，综合文献分析和城市居民定性访谈结果来测量满意度量表。该量表由两部分组成：⑴满意度测量量表。本研究开发了一个由19个测试项目组成的李科特4分量表，其中将“满意”项赋值4分，“较满意”项赋值3分，“未接触”项赋值2.5分，“一般”项赋值2分，“不满意”项赋值1分。⑵人口统计变量，包括性别、年龄、文化程度，具体情况（表1）。

表1　样本基本情况一览表

变量	分　类	人数（N）	百分比（%）
性别	男	467	51.3
	女	443	48.7
年龄	20岁以下	124	13.6
	20~29岁	305	33.5
	30~39岁	210	23.1
	40岁及以上	271	29.8
文化程度	初中及以下	195	21.4
	高中或中专	466	51.2
	大学及以上	249	27.4

根据研究内容设计调查问卷，以 10 个城市的人口比例为参照标准进行发放调查问卷。在各城市居民区、社区、广场、公园、体育活动中心等活动场所，对城市居民发放“体育公共服务居民满意度”调查问卷，共发放 1100 份，收回问卷 988 份，回收率 89.8%，其中有效问卷 910 份，有效回收率 82.7%。问卷的效度和信度经检验均符合本研究的要求。

1.2.3 数理统计法

运用 SPSS13.0 对调查所得数据进行描述性统计、主成分分析与因素分析；使用 Excel 统计工具对数据进行图表制作。

2 讨论与分析

2.1 河南省政府关于城市体育公共服务的政策定位

城市体育公共服务是为市民提供体育公共产品和服务，包括加强体育公共设施建设，发展体育公共事业，发布体育公共信息，完善体育指导服务等，为社会公众生活和参与社会体育活动提供保障和创造条件。

改革开放以来，我国政府在积极推进经济建设和社会发展的同时，也在不断地进行政府自身的改革。为了适应建设小康社会、和谐社会的要求，我国提出由“经济建设型政府”向“公共服务型政府”转型。党的十六大以及十六届六中全会也明确提出要强化社会管理和公共服务的职能，建设公共服务型政府已经成为政府行政体制改革的目标之一[3]。

城市体育公共服务是公共文化体系的重要组成部分，是提高市民健康水平的重要途径，是党和政府密切联系群众的重要纽带，是构建和谐社会的重要方面，是展示河南形象的重要窗口。政府要明确体育公共服务的服务对象，就需对体育公共服务进行政策定位。学者李益群认为，政府关于体育公共服务定位，应该是为公民提供有效的体育服务，满足公民日益增长的体育需求。只有明确了政府的服务对象与定位，我们才能制定相应的政策用于发展体育公共服务[4]。学者陈玉忠从和谐社会主义社会的背景下阐述了政府关于体育公共服务的政策定位，认为应该是以改革为动力，通过加强和完善政府公共服务职能，提供更多更丰富的社会公共服务，满足广大人民群众快速增长的体育需求，实现社会和谐[5]。

政府提供城市体育公共服务政策，应该定位在公共文化服务体系的大背景下，立足于体育事业的发展，依托社会力量的支持，将体育公共事业作为发展重点，逐步加强体育公共设施建设，加大体育公共信息宣传，完善群众体育健身指导。

2.2 河南省城市体育公共服务居民满意度调查分析

本次调查，主要从体育组织服务、体育设施服务、体育指导服务、体育信息服务和体育活动服务五个方面入手，采用四级满意标准来衡量居民对城市体育公共服务的满意程度。通过对城市体育公共服务居民满意度分析，不仅可以为政府准确把握居民对体育公共服务的需求和愿望，提供良好的体育公共服务提供参考意见，同时也为政府制定城市体育公共服务政策，完善城市体育公共服务体系提供依据。

调查结果表明：河南省城市体育公共服务居民总体满意度比较高。居民对城市体育公共服务各项指标的满意程度（一般及以上）从高到低依次为体育设施服务（68.5%）、体育信息服务（67.6%）、体育组织服务（63.8%）、体育指导服务（58.1 %）、体育活动服务（55.7%）；居民对城市体育公共服务各项指标的不满意程度从高到低依次为体育活动服务（28.2 %）、体育设施服务（22.6%）、体育指导服务（21.3 %）、体育信息服务（20.2 %）、体育组织服务（18.5 %）。具体数据见表 2。

表 2 河南省城市体育公共服务居民总体满意度一览表

项目	满意		较满意		一般		不满意		未接触	
	N	%	N	%	N	%	N	%	N	%
体育组织服务	82	9.0	158	17.4	341	37.4	168	18.5	161	17.7
体育设施服务	98	10.7	183	20.1	343	37.7	206	22.6	80	8.8
体育指导服务	84	9.3	146	16.1	298	32.7	193	21.3	189	20.7
体育信息服务	104	11.5	188	20.7	325	35.5	184	20.2	109	12.2
体育活动服务	92	10.1	137	15.1	278	30.5	256	28.2	147	16.1

2.2.1 城市体育组织服务满意度分析

体育组织服务是体育公共服务体系的一项重要内容，也是衡量政府体育公共服务管理能力的重要方面。研究认为，所调查居民对城市体育组织服务各项内容的满意程度从高到低依次为所设站点疏密程度（73.3%）、组织、管理服务（62.6%）、工作人员服务态度（60.4%）、工作人员服务效率（59 %）；同时居民对城市体育组织服务各项内容不满意程度从高到低依次为组织、管理服务（19.1 %）、工作人员服务效率（18.9%）、所设站点疏密程度（23.16%）、工作人员服务态度（17.1%）。具体数据见表 3。

表 3 体育组织服务居民满意度一览表

项目	满意		较满意		一般		不满意		未接触	
	N	%	N	%	N	%	N	%	N	%
所设站点疏密程度	98	10.8	164	18.0	405	44.5	172	18.9	71	7.8
工作人员服务态度	80	8.8	134	14.7	336	36.9	155	17.1	205	22.5
工作人员服务效率	72	7.9	182	20.0	283	31.1	172	18.9	201	22.1
组织、管理服务	76	8.4	153	16.8	340	37.4	174	19.1	167	18.4

体育公共服务组织管理水平不高，服务效率也有待提高。其原因在于城市体育服务队伍结构和整体素质与居民体育发展要求不相适应[6]。体育服务组织人员主要是街道办居委会兼职人员，没有接受过系统的体育组织、管理工作培训，不能很好地根据社区居民的实际需求设置体育服务活动和服务方式，服务质量不高。城市体育服务具有明显的群众性特征，是面向居民区全体成员的一种活动，因而需要发动组织居民广泛参与，壮大志愿者队伍，促进居民的凝聚力。

为了提高城市体育组织服务水平，首先应调整体育组织管理人员结构，聘请高校体育管理专业人才，增加高水平工作人员的数量。其次，加强体育组织管理人员的职业培训，培养“以人为本”的管理理念，提高管理能力和工作效率。再次，增加体育组织尤其是基层体育组织的数量，形成社区—街道办事处—居民区的三级管理网络。

2.2.2 城市体育设施服务满意度分析

体育场地设施是实施国家“奥运争光计划”“全民健身计划”以及发展体育的硬件条件。1995 年 6 月 20 日，国务院颁布了具有划时代意义的《全民健身计划纲要》。经过十多年的发展，群众体育投入不断增多，健身设施逐年增加。体育设施服务正在不断地满足居民日益增长的体育需求。政府提供的体育服务首先应该满足城镇居民的基本体育需求，这是体育行政管理部门义不容辞的责任。调查发现，河南省城市居民区体育锻炼器材、设施的损耗比较大，场地设施更新周期较长，很多场地设施常年失修，无人问津。即使有居民向有关部门反映，最后也杳无音信。所调查居民对城市体育设施服务各项内容的满意程度从高到低依次为场地设施安全性（74.9 %）、场地设施能满足锻炼需要（72.6%）、场地设施使用状况（72.6%）、场地设施更新周期（62.4%）、场地设施能及时得到维修（60.2%）；同时居民对城市体育设施服务各项内容不满意程度从高到低依次为场地设施能否及时维修（28.9 %）、场地设施更新周期（26.7%）、场地设施是否能满足锻炼需要（20.6 %）、场地设施使用状况（20.5 %）、场地设施安全性（16.5 %）。具体数据见表 4。

表 4　体育设施服务居民满意度一览表

项目	满意		较满意		一般		不满意		未接触	
	N	%	N	%	N	%	N	%	N	%
场地设施能满足锻炼需要	115	12.6	201	22.1	345	37.9	187	20.6	62	6.8
场地设施使用状况	107	11.8	213	23.4	340	37.4	187	20.5	63	6.9
场地设施能及时得到维修	82	9.0	150	16.5	316	34.7	263	28.9	99	10.9
场地设施更新周期	85	9.3	149	16.4	334	36.7	243	26.7	99	10.9
场地设施安全性	98	10.8	203	22.3	380	41.8	150	16.5	78	8.6

有效利用有限体育场地设施，加强维修工作，促使场地设施的循环利用等工作有待进一步加强。同时政府应从以下几个方面给予支持：第一，加强立法是城市居民区体育场地设施规划的重要保证。政府应根据城市社会经济的发展水平，及时制定或修订有关体育设施建设的法规，并加强监督管理[7]。广泛

征求市民的意见，把居民区体育设施的建设情况置于市民的监督之下。第二，吸引和鼓励政府有关机构、中介组织、企事业单位和各界共同投资兴建体育公共服务设施，多方面开发城市体育服务资源。第三，政府应该制定体育公共服务政策为城市体育设施服务发展需求提供支持和保障。将体育公共服务纳入各级政府及职能部门目标管理内容，通过出台和完善一系列优惠政策，吸引和鼓励有关政府职能机构、社会中介组织、企事业单位、各界人士共同投资兴建社区体育服务设施，发展公有民营、民办公助、股份合作制、个体私营等各种类型的城市体育服务业。

2.2.3 城市体育指导服务满意度分析

社会体育指导员是体育队伍的重要力量，是群众体育的主要组织者和指导者，是提高体育指导服务质量的主要载体。河南省 2006—2007 年度社会体育指导员职业资格认定共有 200 余名，学者石冰对此认为社会体育指导员人数显然太少，与社会需求相差甚远，远远不能满足广大居民的健身咨询、指导和组织需要[8]。学者高茂章认为，河南省城市居民体育组织存在的主要问题表现为社会体育指导员的管理体制不健全、缺乏科学有效的锻炼健身方法[9]。研究认为，所调查居民对城市体育指导服务各项内容满意的程度从高到低依次为指导服务（62.2 %）、咨询服务（57.9 %）、社会体育指导员数量（54.1 %）。其中对“社会体育指导员数量”一项不满意的居民占 24.3 %。其原因有二：第一，社会指导员的数量严重不足，质量也有待提高。第二，社会体育指导员学历偏低，专业知识贫乏，管理重叠等问题突出。可见，社会体育指导员的数量有待增加，管理体制有待完善，指导和咨询服务有待加强。具体数据见表 5。

表 5 体育指导服务居民满意度一览表

项目	满意		较满意		一般		不满意		未接触	
	N	%	N	%	N	%	N	%	N	%
指导服务	87	9.6	166	18.2	313	34.4	183	20.1	161	17.7
咨询服务	84	9.2	138	15.2	305	33.5	176	19.4	207	22.7
社会体育指导员数量	82	9.0	135	14.8	276	30.3	220	24.3	197	21.6

为了提高体育指导服务质量，尤其是社会体育指导员的质量，政府应该从提高社会体育指导员的队伍结构、丰富社会体育指导员的类别结构、完善社会体育指导员的课程结构和培训制度几方面进行有效的管理。社会体育人才资源整体开发，应坚持有偿开发的原则，同时应坚持市场配置人才资源，还应坚持开放性开发。

2.2.4 城市体育信息服务满意度分析

21 世纪是信息的时代，体育信息服务是体育公共服务的重要组成部分，也为体育公共服务体系的运行提供着信息保障。学者王建军认为，河南省城市居民在对体育活动增进健康这一观念的认识上还存在着一定的误区。要做好体育健身的宣传与指导，加强对居民开展健康知识的普及教育以及预防保健措施的宣传教育工作显得很有必要[10]。研究认为，所调查居民对城市体育信息服务各项内容满意程度从高到低依次为锻炼安全知识提供（69.3%）、促进健康知识宣传（68.1%）、体育活动宣传（67.4%）、体育赛事传播快慢程度(66.6%)；同时居民对城市体育信息服务各项内容不满意程度从高到低依次为促进健康知识宣传（20.9%）、锻炼安全知识提供（20.7 %）、体育活动宣传(20.6 %)、体育赛事传播快慢程度（18.6%）。具体数据见表 6。

表 6　体育信息服务居民满意度一览表

项目	满意		较满意		一般		不满意		未接触	
	N	%	N	%	N	%	N	%	N	%
锻炼安全知识提供	106	11.6	194	21.3	331	36.4	188	20.7	91	10.0
促进健康知识宣传	109	12.0	171	18.8	339	37.3	191	20.9	100	11.0
体育活动宣传	83	9.1	176	19.3	355	39.0	187	20.6	109	12.0
体育赛事传播快慢程度	119	13.1	212	23.3	275	30.2	169	18.6	135	14.8

为完善体育信息服务机制，河南省政府需要强化体育宣传教育，为城市居民提供体育情报及咨询服务，建立包括互联网、电话热线、市民信箱、广播电视、报刊杂志等多渠道信息沟通网，加强体育服务信息化建设。体育公共服务的宣传应提高宣传面的层次，扩大宣传的范围，特别是加强对科学锻炼身体方法的宣传和讲授，继续增建适合群众体育娱乐活动的场所和器材。

2.2.5 城市体育活动服务满意度分析

在体育活动服务方面，城市居民体育活动缺乏有效组织。学者武笑玲认为，河南省城市居民体育活动缺乏有效组织。城市居民参加体育活动的形式主要是个人锻炼占 57.5%，与亲友和同事一起占 56.8%，而参与居民体育活动的占 7.8%，处于末位。这说明城市居民体育活动组织开展得还很不够，缺乏有效的组织和活动场地，急需政府加大投入力度，尽快改变落后面貌。其次，城市居民体育项目的技能水平较低，标准化程度较低，竞赛交流机会少。

研究认为，居民对城市体育设施服务各项内容的满意程度从高到低依次为体育活动的标准化程度（56.5%）、体育活动次数安排（56.3%）、体育活动项目开展数量（54.3%）；居民对城市体育设施服务各项内容不满意程度从高到低依次为体育活动次数安排（29.1%）、体育活动项目开展数量（28.7%）、体育活动的标准化程度（26.7%）。具体数据见表 7。据调查，除门球、乒乓球和节日长跑等已形成比赛制度以外，其余绝大部分项目处于自娱自乐状态。其主要原因是居民体育服务的资金不足，缺乏自我发展能力。我国城市居民体育服务的支出尚未纳入国家财政预算系列、民政或其他事业费中，开展居民体育服务活动经费主要由区、街、居委会筹集，且许多居民体育服务项目以无偿或低偿服务为主，自身积累能力较差。加之居民体育服务的少投入、公益性的本质决定了这是利润率较低的一个服务领域。

表 7　体育活动服务居民满意度一览表

项目	满意		较满意		一般		不满意		未接触	
	N	%	N	%	N	%	N	%	N	%
体育活动次数安排	101	11.1	129	14.2	282	31.0	265	29.1	133	14.6
体育活动标准化程度	84	9.2	141	15.5	289	31.8	243	26.7	153	16.8
体育活动项目开展数量	91	10.0	141	15.5	262	28.8	261	28.7	155	17.0

为了积极开展居民体育活动，为了丰富体育活动内容，提高体育活动效果，首先，应该大力提倡体育项目创新，积极引进适合不同人群的新型体育项目，对深受群众欢迎、有较好健身作用的新体育项目进行资助。其次，多开展居民集体活动，举办有特色的运动竞赛，使人们正确认识体育的功能与价值，

有效地将健康知识转化到实际生活之中来。广泛深入开展居民区群众性运动竞赛活动是居民体育发展的必然要求，只有竞赛才能激起城市居民的参与热情，方能调动更多的人参加体育健身活动。

2.3 河南省城市体育公共服务居民满意度的影响因素分析

2.3.1 年龄因素的影响

2006 年全国老龄办在《中国人口老龄化发展趋势预测研究报告》上指出，21 世纪是人口老龄化的时代，认为从 2001 年到 2020 年是快速老龄化阶段。2004 年，河南省老少人口比例为 27.44%，比 1990 年的 19.22%上升了 8.22%；1982—2000 年间，河南省人口老龄化系数增长了 1.27%，人口老龄化的速度明显加快、程度不断加深[11]。随着健康老龄化的观念日益受到关注，居民日益增长的体育需求与政府和社会所提供的体育公共服务不足之间矛盾日益明显，对体育公共服务的要求逐步提高。

通过对不同年龄居民对城市体育公共服务五个项目满意度的均值比较，随着年龄的增加，体育公共服务各项目满意度呈现不同趋势。具体情况见图 1。

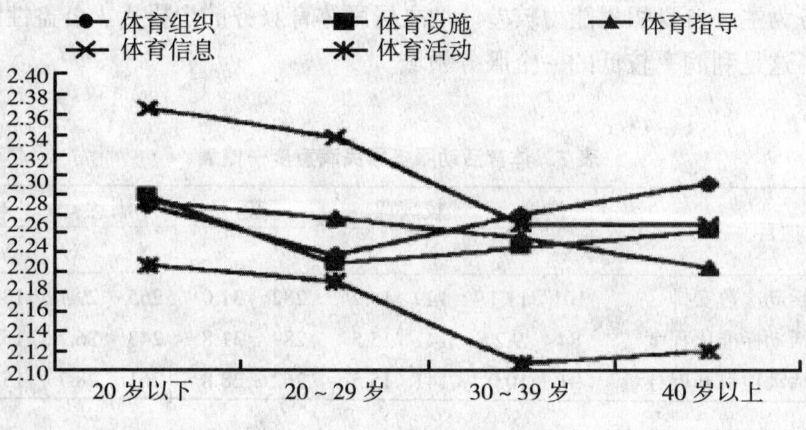

图 1 不同年龄居民对城市体育公共服务五个项目满意度的均值比较

第一，随着年龄的增长，居民在体育组织服务满意度总体上呈现上升趋势，20 岁以下至 20 ~ 29 岁年龄段的居民满意度呈下降趋势，20 ~ 29 岁至 40 岁及以上年龄段居民满意度呈上升趋势。随着老龄化观念日益受到关注，河南省政府成立了许多老年人体育协会，加强了体育组织服务的质量，高龄居民的满意度也随之升高。

第二，随着年龄的增长，居民在体育设施服务、体育指导服务、体育信息服务和体育活动服务总体上满意度呈现下降趋势，尤其表现在体育指导服务和体育信息服务方面。

在体育设施服务方面，20 岁以下至 20 ~ 29 岁年龄段的居民满意度呈下降趋势，30 ~ 39 岁至 40 岁及以上年龄段居民满意度呈上升趋势。

在体育指导服务方面，河南省城市居民的年龄与体育指导服务的满意度呈负相关，随着年龄的增长，居民在体育指导服务的满意度方面呈现明显的下降趋势。河南省政府在关注体育组织服务质量的同时，还应该注重增加社会指导员的数量，加强社会指导员的职业培训，逐步提高体育指导服务水平。

在体育信息服务方面，随着年龄的增长，居民满意度下降趋势明显。随着年龄的增长，健康意识的增强，居民的体育需求与政府提供体育公共服务的质量的矛盾日益突出，特别是居民对体育信息服务的渴求，主要表现在体育活动和健康知识的宣传方面。

在体育活动方面，随着年龄的增长，居民满意度总体上呈下降趋势，30 ~ 39 岁至 40 岁及以上的居民满意度略有上升。

随着老龄化社会时代的到来，老年人健身意识高于中青年人的现象比较突出，体育需求也随之高于中青年[12]，老年人对体育需求与日俱增。他们在追求体育设施等硬件服务的同时，对体育指导服务和体育信息服务的需求也逐渐加大。尤其在体育健身过程中需要社会指导员的科学指导。但中青年人也要不断提高健身意识，中年人的后期阶段，机体功能逐渐减退，工作负担不断加重，很容易导致各种疾病的发生。中青年人是社会发展的主力军，应注意身体健康问题。因此，河南省政府在加大对老年人体育设施的投入，提高体育组织服务的质量的同时，还应该加强社会体育指导员的职业培训，提高体育指导服务质量，扩宽体育信息获取渠道和方式。此外，政府还应该提高体育活动服务的水平，积极引进适合老年人的新型体育项目，提高老年人的技能水平，增加竞赛交流机会；增加集体活动项目，不断扩展老年人的交际圈，提高健康水平，不断满足其精神需求和体育需求。

2.3.2 文化程度因素的影响

通过对不同文化程度居民对城市体育公共服务五个项目满意度的均值比

较，随着文化程度的增高，体育公共服务各项目满意度呈现两种不同的趋势。具体情况见图 2。

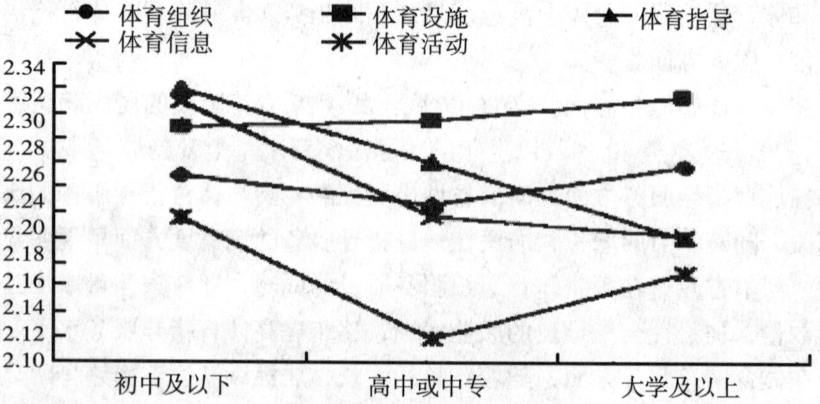

图 2　不同文化程度居民对城市体育公共服务五个项目满意度的均值比较

第一，随着文化程度的增高，居民对体育组织服务、体育设施服务满意度上呈现上升趋势。

在体育组织服务方面，具有大学学历及以上的居民对体育组织服务满意度最高，高中或中专学历的居民满意度最低。体育组织服务是体育公共服务的主要内容，是实现河南省体育公共服务均等化的基础和前提。高学历的居民具有较高的体育知识水平和体育活动组织管理的能力，更容易配合政府的体育组织和管理服务的实施。因此对体育组织管理服务表现出较高的满意度。

在体育设施服务方面，随着文化程度的增高，河南省城市居民对体育设施服务满意度呈现明显的上升趋势。随着河南省社会经济的快速发展，省政府有关部门已经加强对体育组织服务的建设，加大对体育设施服务的投入，高学历居民的满意度也随之上升。

第二，随着文化程度的增高，居民对体育指导服务、体育信息服务和体育活动服务满意度上呈现下降趋势。在体育指导服务、体育信息服务方面表现尤为明显。

在体育指导服务方面，随着文化程度的增高，居民的满意度呈现下降趋势。这说明文化程度高的居民对体育公共服务的需求更高，政府提供的体育指导服务和体育信息服务已不能满足居民日益增长的体育需求，尤其是高学历、高文化水平的城市居民。他们需要更高水平的社会体育指导员，更高质量的体育咨询服务，更快捷的体育赛事传播和体育活动的宣传，更高的体育活动服务水平。

在体育信息服务方面，随着文化程度的增高，居民的满意度呈现出下降的趋势。体育信息服务的获取需要一定的接受能力和体育知识储备，尤其是体育信息的传递需要具备一定的学历基础和体育锻炼经验。不同学历的居民拥有不同的获取体育信息的渠道和能力，高学历居民对安全知识、体育赛事传播、促进健康知识宣传等信息需求比较强，迫切获得最新、最前沿的体育动态，因此高学历居民对体育信息服务的满意度也随之降低。

在体育活动服务方面，随着文化程度的增高，居民的总体满意度呈现出下降的趋势。初中及以下至高中或中专的居民满意度呈现下降趋势，而后随着文化程度的增高，居民满意度有所上升。

为了实现体育公共服务的均等化，政府首先应该根据居民的文化程度制定相应的宣传策略，增加体育信息传播的渠道和手段，加强体育安全知识和体育活动的宣传力度，使得不同文化水平的居民接受和获得相对均等的体育信息服务。其次，还应该对低文化水平的居民进行职业培训，不断提高其接受、获取、识别体育信息服务的相关内容，逐步提高体育知识水平和体育健身意识和能力。

2.4 河南省城市体育公共服务居民满意度因子分析

本研究使用 SPSS13.0 对所得数据进行因子分析。通过对城市体育公共服务居民满意度因子分析，可得出各因子贡献率大小，即对体育公共服务居民满意度的影响大小，并确定贡献率最大的因子，以期为政府制定体育公共服务相关政策提供依据。因子分析采用主成分法来进行，分析结果显示：Bartlett 球体检验结果显著（为 0.000），KMO 值为 0.860（KMO>0.8，很好，meritorious），说明测量变量很适合进行因子分析[13]。通过方差正交旋转得到 5 个因子。结果显示，19 个测量变量能较好地被这 5 个因子所解释，其中“体育组织服务”因子方差贡献率最大（66.80%），表明因子保留了原始数据中较多的信息量。具体情况见表 8。

表 8　城市体育公共服务居民满意度因子分析结果

因子名称	变量名称	因子权系数	观察点权系数
体育组织服务	所设站点疏密程度	0.66	0.60
	工作人员服务效率		0.16
	组织、管理服务		0.13
	工作人员服务态度		0.11
体育信息服务	体育赛事传播快慢程度	0.11	0.58
	锻炼安全知识提供		0.17
	体育活动宣传		0.14
	促进健康知识宣传		0.11
体育活动服务	体育活动开展标准化程度	0.10	0.69
	体育活动项目开展数量		0.17
	体育活动次数安排		0.14
体育指导服务	社会体育指导员配置数量	0.07	0.64
	咨询服务		0.2
	指导服务		0.16
体育设施服务	场地设施安全性	0.06	0.52
	场地设施能及时维修		0.16
	场地设施使用状况		0.10
	场地设施能满足锻炼需要		0.13
	场地设施更新周期		0.09

依据“城市体育公共服务居民满意度”各因子的权系数大小可知，其权重顺序依次为“体育组织服务”因子（0.66）、“体育信息服务”因子（0.11）、“体育活动服务”因子（0.10）、“体育指导服务”因子（0.07）、“体育设施服务”因子（0.06）。其中“体育组织服务”因子的贡献率最大，对城市体育公共服务居民满意度的影响最大。根据各观察点权系数大小可知，所设站点疏密程度（0.60）、体育赛事传播快慢程度（0.58）、体育活动开展标准化程度（0.69）、社会体育指导员配置数量（0.64）、场地设施安全性（0.52）对各因子的贡献率最大。因此，为了完善体育公共服务体系，河南省政府应该更加重视体育组织服务质量的提高。不仅要吸纳社会各界办体育力量，增加体育健

身站点的密度，还需要加强工作人员的职业培训，提高工作人员的服务态度和效率；增加社会体育指导员数量，提高体育指导服务质量；提高体育活动开展标准化程度，提高体育活动的组织管理水平，逐步完善河南省体育公共服务体系。

3 结论与建议

3.1 结 论

3.1.1 河南省城市体育公共服务居民总体上满意度比较高。其中居民对体育设施服务满意度最高，对体育活动服务满意度最低。

3.1.2 随着年龄的增加，或文化程度的提高，居民对体育组织服务和体育设施服务满意度呈上升趋势，而对体育指导服务、体育信息服务和体育活动服务满意度呈现下降趋势，其中体育指导服务尤为明显。

3.1.3 城市体育组织服务因子的贡献率最大，对体育公共服务居民满意度的影响最大。其中观察点“所设站点疏密程度”“体育赛事传播快慢程度”“体育活动开展标准化程度”“社会体育指导员配置数量”“场地设施安全性”分别对五个因子的贡献率最大。

3.2 建 议

3.2.1 加强河南省城市体育公共服务制度建设，逐步完善城市体育公共服务体系。体育公共服务制度建设是实施城市居民体育公共服务工作的制度保障，是体育公共服务工作人员实施的政策依据。同时也为解决城市体育公共服务问题、提高城市体育公共服务质量提供了前提条件。

3.2.2 提高城市体育指导服务的质量，完善社会体育指导员的培养机制。提高社会体育指导员的数量和质量，要从提高社会体育指导员的队伍结构、丰富社会体育指导员的类别结构、完善社会体育指导员的课程结构和培训制度等方面进行管理。社会体育人才资源整体开发，应坚持有偿开发的原则，同时应坚持市场配置人才资源，还应坚持开放性开发。

3.2.3 加强城市体育组织服务管理，逐步实现体育公共服务均等化。首先，加强体育组织服务管理，河南省政府应该加大体育设施管理资金投入，及时对体育设施进行维修。注重不同年龄与文化程度居民体育需求的差异性，为城市居民提供较为充足的体育公共产品和服务。其次，政府还应该给体育公共服务体系输入新的血液，将体育产业纳入体育公共服务体系之中，实现体育产业与体育公共服务的有机结合。此外，体育公共服务社区化也是需要考虑的一个问题。

3.2.4 政府应加强与大众传播媒体部门的密切配合，多渠道地开展居民体育宣传活动。首先，政府应投入更多的人力、物力与大众传播媒体部门合作，制作出更多居民喜闻乐见的有关健康知识的电视节目和报刊栏目。其次，还应加大城市居民体育宣传力度，多渠道地开展居民体育宣传活动。

3.2.5 政府应该大力提倡体育项目创新，提高体育活动标准化程度。首先，积极引进适合不同人群的新型体育项目，对深受群众欢迎、有较好健身作用的新体育项目进行资助。其次，开展居民集体活动，举办有特色的运动竞赛，使人们正确认识体育的功能与价值，将健康知识渗透到居民体育活动之中。

参考文献

[1] 王才兴. 构建完善的体育公共服务体系 [J]. 体育科研，2008 (2) 1–3.

[2] 刘鹏. 促进体育改革发展，服务和谐社会建设 [J]. 体育科学，2007 (1)：3–5 .

[3] 郭俊民. 构建河南公共文化服务体系的思考 [J]. 学习论坛，2007 (3)：49.

[4] 李益群，李静. 政府与体育的公共政策研究 [J]. 北京体育大学学报，2003 (2)：151.

[5] 陈玉忠. 社会转型与体育公共服务管理体制发展 [J]. 体育文化导刊，2008 (3)：9–11.

[6] 陈瑞玉. 城市社区体育服务网络建设研究 [J]. 成都体育学院学报，2005 (4)：27–29.

[7] 王乔君. 城市居民住宅区体育设施规划的构想 [J]. 体育科学，2004 (2)：5.

[8] 石冰. 制约社会体育指导员（国家职业标准）发展的主要因素［J］. 河南工业大学学报：社会科学版，2007（3）：125-127.
[9] 高茂章. 河南省城镇社区实施全民健身工程现状调查与研究［J］. 河北体育学院学报，2007（4）：55.
[10] 王建军，孙丽华. 河南省城市居民健康状况与健身行为调查研究［J］. 河南师范大学学报：自然科学版，2006（4）：165-166.
[11] 常亮，谢婧，施学忠，等. 河南省人口老龄化现状调查［J］. 中国热带医学，2007（3）：347.
[12] 傅兰英，姬成茂，徐虎波，等. 河南省城市社区体育现状及发展对策研究［J］. 体育科学，2004（4）：16-17.
[13] 林震岩. 多变量分析——SPSS 的操作与应用［M］. 北京：北京大学出版社，2007：369.

（本文原载于《北京体育大学学报》2009 年第 6 期）

浙江省城市居民体育公共服务满意度的调查分析

高　军

摘　要：通过对浙江省11个地级市体育公共服务城市居民满意度的调查研究，可知：体育组织服务因子的贡献率最大，对体育公共服务居民满意度的影响最大；不同年龄与文化程度居民对体育公共服务总体满意度有差异，均呈现中间高两头低的形态。并且随着年龄的增长与文化程度的提高居民对体育公共服务的总体满意呈下降趋势。注重提高体育组织服务，实现体育公共服务均等化，逐步完善浙江省体育公共服务体系的任务十分紧迫。

关键词：体育公共服务；城市居民；满意度；调查；浙江省

体育公共服务是通过整合社会资源，统筹、组织、协调、配置社会公共体育资源，向居民提供基本的体育公共服务及体育产品，以保障居民的体育权利的实现[1]。在我国，随着改革开放的深入和发展阶段推进，公共服务的普及与均等化、水平与效率日益受到广泛的关注。体育公共服务也是如此，并将列入政府的议事日程。当前，我国体育公共服务管理面临的主要问题是群众日益增长的体育需求与国家和社会所提供的体育服务以及相关体育产品严重不足之间的矛盾[2]。浙江省作为经济发达的省份之一，研究分析其体育公共服务城市居民的满意度，对合理分配和整合社会体育公共资源，促使体育公共产品与服务的均等化，促进浙江省乃至全国群众体育事业发展具有重要意义。

1　研究对象与方法

1.1　研究对象

以浙江省杭州、宁波、温州、绍兴、嘉兴、湖州、丽水、金华、衢州、台州、舟山11个地级市的城市居民为研究对象，分别对其体育公共服务现状进行了广泛的社会调查，并对调查结果进行了分析与研究。

1.2 研究方法

1.2.1 文献资料法

通过中国学术期刊全文数据库、万方数据库、政府网站等多种渠道，查阅了相关研究论文、学术专著、政府文件等相关资料，并对其进行有效的检索、分析和利用。

1.2.2 问卷调查法

围绕体育公共服务内容，结合综合文献分析和城市居民定性访谈结果来设计满意度量表。该量表由两部分组成：（1）人口统计变量，包括性别、年龄、文化程度；（2）满意度测量。本研究开发了一个由 5 类 19 个测试项目组成的量表，其中在每个测试项目中，“1”代表“满意”，“2”代表“较满意”，“3”代表“一般”，“4”代表“不满意”，“5”代表“未接触”。问卷设计完成后，请了 9 名体育社会学专家对内容的效度和信度进行了检验，效度和信度值分别为 0.83 和 0.87，符合社会调查的要求。

根据调查要求，分别对嘉兴学院部分教师和 20 名学生进行培训，利用节假日深入到上述 11 个地市，在各城市居民社区、广场、公园、体育活动中心等活动场所，对居民发放“体育公共服务居民满意度调查问卷”，共发放 1100 份，收回问卷 1068 份，回收率 97.1%，其中有效问卷 994 份，有效率 93.1%。被调查对象的性别、年龄和文化程度情况见表 1。

表 1　被调查对象基本情况一览表

项目	分类	人数	百分比 /%
性别	男	488	49.1
	女	506	50.9
年龄	20 岁以下	465	46.8
	20 ~ 29 岁	176	17.7
	30 ~ 39 岁	135	13.6
	40 ~ 49 岁	170	17.1
	50 岁以上	48	4.8
文化程度	小学	59	5.9
	中学	185	18.6
	高中或中专	319	32.1
	大学及以上	431	43.4

1.2.3 数理统计法

运用 SPSS16.0 软件对调查所得数据进行统计学分析。

2 结果与分析

2.1 城市居民体育公共服务满意度分析

本次调查，主要从体育组织服务、体育设施服务、体育指导服务、体育信息服务和体育活动服务五个方面入手，采用五级满意标准来衡量居民对体育公共服务的满意程度。体育公共服务各项指标反映居民的需求程度，为政府准确把握居民对体育公共服务的需求和愿望，提供良好的体育公共服务参考依据。具体情况详见表 2。

表 2 浙江省城市居民体育公共服务满意度一览表（%）

项目	题目	满意	较满意	一般	不满意	未接触
体育组织服务	所设站点疏密程度	9.54	28.71	45.28	10.94	5.52
	工作人员服务态度	7.43	26.61	42.47	8.73	14.76
	工作人员服务效率	8.03	27.01	41.16	9.44	14.36
	组织、管理服务	8.23	24.50	45.58	10.34	11.35
体育设施服务	场地设施满足锻炼需要	12.15	30.22	37.65	15.86	4.12
	场地设施使用状况	10.94	31.53	39.96	12.95	4.62
	场地设施及时维修	7.13	22.09	45.18	19.68	5.92
	场地设施更新周期	5.83	22.51	44.42	20.50	6.73
	场地设施安全性	12.55	31.93	41.06	9.04	5.42
体育指导服务	指导服务	6.43	27.21	41.06	10.14	15.16
	咨询服务	6.63	23.39	41.47	11.65	16.87
	社会体育指导员数量	7.73	20.08	39.56	14.96	17.67
体育信息服务	锻炼安全知识提供	8.13	33.73	41.37	8.63	8.13
	促进健康知识宣传	12.05	30.72	40.56	8.43	8.23
	体育活动宣传	8.84	27.31	46.69	10.24	6.93
	体育赛事传播快慢程度	12.65	27.41	40.06	12.55	7.33
体育活动服务	体育活动次数安排	6.43	29.02	41.06	14.56	8.94
	体育活动的标准化程度	6.73	25.63	48.54	10.45	8.64
	体育活动项目开展数量	8.94	23.72	44.02	14.77	8.54

2.1.1 体育组织服务满意度分析

体育组织服务是体育公共服务体系的一项重要内容，也是衡量政府体育公共服务管理能力的重要方面。增加体育组织服务尤其是基层体育组织的数量，提供优质的体育组织服务是稳定和扩大体育人口的有效手段。调查中发现，有61.74%和67.27%的居民分别对所设站点的疏密程度和组织，管理服务表示一般、不满意和未接触。表明大部分城市居民对体育公共服务当中的组织服务不认可。城市居民大都以社区的形式居住，近年来，尽管浙江省的社区体育发展比较快，但是，在所设站点的数量上、管理人员的服务态度、服务工作效率等方面，距居民的要求还有一定的距离。

2.1.2 体育设施服务满意度分析

体育场地、设施是发展群众性体育健身活动最基本的硬件条件。政府提供的体育服务首先应该满足城镇居民的基本体育需求，这是体育行政管理部门义不容辞的责任[3]。从1995年国务院颁布了具有划时代意义的《全民健身计划纲要》以来，经过十几年的发展，群众体育投入不断增多，健身场地、设施逐年增加。体育设施服务正在向满足居民日益增长的体育活动需求方向发展。但调查中发现，分别有57.63%、57.53%、70.78%、71.65%和55.52%的居民对场地设施满足锻炼需要、场地设施使用状况、场地设施维修、场地设施更新周期和场地设施安全性表示一般、不满意和未接触。群众性体育锻炼器材、设施的损耗比较大，加强检查、维修或更新工作必须经常化。调查数据表明，有效利用有限体育场地设施，促使场地设施的循环利用等工作有待进一步加强。

2.1.3 体育指导服务满意度分析

社会体育指导员是我国群众体育队伍的重要力量，他们是群众体育的主要组织者和指导者，在促进群众体育发展中起着不容忽视的作用。截止到2007年6月15日，浙江省社会体育指导员数量共27017名，被批准为国家级社会体育指导员的就有88人[4]。但是，通过对浙江省城市居民的调查发现，分别有41.06%、10.14%、15.16%的居民对社会体育指导员的指导服务表示一般、不满意和未接触，分别有39.56%、14.96%、17.67%的居民对社会体育指导员配置数量表示一般、不满意和未接触，有19.34%的居民对咨询服务表示不满意。可见，社会体育指导员的数量有待增加，管理体制有待完善，指导和咨询服务有待加强。

2.1.4　体育信息服务满意度分析

体育公共服务的宣传应提高宣传面的层次，扩大宣传的范围，特别是加强对科学锻炼身体方法的宣传和引导，为市民提供体育健身的情报及咨询服务，建立包括互联网、电话热线、市民信箱、广播电视、报刊杂志等多渠道信息沟通网，加强体育服务信息化建设。在调查中发现，分别有41.37%、8.63%、8.13%的居民对锻炼安全知识提供方面表示一般、不满意、未接触；分别有40.56%、8.43%、8.23%的居民对促进健康知识宣传方面感到一般、不满意、未接触；分别有46.69%、10.24%、6.93%的居民对体育活动宣传方面感到一般、不满意、未接触。政府及有关部门应加强、加大与大众传播媒体的密切配合，投入更多的人力、物力，制作出更多的为居民所喜闻乐见的有关健康知识的电视节目和报刊栏目，并注重引导居民利用大众传媒和网络获取健康、健身知识，从而达到事半功倍的效果。

2.1.5　体育活动服务满意度分析

体育活动服务包括每周的次数安排、标准化程度、项目开展的数量等几方面。体育活动服务开展得好与差，直接影响着体育活动的健身效果。应该提倡在广泛开展具有地方和民族特色的体育活动项目基础上，积极开展适合不同人群的新型体育项目。特别是对深受群众欢迎、有着较好健身作用的新型体育项目，在引进阶段，政府及相关部门要进行资助。定期开展居民集体活动，举办有特色的运动竞赛，使人们正确认识体育的功能与价值，有效地将健康知识转化到实际生活、健身锻炼之中。

在调查中发现，分别有41.06%、14.56%、8.94%的居民对体育活动次数安排表示一般、不满意和未接触；分别有48.54%、10.45%、8.64%的居民对体育活动的标准化程度表示一般、不满意和未接触；分别有44.02%、14.77%、8.54%的居民对体育活动项目开展数量表示一般、不满意和未接触。此外，浙江省城市居民体育项目的技能水平较低，竞赛交流机会少，除门球、乒乓球和节日长跑等已形成比赛制度以外，其余绝大部分项目处于自娱自乐状态。广泛深入开展社区群众性运动竞赛活动是社区体育发展的必然要求，只有竞赛才能激起社区居民的参与热情，方能调动更多的人参加体育健身活动。

2.2 浙江省城市体育公共服务居民满意度因子分析

通过使用 SPSS16.0 对浙江省城市居民体育公共服务满意度问卷资料进行 Bartlett 球体检验，结果显示 KMO 值为 0.962 （P 值为 0.000），说明 19 个测量变量适合进行因子分析。采用主成分法进行因子分析，前 5 个公因子的累计贡献率达到 70%，并通过方差正交旋转得到 5 个公因子的载荷矩阵，如表 3 所示。各因子载荷系数分别反映了该因子与原始测量变量的关系，根据各因子的载荷系数，将 5 个公因子分别称为体育组织服务因子、体育指导服务因子、体育活动服务因子、体育设施服务因子和体育信息服务因子。

表 3 因子分析结果（方差极大正交旋转后的因子载荷矩阵）

变量名称	因子				
	体育组织服务	体育指导服务	体育活动服务	体育设施服务	体育信息服务
所设站点疏密程度	0.62	0.057	0.148	0.426	0.262
工作人员服务态度	0.78	0.281	0.219	0.156	0.133
工作人员服务效率	0.785	0.288	0.226	0.116	0.137
组织、管理服务	0.704	0.278	0.173	0.249	0.141
场地设施能满足锻炼需要	0.243	0.148	0.127	0.689	0.255
场地设施使用状况	0.159	0.168	0.154	0.789	0.192
场地设施能及时维修	0.188	0.473	0.291	0.534	0.023
场地设施更新周期	0.257	0.476	0.385	0.363	0.089
场地设施安全性	0.174	0.097	0.361	0.626	0.188
指导服务	0.288	0.693	0.209	0.163	0.24
咨询服务	0.231	0.737	0.23	0.15	0.25
社会体育指导员配置数量	0.249	0.757	0.188	0.131	0.253
锻炼安全知识提供	0.173	0.272	0.259	0.33	0.645
促进健康知识宣传	0.174	0.239	0.214	0.246	0.767
体育活动宣传	0.245	0.235	0.399	0.174	0.644
体育赛事传播快慢程度	0.116	0.223	0.564	0.109	0.428
体育活动次数安排	0.306	0.254	0.674	0.287	0.168
体育活动开展的标准化程度	0.247	0.256	0.668	0.25	0.272
体育活动项目开展数量	0.192	0.207	0.74	0.231	0.237
特征值	9.43	1.2	1.08	0.79	0.7
方差贡献率（%）	49.62	6.33	5.7	4.18	3.67
累计方差贡献率（%）	49.62	55.94	61.64	65.82	69.49

依据“城市居民体育公共服务满意度”各因子的贡献率大小可得知，其权重顺序从小到大依次为“体育组织服务”因子、“体育指导服务”因子、“体育活动服务”因子、“体育设施服务”因子、“体育信息服务”因子。其中“体育组织服务”因子的贡献率最大，即对城市居民体育公共服务满意度的影响最大。因此，为了完善体育公共服务体系，浙江省政府应该更加重视体育组织服务质量的提高。不仅要吸纳社会各界力量办体育，增加体育健身站点的密度，而且还要加强工作人员的职业培训，提高工作人员的服务态度和效率，提高工作人员的组织管理水平，逐步完善浙江省体育公共服务体系。

2.3 影响城市居民体育公共服务满意度的因素

2.3.1 年龄因素

采用 Bartlett 因子得分法得到 5 个公因子的得分，按照方差贡献率对各公因子得分进行加权平均得到总体满意度，表 4 的结果表明，各年龄段的居民对体育公共服务总体满意度的差异，其中总体满意度较高的居民年龄段为 20～39 岁，总体满意度较低的为 20 岁以下，总体满意度最低的为 40 岁以上。这一结果表现出居民对体育公共服务总体满意度呈现中间高两头低的形态。这可能是 20 岁以下的居民大部分正处于青少年时期，身体处于发育期，可望得到较好的体育公共服务；而 20～39 岁年龄段的居民身体处于成熟阶段，体力、精力是人生最好的时期，事业蒸蒸日上，同时也是来自各种压力较大的时期，这一年龄段的人，对现有体育公共服务的提供还不是很在意，但是，由于各种原因使得该年龄段的居民体育健身意识淡漠而为今后的健康长寿埋下祸根；40 岁以上年龄段的居民身体处于逐渐衰退阶段，各种疾病渐渐袭来，他们已经有所感觉，不仅健身意识有所增强，而且很多人已经投身到健身实践当中去了，因此他们对体育公共服务的要求较高，特别是离退休人员的群体逐渐增大。截止到 2007 年底，浙江省 80 岁及以上的高龄老人的总人数为 101.04 万人，占到老年人口总数的 14.46%，比上年同期净增 3 万余人。高龄老人首次超过百万人大关，标志着浙江省已经从老龄化社会逐步进入高龄化社会[5]。

表 4　不同年龄居民对体育公共服务总体满意度的比较

变量	年龄	N	M	SD
体育组织服务	20 岁以下	465	0.009	1.006
	20 ~ 29 岁	176	–0.121	0.925
	30 ~ 39 岁	135	–0.006	1.053
	40 ~ 49 岁	170	0.078	1.013
	50 岁以上	48	0.101	1.002
体育指导服务	20 岁以下	465	0.067	1.024
	20 ~ 29 岁	176	–0.193	0.89
	30 ~ 39 岁	135	–0.077	0.973
	40 ~ 49 岁	170	0.164	1.039
	50 岁以上	48	–0.306	0.922
体育活动服务	20 岁以下	465	0.033	1.033
	20 ~ 29 岁	176	–0.133	0.857
	30 ~ 39 岁	135	0.035	1.081
	40 ~ 49 岁	170	0.074	0.997
	50 岁以上	48	–0.194	0.902
体育设施服务	20 岁以下	465	–0.045	1.011
	20 ~ 29 岁	176	–0.017	0.872
	30 ~ 39 岁	135	–0.063	1.058
	40 ~ 49 岁	170	0.168	1.063
	50 岁以上	48	0.082	0.905
体育信息服务	20 岁以下	465	0.078	1.013
	20 ~ 29 岁	176	–0.118	0.796
	30 ~ 39 岁	135	–0.008	1.134
	40 ~ 49 岁	170	–0.055	1.067
	50 岁以上	48	–0.104	0.859
总体满意度	20 岁以下	465	0.011	0.512
	20 ~ 29 岁	176	–0.084	0.46
	30 ~ 39 岁	135	–0.009	0.524
	40 ~ 49 岁	170	0.058	0.518
	50 岁以上	48	0.02	0.49

2.3.2 文化程度因素

表 5 的结果表明，不同文化程度居民对体育公共服务总体满意度有差异，其差异程度同样呈现出中间高两头低的形态，并且随着学历的提高，总体满意度呈现降低的趋势。究其原因，首先是文化程度高的居民对体育公共服务的需求更高，他们认为政府提供的体育指导服务和体育信息服务已不能满足居民日益增长的体育需求，尤其是高学历、高文化水平的城市居民。他们需要更高水平的社会体育指导员，更高质量的体育咨询服务，更快捷的体育赛事传播和体育活动的宣传，更高的体育活动服务水平。其次是体育信息服务的获取需要一定的接受能力和体育知识储备，尤其是体育信息的传递需要具备一定的学历基础和体育锻炼经验。不同学历的居民拥有不同的获取体育信息的渠道和能力，高学历居民对安全知识、体育赛事传播、促进健康知识宣传等信息需求比较强，迫切需要获得最新、最前沿的体育动态，因此高学历居民对体育信息服务的满意度也随之降低。

为了实现体育公共服务的均等化，政府首先应该根据居民的文化程度制定相应的宣传策略，增加体育信息传播的渠道和手段，加强体育安全知识和体育活动的宣传力度，使得不同文化水平的居民接受和获得相应的体育信息服务。其次，还应该对文化水平低的居民进行体育知识培训，不断提高其接受、获取、识别体育信息服务的相关内容，逐步提高其体育知识水平、体育健身意识和能力。

表 5　不同文化程度居民对体育公共服务总体满意度比较

	文化程度	N	M	SD
体育组织服务	小学	58	0.1133	1.0067
	中学	184	–0.1303	1.0471
	高中或中专	320	0.0123	0.9865
	大学以上	432	0.0311	0.9869
体育指导服务	小学	58	–0.0468	1.1006
	中学	184	0.0343	1.1054
	高中或中专	320	–0.0103	0.9977
	大学以上	432	–0.0007	0.9419

（续表）

	文化程度	N	M	SD
体育活动服务	小学	58	–0.2456	0.884
	中学	184	–0.0543	1.0641
	高中或中专	320	0.0253	1.0091
	大学以上	432	0.0374	0.9772
体育设施服务	小学	58	–0.0465	1.083
	中学	184	0.1001	1.018
	高中或中专	320	–0.0865	1.0266
	大学以上	432	0.0277	0.958
体育信息服务	小学	58	0.0867	1.1899
	中学	184	–0.0832	1.0762
	高中或中专	320	0.0117	0.9642
	大学以上	432	0.0151	0.9657
总体满意度	小学	58	0.042	0.5032
	中学	184	–0.0641	0.5286
	高中或中专	320	0.0035	0.5043
	大学以上	432	0.019	0.4967

3 结论与建议

3.1 结 论

3.1.1 浙江省体育公共服务质量距城市居民的要求还存在较大的差距，在本课题涉猎的体育公共服务的五个方面中，体育组织服务质量显得尤为突出；在体育公共设施管理上，缺乏有效性，体育公共设施资源利用率不高；在体育指导服务质量上，社会体育指导员有一定的数量，但服务质量有待提高；在体育活动服务上，城市居民体育项目的技能水平较低，竞赛交流机会少。

3.1.2 不同年龄的城市居民对体育公共服务总体满意度有差异，呈现出中间高两头低的形态，并且随着年龄的增加，总体满意度呈现降低的趋势。

3.1.3 文化程度不同的城市居民对体育公共服务的总体满意度有别，同样也呈现出中间高两头低的形态，并且随着学历的增加，总体满意度呈现降低的趋势。

3.2 建 议

3.2.1 浙江省政府提供体育公共服务政策，应该定位在公共文化服务的大背景下，立足于体育事业的发展，将体育公共事业作为发展重点，加强浙江省体育公共服务制度建设，逐步完善体育公共服务体系。体育公共服务制度建设是实施城市居民体育公共服务工作的制度保障，是体育公共服务工作人员工作的政策依据，也是解决城市体育公共服务问题，提高体育公共服务质量的前提条件。

3.2.2 完善浙江省体育公共设施管理，不断加强体育公共设施建设，逐步改善体育活动条件。体育公共设施是城市居民进行体育健身的物质基础和保障。政府应该将居民健身设施建设纳入城市建设的整体规划，使体育设施、场馆建设与城市建设协调发展，并采取切实有效的措施，向公众开放各类体育场馆，提高体育资源的利用率，同时，还应该加大体育设施管理资金投入，及时对体育设施进行维修。另外，还应更新体育公共设施管理理念，发挥政府对体育建设的宏观调控作用，强调科学发展，用以人为本，全面、协调、可持续发展的观念发展群众体育，弱化居民体育活动的计划与行政色彩，树立服务观念，规范管理。

3.2.3 提高体育指导服务的质量，完善社会体育指导员的培养机制。提高社会体育指导员的数量和质量，要从提高社会体育指导员的队伍结构、丰富社会体育指导员的类别结构、完善社会体育指导员的课程结构和培训制度几方面进行有效的管理。社会体育人才资源整体开发，应坚持有偿开发的原则，同时应坚持市场配置人才资源，还应坚持开放性开发。

3.2.4 加强体育组织服务管理，逐步实现体育公共服务均等化。加强体育组织服务管理，建立和完善社会化居民体育组织网络，注重不同年龄与文化程度居民体育需求的差异性，特别是针对老龄化社会的特点，大力开展多种多样、适合不同人群参加的全民健身活动，为城市居民提供较为充足的体育公共产品和服务，努力构建具有浙江特色的体育公共服务体系。

重视体育组织服务质量的提高，不仅要吸纳社会各界力量办体育，增加体育健身站点的密度，还需要加强工作人员的职业培训，提高工作人员的服务态度和效率，提高工作人员的组织管理水平。同时，政府还应该给体育公共服务体系输入新的血液，将体育产业纳入体育公共服务体系之中，实现体育产业与体育公共服务的有机结合。此外，体育公共服务社区化也是需要考虑的一个问题。

参考文献

[1] 王才兴. 构建完善的体育公共服务体系 [J]. 体育科研，2008（2）：1–3.

[2] 刘鹏. 促进体育改革发展，服务和谐社会建设 [J]. 体育科学，2007（1）：3–5.

[3] 李益群，李静. 政府与体育的公共政策研究 [J]. 北京体育大学学报，2003（2）：151.

[4] 浙江省体育局. 浙江省社会体育指导员队伍不断壮大 http：//www.sport.gov.cn/n16/n33193/n33238/n35124/n36396/158637.html.

[5] 浙江省老龄委办公室. 浙江省 2007 年老年人口和老龄事业统计公报 [R].

（本文原载于《嘉兴学院学报》2009 年第 6 期）

后 记

在写后记时，适逢建国60周年的庆典，精彩的场面激动人心，令人振奋，验证了“国运盛、体育兴”这一深刻的历史命题。中国体育的发展壮大见证了中华人民共和国繁荣富强的历程，见证了改革开放给中国社会带来的翻天覆地的变化。改革开放以来中国体育的辉煌历程，是国家改革开放伟大事业的一部分，是我国经济社会不断发展、综合国力显著增强、国际地位不断提升的重要标志。

回眸60年的中国体育，大众健身经历了几个标志性的历程：20世纪六七十年代广播体操一统天下；20世纪80年代，街舞、健身操等健身方式被人们关注；20世纪90年代，国家推行《全民健身计划刚要》，多元化的健身方式在人群中涌现；新世纪全民健身与奥运同行，“全民健身日”诞生，更是极大地激发了亿万人民群众的体育热情，增强了全社会的体育意识。

设立“全民健身日”，是适应人民群众体育的需求，促进全民健身运动开展的需要，是进一步发挥体育的综合功能和社会效应、丰富社会体育文化生活、促进人的全面发展的需要，是促进中国从体育大国向体育强国目标迈进的需要，也是对北京奥运会的最好纪念。国家体育总局局长刘鹏说：“希望8月8日这一天，每一个人都能够在自己所在的地方，快乐、健康地从事体育健身活动。”

快乐、健康地从事体育健身活动，需要提供充足的体育公共服务，二者之间是相辅相成的。在研究过程中，我们深感强化体育公共服务职能，完善体育公共服务体系，创新体育公共服务方式，在当今体育公共服务实践中的重要，这是快乐、健康地从事体育健身活动的基础保障。

《体育公共服务研究》一书，就是回答当今最迫切的体育公共服务建设的理论与实践问题，力图提出具有原创性的理论见解、理论体系与政策主张。这是一个没有经验可借鉴的工作，需要进行大胆的理论设想。《体育公共服务研究》是百姓体育生活之需，又是体育理论研究视野更加广阔之举。

从课题设计之初到立项成功、课题结题鉴定，以及书稿的最后敲定，无不渗透着嘉兴学院高军教授、课题组成员们的汗水和辛勤的劳动。尤其是与高军教授的合作，更是受益匪浅，他完成了课题中，四个省之一的浙江省的调研工作，并撰写了部分书稿内容和“浙江城市居民体育公共服务满意度调查报告”，是他仔细地校对和对书稿提出修改意见，才使书稿高质量地呈现在大家面前。

课题组成员，中国矿业大学体育学院张清华博士完成了“江苏城市居民体育公共服务满意度调查报告”；温州大学体育学院白永慧硕士完成“宁夏城市居民体育公共服务满意度调查报告”；我的研究生王继帅完成了“河南城市居民体育公共服务满意度调查报告”。是这些成果，支撑了本课题提出的理论观点，在此一并表示感谢。

感谢南京师范大学博士生导师田雨普教授对课题设计之初提出的修改意见和指导，才有课题立项的成功。

感谢温州大学体育学院叶建强副教授仔细认真的工作，是他耐心细致地发放和回收调查问卷，才使数据处理达到准确的程度。

感谢我的爱人李井平副教授对我写作期间的关怀和照顾，增加了我内心和精神的动力，促使我更加努力地完成几年来对体育公共服务思考、探讨取得的一些成果汇成书稿。

感谢课题开题、写作期间，阅读、参考的所有书籍、论文的作者，是你们的智慧，开启我对体育公共服务的深入思考，今天有勇气把书稿呈现出来。同时也诚恳地期待您的批评和指教。

感谢所有我应该感谢的人。

"阳光、空气、水和运动是生命和健康的源泉"，"快乐、健康地从事体育健身活动"是民众的不懈追求和权利。这使体育功能和价值不断丰富：体育不仅塑造人健康的体魄，也培养人健全的精神；不仅拉近人与自然的距离，还协调人与人之间的社会关系；不仅是一种身体运动，更是一种教育手段，一种生活理念，一种精神载体，一种财富基石。今天，体育以独有的特征和方式，体现、解读并影响着人的综合素质和全面发展，在和谐社会建设中发挥着独特的作用。体育公共服务就像其中一颗刚刚绽放的花朵，定能结出丰硕的成果。

在祖国60华诞之际，愿人民更加健康，祖国更加富强，中国更加强大，人们的生活更加幸福安康！

樊炳有

2009年10月1日

图书在版编目（CIP）数据

体育公共服务．内涵、目标及运行机制／樊炳有，高军著．－北京：人民体育出版社，2010.8
ISBN 978-7-5009-3781-4

Ⅰ.①体… Ⅱ.①樊… ②高… Ⅲ．①群众体育－研究
Ⅳ．G812.4

中国版本图书馆 CIP 数据核字（2010）第 120824 号

*

人民体育出版社出版发行
三河兴达印务有限公司印刷
新 华 书 店 经 销

*

787×960 16开本 15印张 230千字
2010年8月第1版 2010年8月第1次印刷

*

ISBN 978-7-5009-3781-4
定价：30.00 元

社址：北京市崇文区体育馆路8号（天坛公园东门）
电话：67151482（发行部） 邮编：100061
传真：67151483 邮购：67118491